LE VOILE DE L'INCONSCIENCE

MELINDA ORSET

LE VOILE DE L'INCONSCIENCE

Comment le lever pour redevenir soi-même

Auto Édition

ME RETROUVER SUR LES RÉSEAUX SOCIAUX

FACEBOOK : Mélinda Orset
YOUTUBE : Melinda Orset
TWITTER : MelindaOrset
INSTAGRAM : melindaorset

www.melindaorset.fr

Illustration de couverture © William ROUZIER
www.w2i-concept.fr

Photo de 4ème de couverture © Richard Mazallon
www.eremphotographie.book.fr

ISBN : 978-2-9564492-2-5

QUI SUIS-JE

J'ai toujours aimé savoir qui se trouve derrière un livre. Alors je me présente, Mélinda Orset, née le 30 Décembre 1991, d'origine stéphanoise. J'ai passé toute mon adolescence à être mal dans ma peau : je souffrais principalement d'angoisses, et d'un très gros manque de confiance.

Après avoir obtenu mon bac ST2S (Sciences et Technologies de la Santé et du Social), et après avoir passé le concours d'infirmière, je me suis dirigée vers des études de Psychologie à l'université Lyon 2. Après avoir obtenu ma Licence, je me suis retrouvée complètement paralysée par la peur qui m'empêchait d'effectuer les démarches pour faire mon stage d'observation, obligatoire pour valider mon Master 1 de psychologie clinique. J'ai donc réalisé qu'il était temps de chercher des solutions pour apaiser mes peurs. Je me suis alors sentie appelée par l'hypnose, sujet qui me fascinait et me passionnait déjà depuis le lycée, qui, le sentais-je, pourrait m'apporter des solutions. J'ai lu tous les livres que je trouvais sur le sujet, puis j'ai commencé à pratiquer l'auto-hypnose sans trop savoir ce que je faisais. Très rapidement, les changements ont commencé à s'opérer en moi. J'ai alors pu effectuer mon stage durant ma deuxième année de Master 1, mais au bout de quelques jours seulement, j'ai réalisé que les études de psychologie ne me convenaient plus. À l'issue de ce stage d'une durée de 9 mois, je suis partie me former sur Paris en hypnose auprès d'Olivier Lockert. Quatre jours après avoir terminé ma formation, je trouvais un local qui me sert encore à ce jour de cabinet. Janvier 2015, j'ouvre mon cabinet, malgré la peur de ne pas être légitime vu mon jeune âge (je venais tout juste de fêter mes 23 ans !).

Dans la foulée, j'ai lancé un projet vidéo sur les peurs. L'objectif étant de me filmer en train de me confronter à mes peurs. Vous pourrez retrouver l'ensemble des vidéos sur ma chaîne Youtube Mélinda Orset. Toujours dans l'idée de me dépasser et dans le but de mieux faire connaître l'hypnose, j'ai commencé à faire des spectacles d'hypnose en région stéphanoise principalement.

J'ai ensuite commencé à faire davantage de vidéos sur Youtube, autant sur l'hypnose, que sur le développement personnel, afin de partager mes connaissances au plus grand nombre.

Mais les vidéos ne me permettant pas toujours d'approfondir certains sujets, et plus particulièrement le sujet de la peur qui me passionnait tant, l'idée d'écrire un livre m'est alors venue à l'esprit... Malgré le challenge que cela représentait pour moi, je me suis attelée à cette tâche afin de partager mon expérience personnelle en m'appuyant sur mon projet sur les peurs, mais également mon expérience professionnelle en tant qu'hypnothérapeute. Après un peu moins d'un an d'écriture, j'auto-édite mon livre « Voyage au centre de la peur », et ce dernier sort en mai 2018.

Quelques mois plus tard, en plus de mon cabinet et des vidéos que je réalise pour Youtube, je deviens formatrice en hypnose en octobre 2018 pour une école d'hypnose, ce qui me permit de voyager un peu partout en France, de rencontrer de nombreuses personnes, et surtout de réaliser à quel point j'aime transmettre mes connaissances.

Je continue bien évidemment toujours de me former à titre personne, et j'ai investi plusieurs milliers d'euros pour approfondir mes connaissances. J'ai ainsi pu rencontrer différents praticiens, et différentes approches de travail ce qui me permit de découvrir et de peaufiner la mienne.

En mars 2020, la planète entière est paralysée par le coronavirus. N'ayant plus le droit de recevoir en cabinet à cause du confinement qui nous est imposé, je choisis de mettre à profit ce temps libre pour écrire ce livre que vous tenez dans vos mains.

Mon livre enfin terminé, je commence maintenant à développer mes propres formations (en ligne mais également en présentiel), autant sur l'hypnose qu'en développement personnel. Si vous êtes intéressés, je vous invite à vous rendre sur mon site internet **www.melindaorset.fr** pour avoir davantage de renseignements ou sur mes différents réseaux sociaux.

TABLES DES MATIERES

PARTIE 2 : NOS MÉCANISMES PSYCHOLOGIQUES

PARTIE 3 : REDEVENIR SOI-MÊME : LES SOLUTIONS

À toi Aurélien,

INTRODUCTION

« Être conscient de son ignorance,
c'est tendre vers la connaissance. »
Benjamin Disraeli

L'honnêteté est une valeur très importante pour moi. Je pense qu'elle est essentielle pour développer des relations sociales saines. C'est pourquoi je mettais un point d'honneur à l'être auprès de mes proches, et j'attendais en retour qu'ils fassent de même avec moi. Je ne supportais pas que l'on puisse me mentir, et j'ai toujours fait savoir que je préférais que l'on me dise la vérité plutôt que d'essayer de me la cacher. Il était facile de pointer les autres du doigt, mais ce que je ne savais pas encore à ce moment-là, c'est que je n'étais pas honnête envers eux, et je l'étais encore moins envers moi-même...En réalité j'ai passé une bonne partie de ma vie à me voiler la face, et à me mentir à moi-même.

Je me mentais à moi-même quand je me disais que j'étais heureuse alors que ce n'était clairement pas le cas ; quand je pensais que je contrôlais mes angoisses ; quand j'essayais de me convaincre que je n'avais pas vraiment pris de poids, et que de toute façon le regard des autres ne m'importaient pas ; quand je disais « oui » alors qu'au fond je voulais dire « non » ; quand je pensais que j'étais malheureuse à cause des autres ou parce que j'étais juste malchanceuse ; ou quand je pensais que ma précédente relation allait pouvoir fonctionner sur du long terme. Mais je me trompais également moi-même lorsque je tentais de me convaincre que je n'étais pas intéressante, intelligente ou que je ne méritais pas de réussir, d'être heureuse, et d'être aimée.

Naturellement, ma vie n'était franchement pas épanouissante. J'avais la sensation qu'elle filait entre mes doigts, et que je ne pourrai jamais avoir le contrôle sur celle-ci. Je ne comprenais pas certaines de mes réactions, ou pourquoi je semblais revivre constamment les mêmes scénarios. Je me sentais condamnée, prisonnière de ma propre existence. Aussi pensais-je que la vie devait être subie et que je ne pourrais jamais être véritablement heureuse...

Mais comment est-ce possible de se mentir à soi-même ? À priori, cela semble impossible d'un point de vue logique... Et pourtant, personne n'est à l'abri de l'auto-tromperie. En effet, il s'agit d'un phénomène psychologique très fréquent qui reste, jusqu'à un certain point, normal. C'est l'un des grands pièges de l'esprit. L'auto-tromperie fait référence aux mensonges envers nous-mêmes : ce sont toutes ces situations où nous essayons de nous convaincre d'une réalité qui est fausse. Toutefois, elle se distingue du mensonge, car dans le mensonge, nous sommes conscients de ne pas dire la vérité, tandis que dans l'auto-tromperie, nous acceptons comme vraie une réalité erronée, mais sans en être conscient(e). En d'autres termes, lorsque nous nous mentons à nous-mêmes, nous ne nous rendons pas vraiment compte consciemment que nous sommes en train de le faire.

L'un des exemples les plus parlants d'auto-tromperie concerne les relations amoureuses. Ne dit-on pas que « l'amour rend aveugle ? ». Cette expression signifie que l'on ne verrait pas la personne exactement comme elle est, mais plutôt comme nous aimerions la percevoir. Ce qui est sous-entendu ici, c'est que lorsque nous sommes amoureux, nous ne voyons pas les défauts de l'être aimé, qu'ils soient physiques ou en rapport avec le caractère. En effet, lorsque nous débutons une relation amoureuse, nous avons tendance à idéaliser l'autre, à le mettre sur un piédestal et à ne percevoir que ses qualités. On se complaît alors bien souvent à manipuler la réalité pour masquer ce que l'on n'a pas envie de voir chez l'autre car on a envie de croire en notre belle histoire. Mais au bout d'un certain temps, l'illusion finit par se dissoudre. La réalité refait alors surface, parfois brutalement, et l'on réalise que l'autre n'est pas exactement comme nous l'avions imaginé.

Nous nous mentons à nous mêmes quand nous prétendons être ce que nous ne sommes pas pour nous intégrer socialement, lorsque nous prenons des décisions qui ne sont pas en accord avec ce que nous voulons vraiment, lorsque nous nous racontons que nos rêves ne sont pas importants, lorsque nous pensons que nous n'avons pas besoin des autres pour être heureux, lorsque nous pensons que nous n'avons pas besoin d'aide, lorsque nous pensons que les besoins des autres sont plus importants que les nôtres, lorsque nous cherchons à nous distraire pour ne pas nous confronter à des émotions douloureuses, lorsque nous pensons que nous ne méritons pas d'être heureux(se) ou d'être aimé(e), lorsque nous dénigrons nos émotions ou lorsque nous ne voulons pas les écouter, lorsque nous ignorons notre intuition, ou lorsque nous pensons que notre bonheur dépend des autres... Les occasions de nous voiler la face sont nombreuses !

Le problème c'est que le fait de se mentir à soi-même est une des sources majeures de souffrance. Le fait de se voiler la face finira toujours par se retourner contre nous. Pourquoi cela ? Car il y aura toujours une partie de nous qui sait que nous nous mentons. Quelle est donc cette partie de nous pourriez-vous me dire ? Eh bien, il s'agit de notre corps, siège de notre inconscient. Car notre corps ne ment pas.

Souvent, lorsque nous sommes enfermés dans le mensonge, notre corps nous adresse des signaux nous informant qu'un temps de sincérité et d'honnêteté avec soi serait nécessaire pour notre santé physique et mentale. Cependant, il est fréquent que nous fassions le sourd ou que nous nous rendions aveugle aux avertissements de notre corps. Pour cela, les stratégies sont nombreuses : nous les minimisons, les dénigrons, les nions, nous surestimons nos capacités, nous tentons de nous distraire pour faire comme s'ils n'étaient pas là, nous cherchons à anesthésier la partie de nous qui sait la vérité en nous tournant vers certaines drogues (alcool, tabac, et autres) ou en adoptant certains comportements compulsifs. Ainsi, nous mentir à nous-mêmes creuse un fossé entre les parties de nous qui « savent » et les autres parties qui font semblant de ne pas savoir.

De fait, si nous négligeons ces signes qu'il nous envoie, nous nous exposons à diverses souffrances : un mal être émotionnel et psychologique, et qui peut s'accompagner dans certains cas, de symptômes physiques (problèmes digestifs et intestinaux, problèmes de peau du type eczéma, psoriasis etc, maux de tête et différents troubles psychosomatiques). Nous mentir à nous-mêmes n'est jamais sans conséquences. En tentant d'ignorer les messages d'alerte de notre corps, nous nous éloignons de notre propre vérité et de qui nous sommes vraiment.

Être libéré(e) de tout mensonge requiert une grande réflexion personnelle. Plonger à l'intérieur de notre être, apprendre à connaître nos valeurs, idéaux et désirs, et apprendre à nous fier à notre corps sont les premiers pas pour nous défaire du voile de l'inconscience et revenir à ce qui est essentiel : ce qu'on veut vraiment, ce qu'on aime vraiment, et ce qu'on est vraiment. Mais surtout, cela nécessite de redevenir plus conscient de soi.

Mais qu'est-ce que la conscience ? Étymologiquement, le mot conscience vient du latin conscientia que l'on peut décomposer en « cum scientia », et qui signifie « avec connaissance ». Selon le Larousse, elle se définit comme la « connaissance, intuitive ou réflexive immédiate, que chacun a de son existence et de celle du monde extérieur. » Dit plus simplement, c'est le sentiment intime de vivre l'expérience vécue, d'être le sujet de nos perceptions, nos émotions, et nos pensées. C'est donc ce qui nous permet de nous sentir exister, et d'être présent à nous-mêmes. C'est ce qu'a tenté de formuler simplement le célèbre philosophe René Descartes avec la locution latine cogito ergo sum qui signifie « je pense donc je suis » pour résumer l'idée que la pensée est en soi une preuve d'existence. Pour Descartes, la conscience est indispensable à l'homme.

Daniel Goleman, psychologue américain, explique dans son livre *L'intelligence émotionnelle* que la conscience de soi est une des composantes essentielles de l'intelligence émotionnelle. La conscience de soi désigne l'attention permanente que l'on accorde à nos états intérieurs, comme nos pensées et nos émotions et la capacité à reconnaître leur impact dans notre vie. Connaître nos états intérieurs et les exprimer permet de mieux nous connaître, être en paix avec qui nous sommes et gérer de manière proactive nos pensées, nos émotions et nos comportements. C'est se révéler à soi-même et être authentique. Lorsque l'on est authentique, l'on s'accepte tel que l'on est, et l'on est beaucoup plus bienveillant envers nous-mêmes et envers les autres. En reconnaissant nos ressentis et leurs effets, on apprend à reconnaître nos forces et limites, ce qui nourrit la confiance en soi. La conscience de soi est donc extrêmement importante et permet sans aucuns doutes de retrouver la paix, intérieure comme extérieure.

Cependant, il s'avère que nous sommes très peu conscients de nous-mêmes.Vous connaissez certainement quelqu'un dans votre entourage qui ne semble pas maîtriser ses réactions, ses émotions, ou ses comportements, qui ne se remet jamais en question, qui se positionne toujours en victime, qui n'a absolument aucune idée de comment les autres le perçoivent, qui manque d'empathie, qui ne se rend pas compte qu'il ou elle a eu des propos insultants ou maladroits, qui fait une scène en public sans raison valable, ou encore quelqu'un qui ne semble jamais apprendre de ses erreurs : une personne qui perd tous ses emplois, échoue dans la plupart de ses relations, et semble rejouer constamment les mêmes scénarios. Cela vous dit quelque chose ? Peut-être même que vous vous reconnaissez dans cette description ? Si c'est le cas, c'est que vous n'avez pas suffisamment développé votre conscience de soi. Rassurez-vous, vous n'êtes pas seul(e). La psychologue Tasha Eurich a démontré que, bien que 95% des gens pensent qu'ils sont conscients d'eux-mêmes, seulement 10-15% d'entre eux le sont réellement !

Mais alors, pourquoi ne sommes-nous pas plus conscients de nous-mêmes ? La réponse la plus évidente est que la plupart du temps, nous ne sommes tout simplement « pas là » pour nous observer. En d'autres termes, nous ne faisons pas attention à ce qui se passe à l'intérieur ou autour de nous. La plupart du temps, nous fonctionnons en mode « pilote automatique », inconscients de ce que nous faisons ou de ce que nous ressentons, alors que notre esprit conscient se promène ailleurs que dans le moment présent. C'est pourquoi nos comportements, nos réactions et nos émotions nous échappent parfois, et l'on se retrouve à dire, faire, ou penser des choses à l'inverse de ce que nous aimerions consciemment. Nous perdons le contrôle de notre vie et nous sommes alors en quelques sortes victimes de notre inconscient.

C'est pourquoi ce livre a pour objectif de rendre l'inconscient plus conscient. Pour cela, il s'agit de gagner en connaissance. Et pour gagner en connaissance, l'idée est ici de vous aider à mieux comprendre vos modes de fonctionnement, et vos automatismes. « Connais-toi toi-même » nous disait déjà Socrate. Car selon lui, c'est en se connaissant, en cherchant en lui-même, que l'homme peut trouver la sagesse.

Étant de nature assez curieuse, je suis quelqu'un qui aime comprendre les choses, comment elles fonctionnent ou à quoi elles servent. Plus particulièrement, les comportements humains m'ont toujours fasciné. C'est donc assez naturellement que je me suis tournée vers des études de psychologie dans le but de mieux comprendre les comportements et leurs genèses, les processus de la pensée, les émotions, ou encore nos relations humaines. Certaines questions m'ont longtemps taraudée : Pourquoi certaines personnes changent plus facilement que d'autres ? Qu'est-ce qui fait que certaines personnes continuent de garder des comportements alors que ces derniers sont néfastes pour elles ? Et de manière plus large, pourquoi agissons-nous comme nous le faisons ? Voici donc les questions qui serviront de trame à ce livre et auxquelles nous tenterons d'amener quelques pistes de réflexion.

Évidemment, il existe de nombreuses manières de traiter ce vaste sujet. Il serait par exemple possible de trouver des éléments de réponse du côté de la psychologie sociale, de l'anthropologie, des neurosciences, ou encore de biens d'autres domaines. Cependant, nous allons ici nous intéresser avant tout à nos mécanismes psychologiques. Là encore, il y aurait de nombreux sujets à aborder sous cet angle, mais j'ai choisi de me concentrer sur les informations qui me paraissent les plus intéressantes, celles que j'aurai aimé savoir plus tôt.

Ce livre se décompose en 3 parties :

- La première traite de nos fonctionnements archaïques

- Dans une deuxième partie, nous parlerons de nos mécanismes psychologiques
- Et enfin dans la troisième et dernière partie, nous allons nous intéresser aux solutions et vous proposer quelques pistes de travail.

C'est donc un véritable voyage au cœur de vous-même pour partir à la rencontre de celui/celle que vous êtes vraiment que je vous invite à faire avec moi. Il s'agit de lever le voile de l'inconscience, celui qui brouille notre esprit et nous empêche de voir la réalité telle qu'elle est.

C'est alors que, dans un éclair de lucidité, nous avons la sensation soudaine de comprendre réellement les choses. Tout nous paraît subitement plus clair, plus évident. Ce n'est pas seulement d'une compréhension intellectuelle dont nous parlons ici, mais de quelque chose de bien plus profond encore : de véritables prises de conscience qui peuvent radicalement changer notre vie. C'est s'éveiller à ce que nous sommes véritablement, en ouvrant les yeux de l'intérieur pour rendre conscient l'inconscient et entreprendre une véritable (r)évolution intérieure.

Mais je vais être transparente avec vous. La lucidité à laquelle ce livre vous invite n'est pas toujours agréable. Il s'agit de se désillusionner pour voir la réalité comme elle est, et non plus comme nous aimerions qu'elle soit. Et cela peut parfois être douloureux. C'est voir toutes les choses en nous que nous n'avions pas envie de voir et partir à la rencontre de nos aspects les plus sombres, de nos démons intérieurs que nous aurions bien souvent préféré laisser enfoui.

Mais ce que je peux vous assurer, c'est que le voyage en vaut la chandelle. Cela aurait été le cas pour moi. Le jour où je me suis éveillée à moi-même, ma vie n'a plus été la même. J'ai enfin pu me libérer de nombreux blocages, et commencer à vivre la vie dont j'ai toujours rêvé. Ainsi, ce voyage vous invitera à ouvrir votre cœur et à renouer avec votre humanité. Et c'est alors qu'en osant regarder la réalité en face, en ne cherchant plus à vous détourner d'elle, vous vous donnerez la possibilité de redevenir vous-mêmes, et de retrouver votre liberté d'être.

PARTIE 1

NOS FONCTIONNEMENTS ARCHAÏQUES

1.

LES DEUX FORCES QUI GOUVERNENT NOS VIES

« Le plaisir est toujours un bien, et la douleur toujours un mal ; mais il n'est pas toujours avantageux de jouir du plaisir, et il est quelquefois avantageux de souffrir de la douleur. »
Nicolas Malebranche

Il existe un principe qui régit tout ce que nous faisons. Nos croyances, nos valeurs, nos comportements, nos habitudes, nos motivations et les décisions que nous prenons, reposent tous sur ce principe. Tout ce que nous sommes dépend entièrement de ce principe, et ce dernier pourrait expliquer assez simplement pourquoi nous agissons comme nous le faisons, et plus précisément pourquoi certaines personnes n'arrivent pas à changer. Ce principe a permis à lui seul la survie de toute notre espèce.

Ce principe, c'est celui de la souffrance et du plaisir.

La souffrance et le plaisir

L'être humain n'est pas si différent d'un quelconque animal. Tous nos actes et tous nos comportements sont motivés par le désir de fuir la douleur et de rechercher le plaisir. Les scientifiques savent que ce dilemme, causé par une structure cérébrale nommée « le circuit de la récompense », se joue à chaque instant dans notre cerveau.

Tout organisme vivant a pour seule préoccupation de satisfaire ses besoins vitaux. Manger, boire, ou se reproduire sont toutes des activités essentielles pour la survie de l'individu et de l'espèce. Au cours de l'évolution, la sélection naturelle a associé à ces comportements de fortes sensations de satisfaction. Ainsi, un véritable circuit de la récompense s'est développé pour favoriser ces comportements reliés à nos besoins fondamentaux, pour ensuite s'élargir et nous inciter à répéter les expériences plaisantes apprises au cours de la vie.

Le circuit de la récompense est aussi capable de produire l'inverse de la récompense : la sensation d'aversion. En effet, le circuit comporte deux voies : l'une activatrice, génère du plaisir ; et l'autre inhibitrice, génère de l'aversion. Pour faire simple, la stimulation des récepteurs par les récompenses, naturelles ou non, va, par une cascade de réactions, informer le cortex pré-frontal que l'action est bénéfique et peut être renforcée, et reproduite.

Pour maintenir son homéostasie, c'est-à-dire réguler la voie activatrice et éviter son emballement, le circuit de la récompense dispose d'un sous-circuit inhibiteur. Cette fois-ci, la stimulation de ces récepteurs va à l'inverse donner un signal négatif à notre cerveau, afin de bloquer le renforcement et nous inciter à arrêter l'action que nous sommes en train d'entreprendre. Si l'activité de la voie inhibitrice est plus élevée que celle de la voie activatrice, le plaisir est diminué, voire disparaît totalement : cela déclenche la sensation d'aversion.

Le circuit de la récompense peut, en jouant sur ces deux sous-circuits, favoriser ou dissuader des actions et donc régler très finement ce qui nous motive. C'est sur ce fonctionnement cérébral que repose la survie de l'espèce humaine.

Chaque fois que nous éprouvons une douleur ou un plaisir intense, notre cerveau en recherche la cause. Pour cela, il analyse immédiatement les éléments qui semblent se produire simultanément autour de nous et part du principe que ce qui se produit en même temps qu'une sensation de douleur ou de plaisir doit obligatoirement en être la cause. Par exemple, si vous ressentez une sensation de brûlure alors que vous mettez la main au dessus du feu, votre cerveau associera très logiquement le feu à de la douleur et l'enregistrera automatiquement dans votre système nerveux afin de vous protéger et de vous permettre de prendre à l'avenir de meilleures décisions concernant vos comportements. Ou si vous éprouvez de la joie à chaque fois que vous faites une activité quelconque, votre cerveau estimera que l'activité en question est à l'origine de cette sensation agréable.

La répétition joue également un rôle important. Chaque fois que nous allons répéter une activité, nous renforçons le lien que notre cerveau a effectué soit à la sensation de douleur soit à celle du plaisir. Ainsi, à force de répétition, et avec une intensité émotionnelle suffisante, notre cerveau nous incitera à adopter ou à fuir certains comportements de manière automatique.

Donc, en résumé, si nous avons associé de la douleur à un comportement, une activité ou même une émotion, il paraît donc logique que nous allons faire en sorte de les éviter, tandis que si nous y avons associé du plaisir, nous serons à l'inverse tentés de les reproduire. Ainsi, ce à quoi nous associons douleur et plaisir déterminera nos comportements et notre avenir.

Précisons que par souffrance, nous entendons autant la souffrance physique ou émotionnelle. Il en est de même pour le plaisir. De la même manière, il existe divers degrés de douleur et de plaisir. Une gêne, de l'ennui, ou se sentir impuissant peuvent être associés à de la souffrance. Quant à la notion de plaisir, elle peut aller de la sensation d'extase la plus intense, à la simple sensation de confort, de soulagement, de sécurité, ou même encore, à l'absence de souffrance.

Toutes les décisions que nous prenons dans notre vie se font donc en fonction de ce qui, pensons-nous, nous permettra d'éviter la douleur, et à l'inverse, nous procurera du plaisir. Il y a évidemment une grande part de subjectivité qui rentre en compte dans les associons que nous faisons. En effet, là où certaines personnes associent de la douleur à un comportement, d'autres pourraient tout aussi bien y associer du plaisir. Faire du sport, ou manger sainement peut être vécu comme une torture pour certains tandis que cela sera un véritable bonheur pour d'autres.

À titre personnel, j'avais longtemps associé la lecture à quelque chose de désagréable. Comme beaucoup d'enfants de ma génération je pense, ce n'est que lorsque j'ai découvert la saga Harry Potter que j'ai commencé à y prendre goût. Mais la lecture est devenue une passion lorsque j'ai découvert le développement personnel. J'ai alors pris conscience tout le bien que cela m'apportait de lire, car plus je lisais, plus j'évoluais. À l'heure d'aujourd'hui, lire fait partie de ma routine et la lecture est ainsi devenue un véritable plaisir dont je ne pourrais maintenant plus me passer.

Ces associations que nous faisons ne dépendent que de nous car rien ne nous empêche de modifier la perception que nous avons d'un comportement ou d'une émotion. « Si un élément externe vous fait souffrir, votre douleur n'est pas causée par cet élément comme tel, mais par votre propre jugement de cet élément ; et vous avez le pouvoir d'annuler celui-ci à tout moment » nous disait déjà l'empereur philosophe Marc Aurèle. Il ne tient qu'à nous de changer la représentation que nous avons de nos comportements. Parfois il s'agit simplement d'associer plus de plaisir que de souffrance à un comportement.

C'est ce que j'ai dû faire pour l'écriture. À l'inverse de la lecture, je ne peux pas dire que j'apprécie réellement écrire. Il a fallut que j'associe suffisamment de plaisir pour que cela puisse me permettre de passer à l'action, et que la souffrance me paraisse plus faible. Je dois avouer qu'il m'est tout de même arrivé parfois que je ressente un peu de plaisir en écrivant. Mais c'était surtout la sensation d'avancer vers mon objectif qui me procurait du plaisir, plus que le processus d'écriture en lui même. C'était l'anticipation de pouvoir tenir le livre dans mes mains qui me poussait à continuer. Le célèbre conférencier Anthony Robbins précise que « ce n'est pas la douleur ressentie qui nous gouverne mais la peur de la douleur. Ce n'est pas non plus le plaisir effectif qui nous commande, mais la croyance – la certitude – que telle ou telle action nous apportera du plaisir. Nous ne sommes pas guidés par la réalité, mais par notre perception de la réalité ». Nous ne savons jamais vraiment avec certitude ce que l'avenir nous réserve, ce que nous allons pouvoir gagner ou perdre, alors notre cerveau émet constamment des hypothèses et des jugements sur l'avenir. C'est cette perception de la douleur et du plaisir futurs qui anime nos actions. Malheureusement, il s'avère que nos perceptions sont souvent très erronées

C'est entre autre ce qui pourrait expliquer pourquoi nous ne prenons pas toujours les meilleures décisions pour notre bien-être. Et ce d'autant plus que l'être humain éprouve énormément de difficulté à se projeter sur du long terme....

Chaque décision que nous prenons entraînera une ou plusieurs des conséquences suivantes:

1) De la douleur à court terme.
2) Du plaisir à court terme.
3) De la douleur à long terme.
4) Du plaisir à long terme.

En termes de motivation, le court terme sera toujours une force motrice plus forte que le long terme à moins qu'il n'y ait des niveaux significativement élevés de douleur ou de plaisir associés au long terme. Plus l'intensité de la douleur ou du plaisir est élevée, plus elle aura d'influence sur la décision que nous nous apprêtons à prendre. En revanche, plus l'intensité de la douleur et du plaisir est faible, moins elle aura d'impact sur notre processus décisionnel.

Un bon exemple de cela en action est la difficulté que beaucoup de personnes ont à épargner leur argent pour un objectif lointain (disons acheter une maison) alors qu'une opportunité de dépenser cet argent pour quelque chose qui ne leur sera pas forcément utile sur du long terme, mais qui à court terme sera source de plaisir (le dernier téléphone qui vient de sortir par exemple), leur apparaîtra comme étant bien plus attirante et intéressante. Ici, le nouveau téléphone a une charge émotionnelle à court terme bien plus forte que celle de la maison qui est un objectif à long terme.

De la même manière, pour beaucoup de personnes, il est plus simple d'éviter la souffrance à court terme, même si cela implique de se créer une douleur à long terme. Pourquoi une personne n'ose pas aborder cet homme ou cette femme qui lui plaît? Pourquoi n'ose-t-elle pas quitter ce travail qui ne lui convient plus? Ou encore pourquoi n'arrive-t-elle pas à se mettre au sport? La réponse est simple: parce qu'elle a associé davantage de souffrance au fait d'agir maintenant, tout en sachant que le passage à l'acte lui serait pourtant bénéfique pour son avenir.

C'est pourquoi dans le but d'éviter la douleur d'une émotion désagréable (du stress, une contrariété, de l'ennui, ou une sensation de manque, etc...), le fumeur préfère choisir le plaisir immédiat que lui procure la cigarette, et ce, en dépit des conséquences dévastatrices que sa consommation de tabac provoquent sur sa santé à long terme. Tout comme la personne qui aurait besoin de perdre quelques kilos pour sa santé décide de continuer de manger de la malbouffe plutôt que de modifier son alimentation ou de se mettre au sport ; deux actions qu'elle a probablement associé à de la douleur et nécessitant de fournir un effort sur du long terme. Le court terme est bien souvent beaucoup plus privilégié que le long terme.

En revanche si la personne associe un plaisir suffisamment fort à atteindre son objectif en anticipant le plaisir que cela lui procurera, et les bénéfices qu'elle récoltera (être plus en forme, plus sain, avoir plus d'énergie, etc), il lui sera certainement beaucoup plus simple de modifier ses comportements pour atteindre son but, et ce même s'il est encore lointain. Aussi sera-t-elle prête à ressentir une douleur limitée (comme un effort ou de l'inconfort), si elle sait que cela finira par lui procurer beaucoup de plaisir plus tard. En règle générale, avant de prendre une décision, les humains évaluent consciemment et inconsciemment l'investissement dans la douleur par rapport au plaisir potentiel qui sera reçu.

Par ailleurs, lors de nos prises de décision, la douleur et le plaisir perçus seront influencés par nos émotions. Combien de fois avez-vous agi sur une peur irrationnelle, même en sachant qu'elle était irrationnelle? La décision d'éviter la douleur a été influencée (et accentuée) par l'émotion de la peur. Combien de fois avez-vous mangé plus de gâteau que vous n'auriez dû? Logiquement, vous saviez pourtant que votre assiette remplie de gâteau n'était pas une

sage décision. Mais, émotionnellement, vous vouliez ce gâteau. Peut-être même aviez-vous la sensation d'en avoir réellement besoin ! Les émotions l'emportent bien souvent sur la logique.
En effet, nos comportements sont régis bien plus par notre réaction instinctive à la douleur et au plaisir et par nos émotions que par des calculs intellectuels. Une personne fumeuse sait très bien sur le plan intellectuel qu'il faudrait cesser de fumer, pourtant elle continue. Une personne en surpoids a bien conscience de l'importance de faire du sport et de manger sainement, pourtant elle continue. Les associations souffrance-plaisir, du fait qu'elles se fassent de manière automatique et inconsciente, prennent le dessus sur notre intellect. Ainsi, savoir intellectuellement ce qu'il faudrait faire ne permet pas toujours de se libérer de nos problèmes.

Heureusement que nous fonctionnons sur ce principe. Imaginez qu'il y ait devant vous un lion prêt à vous poursuivre, et une énorme valise bien lourde remplie de pièces d'argent. Selon vous, qu'est-ce que votre corps va faire ? Instinctivement vous allez prendre vos jambes à votre cou, car vous encombrer de la valise ou prendre le temps de vous demander s'il serait judicieux ou non de la prendre avec vous, serait bien trop risqué pour votre survie. Dans cet exemple, éviter la douleur immédiate l'emportera sur le plaisir immédiat.

Nos fonctionnements cérébraux nous incitent donc à éviter toute situation qui pourrait être source de souffrance car elle pourrait potentiellement menacer notre survie. Cette réaction de fuite de la souffrance, quelle soit physique ou émotionnelle, est donc instinctive. Cependant, s'il est vrai qu'il est parfois nécessaire d'éviter la douleur dans le but de nous protéger, cette décision peut également s'avérer néfaste pour notre santé et notre bien-être.

Quand fuir la douleur devient problématique

La société moderne dans laquelle nous vivons n'accepte pas réellement la souffrance. Cela pourrait tout d'abord s'expliquer par le fait qu'elle attend de ses individus qu'ils soient toujours au meilleur de leur forme, et ce, dans le but de produire plus pour ne pas ralentir la croissance économique. De ce fait, la société considère la souffrance comme quelque chose d'anti-naturel, comme un ennemi contre lequel il faudrait lutter. Qu'elle soit physique ou émotionnelle, la société nous incite à fuir la souffrance coûte que coûte.

Par exemple, au moindre petit mal de tête, on nous a enseigné à nous tourner vers les médicaments alors que celui-ci pourrait se dissiper naturellement. Ou si vous traversez une période difficile sur le plan émotionnel, et que pour cette raison vous consultiez un médecin, vous repartirez très probablement avec une ordonnance dans laquelle vous seront prescrits des anxiolytiques, ou des antidépresseurs. Cela est pourtant tout à fait normal de se sentir mal à certains moments dans notre vie. Il faut dire que les médecins n'ont que quelques minutes pour soigner leurs patients, aussi ne disposent-ils pas toujours du temps nécessaire pour essayer de parler, comprendre et expliquer d'où vient la souffrance de leurs consultants. Prescrire un médicament est donc devenu la solution qui permet de raccourcir la consultation tout en soulageant les symptômes.

Ainsi, de nombreuses situations naturelles de vie, tel qu'un deuil, une rupture amoureuse, du stress, une déprime, des troubles du sommeil, ou la désobéissance d'un enfant sont parfois médicalisées un peu trop rapidement, avec pour conséquence une prescription médicamenteuse qui n'est pas toujours utile ou saine pour l'individu. De ce fait, des émotions totalement légitimes sont traitées et considérées comme pathologiques, et des personnes se retrouvent étiquetées parfois un peu trop hâtivement ou de manière non justifiée comme étant dépressives.

Évidemment, dans certains cas, un traitement s'avère nécessaire, mais dans de nombreux autres, le recours aux médicaments est un peu excessif. Un fait que même les médecins reconnaissent volontiers. Le médicament devient progressivement un produit de consommation banalisé et s'éloigne de son image purement médicale. La France se classe d'ailleurs parmi les plus grands consommateurs de médicaments.

En plus d'engendrer de nombreux problèmes (dépendance, résistance des microbes au traitement, effets secondaires...), le simple fait de prescrire des médicaments à une personne qui traverse une

étape de vie, certes douloureuse mais normale, envoie un message inconscient à celle-ci qui est parfois bien plus néfaste que les émotions désagréables qu'elle éprouve. En effet, le message inconscient transmis à ce moment-là est le suivant : « ce n'est pas normal de ressentir ces émotions, il faut vite les étouffer et les cacher ». Sous entendu également : « il y a quelque chose qui cloche chez vous, quelque chose de casser à l'intérieur qu'il faudrait vite réparer ».
Ainsi, dans notre société où le paraître est primordial, nous devons toujours donner l'impression qu'on est en forme, souriant et positif et nous devons éteindre toutes ces émotions jugées négatives telles que le stress, la colère, ou la tristesse. Il suffit de voir comment la dépression est encore de nos jours extrêmement stigmatisée. Il ne faudrait pas montrer notre souffrance aux autres.

Pourtant, s'il y a bien une chose dont je suis sûre c'est qu'il est tout à fait naturel et humain de souffrir, de se sentir mal, de ne pas être toujours en forme, ou souriant. Ce qui est beaucoup plus problématique et néfaste pour l'être humain, ce n'est pas de ressentir des émotions, mais de chercher à les rejeter. Car plus l'on cherche à étouffer, à dénigrer, et à fuir nos émotions, plus celles-ci s'amplifient. La souffrance n'est provoquée que par notre propre résistance à nos émotions. Voici une équation simple que j'affectionne particulièrement car elle me permet de me souvenir facilement de cette idée:

SOUFFRANCE = DOULEUR x RÉSISTANCE

En consultation, je constate très régulièrement que nombreuses sont les personnes qui ne s'autorisent pas être mal dans leur quotidien. « J'ai des responsabilités, je ne peux pas me permettre de montrer quand ça ne va pas » me répondent-elles souvent. Malheureusement, non seulement leur mal-être ne se dissipe pas, mais pire encore, il s'aggrave progressivement. Si la souffrance n'est pas souhaitable, elle ne doit pas pour autant être évitée à tout prix.

Évidemment d'autres facteurs que ceux sociétaux sont également à prendre en compte dans notre propension à fuir la souffrance. Notre éducation joue évidemment un rôle important. Tout parent est animé par le désir de protéger son enfant de toute souffrance. Malheureusement cela peut parfois donner lieu à une attitude hyper-protectrice qui peut nuire considérablement au bon développement de son enfant. Un parent qui surprotège son enfant, au delà de ce qui est nécessaire et de la réalité du danger, l'empêche de faire ses propres expériences. Or, s'il est vrai que les parents doivent faire preuve de vigilance afin de minimiser les risques d'incidents malheureux. un enfant a besoin de s'exposer aux risques et aux dangers pour évoluer, et développer ses capacités afin de mieux s'adapter à son environnement.

Ainsi, pour apprendre à marcher, il est nécessaire qu'un bébé tombe avant de réussir à faire ses premiers pas. L'empêcher de tomber le freinerait considérablement dans son processus d'apprentissage de la marche. En plus d'être inévitable, trébucher s'avère fondamental pour pouvoir développer des muscles suffisamment puissants afin de pouvoir tenir debout. De la même manière qu'il est important d'autoriser son enfant à ressentir toute émotion désagréable afin de l'aider à être en lien avec son corps et ses besoins, ou de l'exposer à certaines maladies pour que les défenses immunologiques de son organisme puissent se constituer.

En empêchant nos enfants de vivre certaines expériences certes désagréables, nous les privons de développer des ressources importantes, essentielles et vitales à leur bien-être...et leur survie. Certes, ils feront des erreurs et en souffriront, comme tous les êtres humains. Mais il se peut que ce qui vous semble être une erreur soit précisément ce dont ils avaient besoin d'expérimenter pour évoluer. Fort heureusement, la plupart des parents ont conscience de cela et laissent plus facilement leurs enfants faire leur propres expériences.

Nos parents nous transmettent également consciemment ou inconsciemment ce qu'ils ont eux-mêmes associés à des expériences douloureuses. Par exemple, si l'un de vos parents n'a jamais apprécié la lecture, peut-être ne vous encouragera-t-il jamais à lire ou à aller à la bibliothèque. Ou si ce n'est pas la lecture, ce pourrait être le sport, ou toute autre activité. Ou peut-être vous a-t-il enseigné que c'est douloureux d'aimer, d'être en couple, de faire confiance aux autres, de rester seul, de faire des études, de lancer son entreprise ou d'être salarié, de ne pas travailler ou encore d'aller à l'encontre de ce que les autres pensent. Lorsque nous sommes enfants, nous avons tendance à adopter les comportements, les attitudes, et les façons de pensées de nos parents, qui nous servent de modèles pour construire notre identité.

Mais il ne faut pas oublier que nous ne sommes pas pour autant des copies de nos parents. Nous faisons tous nos propres expériences que nous allons ensuite classifier en deux catégories : il y a les expériences agréables (celles qui génèrent du plaisir), et celles qui sont désagréables (celles qui génèrent de la souffrance). Comme nous l'avons vu, ce que nous jugeons comme étant agréable ou non dépend de notre subjectivité à chacun. Nous pourrions tous vivre un même événement, mais ne pas le vivre de la même manière. Là où certains pourraient associer du plaisir à une situation, à une émotion ou à un comportement d'autres pourraient tout aussi bien y associer de la douleur. Évidemment, si nous jugeons une expérience comme désagréable, nous allons chercher à l'éviter le plus possible par la suite.

Malheureusement, cette fuite peut nuire à notre bien-être. En effet, à trop vouloir nous protéger de la souffrance, nous devenons en réalité bien plus vulnérable. Je constate bien trop souvent en consultation comment les personnes en voulant fuir la souffrance commencent à se renfermer sur elles-mêmes. En conséquence, elles évitent tout ce qui pourraient – pensent-elles – être synonyme de risques. Constamment dans une anticipation de la douleur, elles n'osent plus faire d'expériences. Aussi sont-elles terrifiées à l'idée de faire des erreurs, de subir des échecs, ou de ne pas savoir maîtriser les choses parfaitement. Les imprévus et les challenges qui ne manquent et ne manqueront pas de survenir dans leurs vies s'avèrent extrêmement déstabilisants pour elles. Ainsi leur zone de confort se réduit progressivement, les enfermant dans une routine qui est, pour la plupart d'entre elles, très peu épanouissante.

Le problème, c'est qu'en fuyant toutes situations qui pourraient faire naître en elles des émotions désagréables, elles se privent également de ressentir celles qui sont agréables. Elles s'interdisent de ressentir la joie, ou l'amour. C'est comme si elles avaient bâti un mur autour d'elles, de plus en plus haut et de plus en plus robuste, qui les coupent du monde extérieur et les empêchent de profiter pleinement de la vie. Cela leur permet de survivre, mais elles ressentent comme un grand vide en elles qui ne semblent pas vouloir se combler. Ainsi, en fuyant la souffrance, elle se détourne également du plaisir.

Parfois, lorsque la souffrance est trop intense, il arrive même que notre cerveau, décide d'anesthésier nos émotions en se déconnectant d'elles pour ne plus souffrir. Il nous semble alors que nous ne ressentions plus aucune émotion, ni aucun plaisir. Cette déconnexion se fait bien souvent de manière involontaire et peut durer plus ou moins longtemps. L'absence de plaisir, ou l'anhédonisme comme on l'appelle plus techniquement, est d'ailleurs un des symptômes de la dépression.

Le paradoxe, c'est qu'en voulant se protéger, en ne cherchant à vivre que des expériences agréables, cela ne nous empêche pas réellement de souffrir pour autant. Aussi découvrirons-nous que notre zone de confort n'est plus si confortable que cela. Et l'isolement émotionnel nous rend bien plus fragile et vulnérable et finit inévitablement par être vécu comme une véritable torture.

C'est pourquoi une question importante se pose maintenant : pourquoi faudrait-il fuir la souffrance à tout prix ? N'a-t-elle donc rien à nous apporter ?

L'importance de la douleur

S'il est vrai qu'elle est désagréable, la douleur présente pourtant de nombreux avantages. Tout d'abord, son rôle premier est de nous alerter lorsque quelque chose en nous dysfonctionne, que ce soit d'ordre physique ou émotionnel. Il s'agit d'un signe d'alerte pour l'organisme pour lui permettre de mettre en œuvre divers mécanismes de défense pour réagir et se protéger en conséquence. Lorsque le corps détecte une maladie, ou une blessure, il déclenche un signal de douleur pour nous faire réagir : retirer la main du feu par exemple, ou ne pas marcher avec une entorse. L'absence de douleur pourrait être dramatique. Dans les rares cas où les gens ne sont pas capables de ressentir de la douleur – comme dans les cas des personnes souffrant d'une maladie rare appelée insensibilité congénitale à la douleur – ils finissent par se faire régulièrement mal de manière involontaire, et naturellement leur espérance de vie est inférieure à celle des autres.

Cela fonctionne exactement de la même manière pour la douleur émotionnelle. Les émotions désagréables telles que la peur, la colère, la tristesse, ou la culpabilité, ne sont pas là uniquement pour nous embêter, comme certains pourraient le croire. En réalité, toutes nos émotions ont un sens, un rôle, quelque chose à montrer ou à exprimer. Elles sont notre boussole intérieure qui nous guide vers ce qui est important pour nous. Ainsi, tant que ce que nous faisons est « juste » pour nous, alors nos émotions sont globalement « positives ». Tandis que lorsque nous ne sommes pas en train d'évoluer dans une voie bénéfique pour notre épanouissement, alors nos émotions sont globalement « négatives ». La boussole ne pourrait pas fonctionner correctement si nous n'étions pas capables de ressentir les émotions désagréables.

Nos douleurs émotionnelles nous aident donc à nous réorienter afin de trouver le chemin qui nous correspond le mieux. Car, comment pourrions-nous savoir ce qu'il y a de bon pour nous tant que nous n'avons pas découvert ce que nous n'apprécions pas ? La souffrance nous permet de connaître consciemment nos préférences et nous aide à définir et à créer plus facilement la réalité que nous voulons. Sans souffrance nous ne pourrions donc pas connaître le plaisir. Plus nous connaissons la douleur émotionnelle et toutes ses saveurs variées (peur, désespoir, trahison, colère, honte), plus nous pouvons apprécier profondément les émotions que nous aimons ressentir (amour, compassion, gratitude). C'est le principe du contraste.

En l'absence d'adversité physique ou émotionnelle, nous ne développerions pas les compétences nécessaires pour prospérer dans ce monde. Si, par peur de se blesser, on s'interdisait de marcher, nos jambes deviendraient inutiles, complètement atrophiées par l'absence de mouvement. Inversement, malgré la douleur physique que peut susciter un entraînement sportif, l'effort physique nous préserve de douleurs physiques bien plus grandes liées l'absence d'exercicc. Nous développons une confiance dans notre capacité à réussir parce que nous savons que nous pouvons le faire par l'expérience. Nous devenons également plus disposés à tenter de plus grands exploits. Il en est ainsi pour la douleur émotionnelle. Lorsque nous avons suffisamment de pratique pour tirer parti et apprendre de notre douleur, nous pouvons franchir un nouveau cap dans notre vie. La douleur est nécessaire pour la résilience, la maturité et l'expansion.

La douleur fait partie intégrante de la condition humaine. Lorsque nous ressentons quelque chose, nous avons le privilège d'être témoins d'une puissante forme d'énergie créatrice de vie qui se déplace à travers nous. C'est quand nous sommes dépourvus de tout sentiment ou émotion que nous sommes tout le contraire de vivant : nous sommes découragés, indifférents, comme une coquille vide. Prenons l'exemple d'une personne tétraplégique. Celle-ci ne rêve que d'une chose : ressentir quelque chose, même si c'est de la douleur ! Dans son cas, ressentir de la douleur serait même un indicateur d'une amélioration significative de sa condition. Quelles soient douloureuses ou non, les sensations nous permettent de nous sentir vivant. Celles-ci nous invite à retourner dans notre corps et nous donne l'occasion de cultiver notre conscience corporelle tout en renouant avec la sagesse de notre corps.

De la même manière que notre douleur émotionnelle saisit notre attention, nous rendant plus conscients de nous-mêmes. Le chagrin, la tristesse, la colère, etc... sont toutes des émotions qui nous oblige à être à l'écoute de ce qui se passe à l'intérieur de nous. Elle nous aide à nous remettre en question : comment suis-je arrivé à cette douleur? Quels ont été mes choix? Et quelles leçons puis-je en tirer ? La douleur nous avertit d'éventuelles erreurs de jugement ou de mauvais choix que nous avons pris. Il existe donc de nombreuses opportunités dans les moments de douleur émotionnelle pour approfondir notre connaissance de soi, et pour revenir au moment présent.

Par ailleurs, la douleur nous incite à l'action. Lorsque nous ne sommes pas satisfaits de quelque chose, elle nous pousse à faire ce qu'il faut pour améliorer la situation. Si nous éprouvons de la tristesse par exemple, notrc tristesse agit comme un messager nous disant: « il y a quelque chose qui ne me convient pas en ce moment, alors il serait peut-être temps de le changer! » La douleur nous met au défi d'apporter des changements et de progresser, que cela nous plaise ou non. Elle nous motive à nous changer nous-même, à transformer notre vie, ou nos relations. Ainsi, l'inconfort nous encourage à trouver et à exploiter l'énergie dont nous avons besoin pour surmonter les défis, à condition d'être prêt à écouter et à nous relier à notre douleur.

Se sentir mal à l'aise émotionnellement, nous motive et nous stimule même parfois à faire des choses remarquables. N'est-ce pas ainsi que naissent les grandes œuvres ? N'importe quel artiste pourra vous dire comment leur souffrance a été le catalyseur qui a déclenché le processus créatif. Il est fréquent que des personnes démarrent des projets ou des entreprises après un événement douloureux comme un décès ou une rupture amoureuse. Pour l'anecdote, c'est précisément suite à une rupture amoureuse que j'ai moi-même décider de commencer l'écriture de mon premier livre. L'expression artistique devient alors un refuge très cathartique, un endroit où l'on peut plonger dans notre souffrance pour se retrouver et en ressortir plus fort(e). La douleur est une des plus belles sources de créativité. Lorsqu'on laisse la souffrance nous envahir, celle-ci peut être étonnamment stimulante.

Un accomplissement ou un succès dans notre vie ne se produirait pas si nous ne souffrions pas assez pour le poursuivre. C'est seulement lorsque quelque chose devient une nécessité absolue que nous commençons vraiment à faire le nécessaire pour modifier notre qualité de vie. Vous avez déjà certainement entendu cette expression : « il faut toucher le fond pour mieux remonter ». C'est ce que de nombreuses personnes qui ont réussi à se libérer de leur problème disent. J'aurai même tendance à dire que tant que nous n'avons pas suffisamment souffert, nous ne changerons pas, comme s'il y avait un seuil à atteindre pour enfin se décider à passer à l'action. Tant que l'on n'atteint pas ce seuil, rien ne se passe. Notre problème reste toujours présent et on a l'impression de tourner en rond. Ce n'est que lorsque notre seuil de tolérance à notre problème est atteint que l'on se motive enfin à effectuer les changements nécessaires dans notre vie. Et « le fond » devient alors nos nouvelles fondations sur lesquelles on peut se reconstruire.

La douleur est une expérience commune à tous les êtres humains. De part son caractère universel, la douleur nous rassemble.

Se prendre dans les bras, se serrer les uns aux autres en silence, se tenir les mains... Les gestes de la souffrance et de la consolation sont partout et toujours les mêmes. De façon évidente, la douleur nous unit, la peur nous rapproche, la tristesse nous rassemble, le deuil nous relie. Lorsque nous partageons et nous connectons à travers notre douleur commune, nous formons de solides liens de communion. Nous devenons plus tolérants, plus indulgents, et moins égocentriques. La douleur ouvre nos cœurs et favorise la compassion mutuelle.

La douleur a de nombreuses utilités. Vouloir la fuir, c'est se priver de l'opportunité de progresser, de devenir une meilleure version de nous-même, et c'est surtout rejeter la vie elle-même. En revanche, rechercher la souffrance n'est pas forcément souhaitable non plus...

La dépendance à la souffrance

S'il est logique de vouloir rechercher le plaisir et vouloir fuir la douleur, il arrive cependant que ce ne soit pas toujours le cas. En effet, certaines activités provoquant de la douleur sont pourtant recherchées et même parfois fortement appréciées. Nous pourrions citer par exemple le sport, les films d'horreur, les montagnes russes, les plats épicés, les tatouages, les piercings, les massages ou certaines pratiques sexuelles comme le sadomasochisme. La frontière entre souffrance et plaisir est parfois très floue, à tel point que les deux se confondent. Ainsi, il arrive qu'une douleur puisse générer du plaisir. De ce fait, certaines personnes deviennent littéralement accro à la souffrance.

Cela donne naissance à différents comportements où la douleur est auto-induite. L'auto-mutilation en est une des formes les plus flagrantes, mais cela inclut également toutes les formes d'addiction (tabac, alcool, drogues dures, jeux, sports, sexe, travail, boulimie... etc) mais aussi toute autre attitude où la personne recherche la douleur, parfois inconsciemment mais parfois aussi de manière totalement consciente (prendre des mauvaises décisions, choisir un travail ou un partenaire qui ne nous convient pas, avoir des relations sexuelles à risque, anorexie, chercher les disputes, et les embrouilles pour en arriver jusqu'aux mains, etc)

Mais pourquoi certaines personnes voudraient volontairement se faire du mal ? Et comment se fait-il que notre corps nous laisse faire cela alors que nous sommes programmés pour éviter la douleur ?

Biologiquement, cela s'explique tout d'abord par le fait que notre cerveau sécrète des endorphines lorsqu'il éprouve de la douleur. Les endorphines sont des hormones naturelles qui soulagent la douleur, accroissent le plaisir et provoquent parfois une sensation d'euphorie. La structure de l'endorphine ressemble à celle des opiacés, comme l'opium, la morphine et la codéine, aussi est-elle considérée comme une véritable drogue naturelle.

Les sportifs connaissent très bien cette sensation d'euphorie après une bonne séance d'entraînement. Les sports d'endurance comme le jogging, la natation, etc., sont les plus propices à la sécrétion d'endorphines. Les joggeurs sont d'ailleurs souvent décrits comme totalement accro à la course à pied, et en effet, les endorphines qu'ils sécrètent lors de l'effort vont produire une addiction qui les poussera à réitérer leur effort, comme une drogue, mais meilleure pour la santé.

L'endorphine fait partie des hormones secrétées par le circuit de la récompense. Ce dernier, comme nous l'avons déjà évoqué, occupe un rôle central dans la mise en place et le maintien d'une addiction. Plus particulièrement, c'est la dopamine qui, lorsqu'elle est libérée, procure un afflux de plaisir qui incite les usagers à continuer de consommer.

C'est pourquoi les personnes qui recherchent la douleur à travers leurs actions, ont associé une sensation de soulagement à leurs comportements néfastes. Toute personne souffrant d'une addiction vous dira à quel point elle se sent mieux après avoir consommée. Une fois la douleur passée, elle se connecte à un état d'euphorie intense. Mais les personnes qui se font du mal le font avant tout pour réduire leurs émotions négatives, pour ressentir « quelque chose » en plus de l'engourdissement ou du vide, pour éviter certaines situations sociales ou pour recevoir un soutien social. Ainsi leur comportement agit comme un mécanisme de défense.

Au delà de l'aspect biologique, ce qui incite bien souvent ces personnes à se blesser physiquement ou émotionnellement, ce sont leurs croyances, et plus particulièrement celles qu'elles ont par rapport à elles-mêmes. En effet, elles ont souvent une image d'elles-mêmes très négatives, au point d'être persuadées qu'elles ne méritent ni la joie, ni l'amour, mais uniquement la souffrance. Aussi cherchent-elles à se faire du mal par tous les moyens, en se sabotant et en adoptant des comportements autodestructeurs, pour être en accord avec leurs croyances. Cette sensation de ne pas être une « bonne personne » est très souvent liée aux différentes expériences traumatiques – et plus particulièrement celles de rejet (cf chapitre 2) – auxquelles nous avons tous été confronté dans notre vie, et à la suite desquelles elles forment la croyance « je suis une mauvaise personne ». Plutôt que de voir ces événements traumatiques comme des épreuves et des défis qui les poussent et les aident à grandir, elles les voient comme des raisons qui justifient pourquoi elles sont des personnes indignes, mauvaises, immorales et honteuses. Elles en arrivent à croire qu'elles ne sont pas censées vivre autre chose que la douleur à laquelle elles font face depuis si longtemps, croyant par là-même que le bonheur, l'amour et la paix intérieure sont hors de leurs portées.

Cette idée que l'être humain est fondamentalement mauvais se retrouve dans bien des religions. Par exemple, selon la Bible, tous les humains sont pécheurs depuis qu'Adam a péché, en croquant la pomme. En commettant cet acte interdit, Adam et Eve auraient transmis ce péché dans l'âme humaine de génération en génération par l'acte sexuel. Ainsi par hérédité, les hommes sont indignes de Dieu. C'est Dieu, par amour et générosité, qui décide de nous sauver en nous pardonnant. Ainsi, pendant de nombreuses années, les chrétiens consacraient leur vie à faire pénitence. L'autoflagellation, qui est une forme de mortification, était une pratique courante à l'époque. Selon les croyants, s'imposer une souffrance, en général physique, leur permettait d'expier leurs péchés, de s'élever spirituellement afin de se rapprocher de Dieu et de mériter Son pardon. Que l'on soit croyant ou non, cette idée que l'Homme est mauvais, et qu'il mérite de souffrir est encore aujourd'hui bien tenace. De nombreuses personnes pensent qu'il faut souffrir pour atteindre certains objectifs. Comme si la souffrance était noble et juste. D'ailleurs ne dit-on pas: « il faut souffrir pour être beau », « aimer à en souffrir », ou encore le célèbre dicton anglais « no pain, no gain » que l'on pourrait traduire par « pas de souffrance, pas de bénéfice »...etc. Comme si cela donnait à la souffrance une connotation positive : « c'est un mal pour un bien », pensons-nous. Beaucoup de personnes se sont donc construites sur ce schéma: la douleur est nécessaire.

Ce faisant, combien de personnes restent dans une relation toxique, refusant même catégoriquement de partir, car elles pensent mériter cette maltraitance psychologique et parfois physique ? Combien de personnes refusent de prendre leur vie en main, ou de se faire aider parce qu'elles pensent mériter une vie faite uniquement de souffrance ? De nombreuses personnes semblent totalement résignées, et acceptent la souffrance comme étant inéluctable. Elles l'acceptent comme étant leur seule réalité.

Pourtant, s'il y a bien une chose dont je suis sure c'est que personne ne mérite de souffrir. Tout le monde a le droit au bonheur, et chaque personne est digne d'être aimée. Un bébé ne vient pas au monde en pensant qu'il ne mérite pas qu'on s'occupe de lui. Il ne pense pas qu'il ne mérite pas qu'on lui change sa couche, qu'on lui donne à manger, ou qu'on lui donne de la tendresse. Et naturellement, en tant qu'adulte on ne regarde pas un bébé en pensant qu'il ne mérite pas toutes ces choses-là. Alors pourquoi cela devrait-il changer lorsque nous grandissons ? Pourquoi est-ce qu'à 50 ans (ou à n'importe quel autre âge) ne mériterions-nous plus le même amour que celui que nous recevions bébé ? Pourquoi est-ce que soudainement, nous devrions souffrir ? Cela n'a aucun sens. Et pourtant, de nombreuses personnes ressentent qu'il y a eu un point de bascule dans leur vie, qui a bien souvent eu lieu alors qu'elles n'étaient encore que des enfants...

Personne ne mérite de souffrir. Mon discours vous semble peut-être paradoxal compte tenu de l'idée que j'ai évoquée plus tôt dans ce chapitre, comme quoi il était nécessaire de ne pas fuir la souffrance. Toutefois, s'il est vrai que la douleur est utile et qu'elle peut nous aider à grandir en tant qu'individu, elle ne doit pas pour autant être constamment recherchée. Il s'agit de trouver le juste milieu, celui qui nous permette d'oser nous rapprocher suffisamment de la douleur pour pouvoir évoluer, sans pour autant tomber dans l'extrême. Nous allons voir maintenant que c'est exactement la même chose concernant le plaisir.

Quand la recherche de plaisir fait souffrir

La recherche de plaisir est souvent associée au bonheur. Le philosophe Épicure, que l'on connaît surtout par l'adjectif tiré de sa doctrine « l'épicurisme », est un des premiers penseurs du plaisir. Il définit le bonheur comme l'absence de troubles, physiques ou psychiques, et considère que le plaisir comme un bien suprême et le but ultime de la vie. Toutefois, il précise également qu'il s'agit de faire un usage raisonnable des plaisirs.

De ce fait, il distingue différents types de désirs :

- ceux qui sont naturels et nécessaires : manger et boire.
- ceux qui sont naturels mais non nécessaires : les rapports sexuels
- ceux qui sont ni naturels, ni nécessaires : argent, pouvoir, célébrité.

Selon lui, les désirs naturels et nécessaires sont indispensables à notre bonheur, et dans le cas de l'alimentation, essentiels à notre survie. Les désirs naturels et non nécessaires ne sont pas mauvais, car naturels, mais ne méritent pas d'être poursuivis de manière inconditionnelle ou excessive. En outre, on pourrait s'en passer sans que leur non satisfaction soit dangereuse. On ne meurt pas de chasteté, par contre on peut mourir de faim. Quant aux désirs non naturels et non nécessaires, ils sont à éviter absolument.

Si certains plaisirs apportent la paix de l'âme et peuvent conduire au bonheur, d'autres sont source de souffrance. C'est pourquoi Épicure précise qu'un calcul ou une réflexion est nécessaire avant de choisir le plaisir plutôt que la douleur, car il est conscient que toute douleur ne doit pas être évitée. Selon lui, les hommes ne sont pas heureux parce qu'ils ne savent pas différencier les bons et les mauvais plaisirs, condition nécessaire pour vivre en harmonie. Il précise également que certains plaisirs sont à éviter dès lors qu'ils sont la cause, à long terme, de grandes douleurs.

Si la recherche du plaisir n'est pas condamnable, elle ne doit pas non plus être recherchée de manière systématique, sous peine de générer de la souffrance. En effet, à trop vouloir satisfaire nos désirs, ces derniers peuvent se transformer en douleur, comme si il y avait un seuil au delà duquel la jouissance se transmue en souffrance.

Par exemple, si manger est vital pour nous, l'excès de nourriture peut a contrario vite devenir problématique. Je ne pense pas qu'il soit nécessaire de vous rappeler toutes les conséquences néfastes que le fait de trop manger peut avoir sur notre corps et notre santé. Évidemment, si nous ne mangeons en excès que de manière ponctuelle, mis à part une sensation de lourdeur et de ballonnement assez désagréable, cela ne devrait pas être trop problématique à court terme. Notre corps étant bien fait, il sait se rééquilibrer de lui-même. Toutefois, si les excès alimentaires se transforment en habitude, il vous expose à des problèmes de santé, tels que l'obésité ou à des maladies liées au surpoids. Et c'est sans parler des répercussions psychologiques que cela peut avoir sur notre santé mentale. De plus, le plaisir que l'on en retire à manger en excès est finalement très vite gâché par la culpabilité de n'avoir pas su se maîtriser. Ainsi, malgré le plaisir fugace qu'un bon plat nous apporte sur le moment, une consommation excessive est dangereuse pour la santé et cause des souffrances ultérieures.

Cette recherche de plaisir est d'ailleurs précisément à l'origine des addictions. En effet, les substances addictives (telles que le tabac, l'alcool, les drogues) ou les comportements addictifs (jeux vidéo, jeux d'argent, achats compulsifs, nourriture, sexe etc) génèrent une sensation de plaisir. Cette sensation est le résultat d'une interaction chimique qui active au niveau du cerveau le fameux circuit de la récompense, ce qui aboutit à la libération de neurotransmetteurs tels que la dopamine, autrement appelé « la molécule du plaisir et de la récompense », qui est en grande partie responsable de cette sensation de plaisir. Ainsi, notre cerveau nous incite à consommer d'avantage, ou à reproduire certains comportements dans le but de retrouver cette sensation de bien-être. Malheureusement, en cas de consommation régulière de substance addictive, et à force de répétition, cela provoque un dysfonctionnement du circuit du plaisir : notre cerveau diminue sa production naturelle d'endorphines. Dès lors, la sensation de plaisir n'est plus obtenue que par l'apport de la substance extérieure, ce qui induit une augmentation de la tolérance à cette substance et un manque dès l'arrêt de sa consommation. L'organisme devenant peu à peu insensible à la substance et à ses effets, le consommateur doit accroître les doses pour obtenir le même niveau de plaisir ; c'est ce mécanisme dit de « renforcement positif » qui incite à répéter l'expérience agréable et entraîne la dépendance.

À l'échelle encore plus large, cette quête de plaisir est à mon sens une des principales causes des problèmes écologiques actuels. Notre société, à travers la publicité notamment, nous encourage constamment à satisfaire nos désirs : acheter une nouvelle voiture, de nouveaux vêtements, un nouveau téléphone… comme si cela était une condition sine qua non pour atteindre la plénitude, la satisfaction et donc, le bonheur. En effet, qui n'a jamais ressenti cette satisfaction, ce plaisir presque jubilatoire d'acheter un article dont il a brusquement envie ou dont il rêvait depuis longtemps ? Ainsi, les publicitaires s'efforcent de nous vendre de plus en plus d'objets inutiles, en créant chez nous, consommateurs, des besoins qui ne sont pourtant pas essentiels, tout en nous faisant croire que l'accumulation matérielle est une fin en soi. « Si cela vous fait du bien, alors achetez-le », voilà le message de notre société hédoniste d'aujourd'hui, et nous ne pouvons que constater les conséquences catastrophiques d'un tel message.

En effet, nos choix de consommation ont un impact direct sur l'environnement, comme en témoigne la pression exercée sur les ressources naturelles. En consommant toujours plus, l'humanité dépense l'ensemble des ressources naturelles de la planète plus rapidement que ce que cette dernière est capable de régénérer en un an. Cela signifie que nous pêchons plus de poissons, abattons plus d'arbres et cultivons plus de terres que ce que la nature peut nous procurer au cours d'une année. Cela indique également que nos émissions de gaz à effet de serre sont plus importantes que ce que nos océans et nos forêts peuvent absorber. Ainsi, en 2019, si l'on ramène cela à une date du calendrier, l'humanité a épuisé les ressources renouvelables le 29 juillet. Autrement dit, pour subvenir aux besoins de l'humanité, il faudrait 1,75 Terre. Chaque année, ce « jour de dépassement » intervient de plus en plus tôt, nous poussant à vivre « à crédit ». À titre de comparaison, le jour de dépassement avait lieu le 30 septembre en 1998 et en 1971, ce seuil était atteint le 24 décembre. La France, faisant partie des pays qui consomment le plus, a atteint son jour de dépassement le 15 mai en 2019. Si l'humanité vivait comme les français il faudrait 2,7 Terre et il en faudrait 5 pour vivre comme les américains.

De plus, cette surconsommation engendre inévitablement de nombreux autres problèmes écologiques. Notre air et notre eau deviennent de plus en plus pollués. Les forêts qui nous permettent entre autres de respirer et de réguler notre climat sont de plus en plus détruites pour les transformer en terres agricoles, toujours dans le but de produire plus. En seulement 40 ans, nous avons perdu 60% des populations d'animaux sauvages sur Terre (mammifères, poissons, oiseaux... aucune espèce n'est épargnée), preuve que la sixième extinction massive de la biodiversité est en marche. Toutes ces perturbations, dont l'homme est entièrement responsable et qui mettent en péril sa propre survie, provoquent évidemment des changements climatiques dramatiques. À cause de l'émission de gaz à effet de serre, notre température atmosphérique augmente. En 50 ans, le niveau des océans s'est élevé de 10 centimètres. Une tendance qui devrait se poursuivre voire s'accélérer dans les années à venir. Selon les experts de la Nasa, une montée des océans d'au moins un mètre est inévitable dans les 100 à 200 ans qui viennent. En conséquences, de nombreux archipels et de nombreuses grandes villes seront bientôt englouties sous les eaux et nous allons devoir faire face à une augmentation des phénomènes météorologiques extrêmes : inondations, canicule, sécheresse, ouragans, cyclones...

Bref, nos besoins primaires risquent bientôt de ne plus pouvoir être assurés, menaçant ainsi notre propre survie et celle de la vie sur Terre....Tout cela pour quoi ? Pour notre simple plaisir.

La recherche de plaisir peut sans conteste avoir des effets catastrophiques sur notre santé, et le vivant de manière plus générale. Évidemment, il ne s'agit pas non plus de ne plus du tout se faire plaisir, mais de consommer plus intelligemment, en mangeant par exemple raisonnablement sans faire trop d'excès, ou en n'achetant que ce dont nous avons réellement besoin. Ce n'est donc pas le plaisir qui débouche sur la souffrance, mais l'excès.

Quand souffrance et plaisir se mélangent

Il nous est tous arrivé de rencontrer parfois quelques difficultés à modifier nos comportements. Un des freins au changement est lorsque l'on associe autant de la souffrance que du plaisir à certaines situations ou à certains comportements.

Prenons l'exemple de l'argent. Les gens veulent de l'argent car ils pensent que cela va leur apporter plus de sécurité, de libertés, et plus de bonheur. Pour beaucoup, l'argent est une métaphore de la réussite. Ainsi, bien gagner sa vie peut être perçu comme un symbole de reconnaissance.

Mais d'un autre côté, une grande majorité de personnes a des pensées négatives par rapport à l'argent. Dans notre culture, avoir de l'argent est d'ailleurs perçu comme quelque chose de mauvais. Cela est souvent considéré comme de la cupidité, de l'avidité, de l'égoïsme, ou une absence de spiritualité. On peut même entendre parfois certaines personnes s'exclamer que « l'argent est à l'origine de tous les maux », ou que « l'argent ne fait pas le bonheur ».

Bon nombre de personnes entretiennent ainsi un rapport très paradoxal avec l'argent. Elles en veulent plus, mais elles ont également peur d'en avoir plus. De ce fait, le message qu'elles envoient à leur cerveau n'est pas très clair. Est-ce qu'avoir de l'argent leur procurera davantage de plaisir, ou davantage de souffrance ? Le problème comme nous le précise Robbins, c'est que « si votre cerveau ne reçoit pas de signal clair sur ce qui est souffrance et ce qui est plaisir, il se surcharge et devient confus ». Et lorsque notre cerveau ne sait pas trop ce qu'on attend de lui, il a tendance à nous faire stagner en nous empêchant d'avancer vers nos objectifs.

Comme dans le cas de l'argent, il suffit que nous ayons associé ne serait-ce qu'un peu de souffrance pour que nous soyons considérablement ralentis dans nos projets, et ce, même si nous avons pourtant attaché davantage de plaisir au fait d'avoir de l'argent.

Mais l'inverse est également vraie. Si vous avez associé ne serait-ce qu'un peu de plaisir à quelque chose de douloureux, cela peut suffire pour vous empêcher de modifier vos comportements. Pour mieux comprendre, prenons l'exemple des personnes fumeuses. Lorsque je demande aux personnes que je reçois en consultation quelles sont leur motivation pour arrêter de fumer, elles me font souvent la liste de tous les inconvénients qu'il y a à fumer : les risques pour la santé, les essoufflements, la toux, le jaunissement des doigts et des dents, la perte du goût et des odeurs, l'aspect financier...Etc. Pour beaucoup, le fait de fumer est devenu une véritable souffrance. Lorsque je leur demande ensuite s'il y aurait des avantages à continuer de fumer, passé la surprise de la question, elles me répondent qu'elles n'en voient absolument aucun. Pourtant lorsque je reformule ma question en leur demandant ce que le fait de fumer leur procure comme sensation, elles me rétorquent presque sans hésitations que la cigarette les soulage, et leur permette de se détendre. On peut alors voir beaucoup de contradictions dans leurs réponses. Elles m'affirment ne ressentir que de la souffrance par rapport à la cigarette, pourtant elles y ont également associé énormément de plaisir, parfois de manière inconsciente. Difficile alors pour elles de se libérer de leur addiction tant que leur rapport à la cigarette est aussi paradoxal.

Parfois, certaines personnes ne ressentent plus du tout de plaisir à fumer, mais elles ne changent pas pour autant. Bien souvent, si elles ne changent pas alors qu'elles auraient toutes les raisons de le faire, c'est parce que quelque chose d'autre les retient d'avancer. Cette chose en question est souvent la peur du changement. En effet, arrêter de fumer va inévitablement avoir de répercussions, et entraîner des changements dans leur vie. Beaucoup de personnes s'imaginent et anticipent alors la douleur de ne plus fumer : elles pensent au sevrage, se demandent comment elles vont faire en soirée ou comment elles vont réagir face au stress ou à l'ennui à présent, elles ont peur de devenir irritables, elles se demandent ce qu'elles vont bien pouvoir faire de leurs doigts, et beaucoup d'entre elles sont terrifiées et persuadées qu'elles vont prendre du poids suite à l'arrêt du tabac !

Pour la plupart, le fait de se libérer de leur addiction est donc associé bien plus à de la douleur qu'à du plaisir, ce n'est donc pas surprenant si elles n'arrivent pas à s'en défaire.

C'est un des problèmes que présentent les addictions. La peu de plaisir que nous procure une substance suffit à nous pousser à reproduire ce comportement addictif, malgré le fait que ce dernier soit en réalité très néfaste pour notre santé. C'est comme si notre cerveau devenait complètement aveugle à la souffrance que nous infligeons à notre corps.

De manière générale en consultations, je constate que les gens veulent changer mais ils ont également très peur de changer, et ce quel que soit leur objectif. Ainsi, la personne qui manque de confiance a envie de gagner en assurance mais elle a peur des conséquences d'un tel changement : peut-être a-t-elle peur de prendre des décisions qu'elles n'osaient pas prendre auparavant, de dire ce qu'elles pensent réellement, ou peut-être a-t-elle peur de blesser les autres, ou qu'on la remarque davantage. La personne qui aimerait perdre quelques kilos pourrait avoir peur de l'effet yoyo, peur de ne plus pouvoir manger ce qu'elle veut et satisfaire ses gourmandises, ou peut-être n'a-t-elle tout simplement pas du tout envie de se mettre au sport. Ou encore, la personne qui souhaite se séparer de son ou sa partenaire risque de ne pas le faire par crainte de se retrouver seul(e). Comme nous le précise Robbins, « si vous donnez à votre cerveau des messages mêlés, vous obtiendrez des résultats mêlés ». Les émotions ambiguës que nous ressentons nous empêchent de passer à l'action et d'effectuer les changements nécessaires.

Notre cerveau a donc besoin de savoir précisément si l'action que nous allons conduire nous procurera uniquement du plaisir, ou uniquement de la douleur. Lorsque les deux sensations y sont associées, il y a fort à parier que vous rencontriez quelques difficultés pour modifier vos comportements.

À l'inverse, lorsque les signaux sont clairs, les changements peuvent survenir très rapidement. Si vous associez une souffrance intense à l'ancien comportement et au fait de ne pas changer maintenant, et une joie intense au nouveau comportement et au fait de changer maintenant, alors votre vie pourrait radicalement changer.

Conclusion

Vous l'aurez compris la souffrance et le plaisir sont deux puissantes forces, à l'origine de toutes nos décisions et nos comportements. Il est donc important de comprendre leur fonctionnement pour s'en servir de manière constructive. Anthony Robbins affirme d'ailleurs que « le secret de la réussite est d'apprendre à se servir de la douleur et du plaisir, au lieu de laisser la douleur et le plaisir se servir de vous. En agissant ainsi, vous contrôlez votre vie, sinon c'est votre vie qui vous contrôle. »

Ces deux énergies sont à la fois complémentaires, indissociables mais aussi en conflit permanent. Tout est une question d'équilibre. Ainsi, la souffrance n'est pas souhaitable, mais elle ne doit pas pour autant être évitée à tout prix ; et si la jouissance n'est pas condamnable elle ne doit pas non plus être recherchée de manière systématique. Il s'agit de trouver le bon dosage afin de nous créer la vie que nous désirons.

Malheureusement, j'ai bien peur que dans notre société actuelle, cet équilibre soit fortement perturbé... Je pense que nous arrivons à une époque où il devient nécessaire d'arrêter de nous détourner de la souffrance, et de commencer à réduire notre plaisir. Il devient urgent de nous remettre en question. Notre bien-être, mais plus largement encore, la survie de notre espèce en dépendent...

EXERCICE

1) Commencez déjà par identifier le ou les comportement(s) qui vous font souffrir.
2) Demandez-vous maintenant: Que se passerait-il si vous ne changiez pas de comportement ? Quelles seront les conséquences négatives de ne pas changer ? Sur votre santé, sur vos finances, sur votre profession, sur votre entourage, sur le plan spirituel … etc. Projetez-vous dans 1 an, dans 5 ans, dans 10 ans, dans 50 ans.
3) Demandez-vous maintenant comment sera votre nouvelle vie lorsque vous serez libérés de ce comportement. Qu'al-

lez-vous éprouver ? Quelles sont les conséquences positives d'avoir changé dans tous les domaines de votre vie ? Quelles sont les choses que vous êtes maintenant capable de faire ?

2.

LE BESOIN D'ÊTRE EN LIEN

« Aimer c'est risquer le rejet. »
Paulo Coelho

À l'heure où j'écris ces lignes, le coronavirus (covid-19) apparu en Chine en Novembre 2019 vient de se propager dans le monde entier, devenant ainsi responsable d'une sévère pandémie. Dans le but de ralentir sa propagation, de nombreux pays dont la France ont opté pour un confinement de leur population. Ainsi, les Français étaient invités à rester chez eux, et à limiter tout contacts sociaux afin d'éviter tout risque de contamination. Pour beaucoup, le plus douloureux n'était pas tant de ne plus pouvoir sortir librement, mais bien d'être privés de voir ses proches. Certes, grâce aux technologies, nous pouvions les voir virtuellement sur nos téléphones ou nos ordinateurs, mais cela ne remplaçait bien évidemment pas le fait de pouvoir être près d'eux physiquement. Certains, pour qui le fait d'être isolés de leurs proches était trop dur à supporter, n'hésitèrent d'ailleurs pas à braver la loi et le virus pour aller les retrouver. Ainsi, les humains réalisèrent à quel point la chaleur humaine, les rapports sociaux étaient essentiels à leur bien-être.

Essentiels, car ils relèvent d'un véritable besoin. En effet, l'être humain a besoin d'établir et de se sentir en lien avec les autres. Précisons tout d'abord que les besoins ne sont pas des désirs. Si ces deux notions sont souvent confondues, elles sont pourtant bien différentes. Les besoins sont naturels, donc identiques à tous les êtres humains et leur satisfaction est vitale; tandis que les désirs sont des envies non essentielles et différentes pour chaque être humain. L'emploi du mot « besoin » n'est donc pas exagéré en ce qui concerne la nécessité d'établir des liens sociaux puisque, comme nous allons le voir maintenant, ils sont essentiels à notre survie.

Un besoin vital

L'être humain est un animal social. Cela signifie que l'appartenance à des groupes sociaux est fondamentale pour l'Homme. Rappelons tout d'abord que la nécessité d'établir des liens sociaux humains a une origine anthropologique. C'est en effet la collaboration qui a permis à l'être humain, au cours de l'évolution des espèces, de perpétuer son existence sur la planète. Car ce ne sont pas les humains les plus forts qui ont le plus transmis leurs gènes, mais les plus sociables, ceux capables de coopérer et de nouer des liens affectifs et de solidarité.

Le fait d'être en groupe nous offrait une sécurité non négligeable. Ainsi, bannir un membre de sa tribu le rendait extrêmement vulnérable, et par là même, le condamnait à mort. Cette peur d'être exclu de la tribu a survécu à travers le temps, et reste encore profondément ancrée dans notre inconscient. Encore aujourd'hui, le rejet est associé à la mort dans nos esprits inconscients, quand bien même nous savons que nous ne sommes pourtant plus du tout confrontés aux mêmes dangers qu'à l'ère préhistorique. Les probabilités que l'on tombe sur un mammouth en sortant de chez nous sont quand même relativement faibles. Alors comment se fait-il que cette peur soit encore aussi prégnante chez l'être humain ?

Les travaux de John Bowlby, psychiatre et psychanalyste britannique, et plus particulièrement sa théorie de l'attachement ébauchée en 1958, nous aident à mieux comprendre l'importance d'établir des liens sociaux. Pour Bowlby, les enfants sont biologiquement programmés pour créer des liens avec les autres. L'attachement serait un besoin humain inné. Selon lui, la pulsion première du nourrisson n'est pas de s'alimenter mais de rechercher le contact physique avec le corps de sa mère, une idée qui a été au départ mal reçue car elle allait à l'encontre du courant de pensées de l'époque. Freud par exemple estimait que l'attachement à la mère n'était qu'une pulsion secondaire, la principale étant selon lui, celle de se nourrir.

Rappelons qu'en ces temps-là, on pensait que les gestes attentionnés ne servaient pas à grand chose. On s'imaginait que les bébés humains ne souffraient pas, qu'ils poussaient en quelques sortes comme des plantes, et qu'il suffisait seulement de les alimenter... En réalité, comme a pu le démontrer Bowlby, un jeune enfant a besoin de développer une relation d'attachement avec au moins une personne qui prend soin de lui de façon cohérente et continue, pour connaître un développement social et émotionnel sain.

En présence d'une figure d'attachement, le bébé ne ressent aucune anxiété. Il est heureux. C'est pourquoi il a envie d'apprendre et de faire des expériences. Il sait qu'il ne lui arrivera rien tant qu'il se trouve sous la protection de la personne qui l'aime et qui le protège. Comme il se sent bien, l'enfant peut essayer de nouvelles choses et apprendre petit à petit. Il est en confiance : il sait qu'au moindre danger, il peut courir s'abriter sous l'aile protectrice de l'adulte qui ne le quitte jamais du regard.

Bowlby précise qu'un enfant doit recevoir une attention continue de la figure d'attachement au cours des premières années de sa vie. Si l'attachement se brise ou s'interrompt au cours de la période critique de deux ans, cela aura des conséquences irréversibles à long terme. En effet, l'interruption continue du lien primaire pourrait donner lieu à des difficultés cognitives, sociales et émotionnelles à long terme.

Les observations de René Spitz (1945) d'enfants élevés en institution témoignent de façon encore plus criante du caractère essentiel de l'attachement. Tandis que les enfants, âgés de quelques mois à 5 ans, bénéficiaient d'une alimentation et d'une hygiène satisfaisantes, Spitz a constaté des perturbations somatiques et psychiques graves chez ces nourrissons, privés de lien d'attachement et victimes de carences affectives. Le premier mois, ils se mettaient à pleurer pour faire revenir toute personne capable de leur apporter l'attention dont ils avaient besoin. Ils gémissaient, commençaient à perdre du poids et leur développement cérébral ralentissait. Par la suite, ils fuyaient le contact, devenaient apathiques et développaient des troubles du sommeil et de l'alimentation. Certains enfants se laissaient même totalement dépérir.

Ces symptômes pouvaient être réversibles si une relation d'attachement était développée avec le bébé en-deçà de trois mois de carences affectives. Au-delà de cette période, les symptômes pouvaient réellement entraver le bon développement de l'enfant sur le long terme.

En plus de s'appuyer sur les travaux de Spitz pour formuler sa théorie de l'attachement, Bowlby s'est également intéressé à ceux du psychologue américain Harry Harlow. Dans un article choc nommé « la nature de l'amour » en 1958, Harlow présente son étude, désormais célèbre, effectuée sur des jeunes macaques. Il démontre que la satisfaction des besoin de nourriture chez les bébés macaques est bien moins importante que leur besoin d'établir des liens affectifs.

Pour cela, il a séparé les bébés singes de leurs mères, dès leurs naissances, pour voir comment ils réagissaient. Il a ensuite placé les jeunes singes dans une cage où se trouvait deux sortes de peluches, sensées ressembler à des mamans singes. La première peluche était constituée de fil de fer, mais elle possédait un biberon qui permettait au bébé de se nourrir. Quant à la deuxième, elle était un peu plus sécurisante. Elle était enrobée d'une fourrure mais elle n'avait par contre rien a offrir à manger. Harlow observe alors les comportements des bébés macaques et constate que ceux-ci se dirigent instinctivement vers la zone de chaleur plutôt que vers celle qui les nourrit. Ils préfèrent se blottir contre le doux tissu et se sentir en sécurité au risque de manquer de lait, l'autre objet n'étant qu'un simple aliment qui ne leur donnait ni chaleur, ni tendresse...
Harlow ne se contenta pas de ces observations, et il décida de pousser son expérimentation un peu plus loin. Il enferma par la

suite les bébés singes dans des espaces chaque fois plus petits, où se trouvait seulement de quoi boire et manger, dans le but de les isoler totalement. Beaucoup de macaques restèrent enfermés pendant des mois dans des petites cages, voire même plusieurs années. Privés de toute stimulation sociale et sensorielle, les singes commencèrent en conséquences à montrer des altérations dans leur comportement. Les macaques qui passèrent un an enfermés restèrent dans un état catatonique. Ils se montraient passifs et indifférents à tout.

Lorsque les singes enfermés arrivaient à l'âge adulte, ils n'arrivaient pas à se lier à leurs congénères de façon correcte. Ils ne trouvaient pas de mâle ou de femelle, ils ne présentaient pas de besoin particulier d'avoir une descendance et, parfois, leur passivité leur faisait même arrêter de manger et de boire. Beaucoup ont fini par mourir.

En poussant sa recherche à l'extrême, Harlow se rendit compte que les femelles singes, ayant perdu tout intérêt sexuel, ne parvenaient pas à être enceintes. Il les obligea donc à être fécondées contre leur volonté et leur intérêt. Le résultat fut complètement horrifiant. Les mères ne s'intéressaient pas du tout à leurs bébés, elles les ignoraient, ne leur donnaient pas à manger : en définitive, elles ne les aimaient pas. Certaines en venaient même à les mutiler, provoquant parfois leur mort.

L'aspect éthique de cette expérience a bien sur été vivement critiqué pour la souffrance psychologique qu'elle a engendré chez les singes mais il n'empêche qu'elle n'en reste pas moins très intéressante puisqu'elle aura permis d'apporter un éclairage nouveau sur le développement de l'enfant. Grâce aux travaux de Harlow, qui est d'ailleurs considéré comme étant le premier psychologue à avoir étudié scientifiquement le rôle de l'amour et de l'affection dans notre développement, ainsi que ceux de Bowlby et de Spitz, l'on prendra conscience de l'attention et des soins qu'il faut accorder aux bébés humains. Les enfants qui n'ont pas reçu l'affection nécessaire dès leur plus jeune âge, qui se sont sentis isolés, qui ont été rejetés, auront de sérieuses difficultés pour développer des relations saines avec les autres, et pour s'épanouir dans leur vie d'adulte.

L'expérience de l'Empereur Frédéric II de Hohenstaufen, roi de Germanie, menée au début du XIIIème siècle est tout aussi intéressante bien qu'elle soit moins connue que celles citées précédemment. Le roi Frédéric souhaitait découvrir l'origine des langues, et plus précisément quelle était la langue naturelle de l'homme. Parlerait-il en hébreu, en latin ou en Grec ? Avec cet objectif en tête, il a isolé 6 bébés pour les élever sans la moindre communication et interaction humaine, pour les empêcher d'entendre toute parole. Les nourrices avaient donc interdiction de leur parler : ces enfants devaient rester « authentiques ». Les 6 bébés moururent à cause de cet isolement inhumain, sans dire un seul mot.

Au travers ces expérimentations, l'on peut comprendre comment notre survie est liée à la qualité des relations que nous allons nouer avec notre environnement. Le bébé naissant très immature, il se trouve donc dans un rapport de grande dépendance vis-à-vis de l'autre, qui sera le garant de sa survie durant de nombreuses années. C'est pourquoi, établir des liens sociaux est un véritable besoin pour l'être humain. Aussi avons-nous associé inconsciemment le rejet à la mort.

De ce fait, nous développons alors assez logiquement la peur du rejet, qui aura pour fonction de nous protéger en faisant en sorte que nous agissions de manière à ce que les autres nous acceptent. Si cette peur est donc totalement normale et utile, nous allons tout d'abord chercher à mieux la comprendre, puis nous verrons qu'elle peut avoir une influence considérable sur la quasi-totalité de nos comportements et de nos prises de décisions.

Comment se crée la peur du rejet

« Si tu fais ceci, c'est bien, tu es une gentille fille / un gentil garçon et tu auras droit à telle récompense. Mais, si tu fais cela, ce n'est pas bien, tu es une vilaine fille / un vilain garçon et tu seras puni(e)! » Qui n'a pas déjà entendu ce genre de phrases lorsqu'il était enfant ? Que ce soit à la maison ou à l'école, la plupart d'entre nous avons été éduqués sur le modèle récompense-punition : nos mauvais comportements étaient punis tandis que nos bonnes actions étaient récompensées. Lorsqu'on se comportait bien (selon les critères de nos parents) ou qu'on réussissait quelque chose valorisé dans le système de pensée de nos parents, alors nous recevions des câlins, des sourires, des gestes affectueux, des compliments, ou des cadeaux. À l'inverse, lorsque nos parents estimaient que nous avions fait une « bêtise », que nous ne répondions pas à leurs attentes, nous devions aller au coin, ou nous étions privés de jouets, d'aller dehors, de pouvoir faire tel ou telle activité, ou de recevoir une récompense. Dans les cas les plus extrêmes, certains parents avaient même recours à des gestes et de paroles violentes envers leur enfant pour le punir. Ainsi, pour la plupart d'entre nous, nos parents se sont servis du plaisir et de la souffrance pour nous façonner et nous inciter à adopter certains comportements qu'ils jugeaient acceptables ou au contraire à supprimer ceux qu'ils considéraient comme mauvais. Si ce modèle éducatif permet effectivement d'apprendre à son enfant d'intégrer quelques règles sociales essentielles et d'avoir un cadre sécurisant sur lequel il peut s'appuyer et se structurer, il peut également avoir des effets néfastes sur son développement, et son bien-être.

L'un des principales problèmes, c'est que cela peut donner naissance à un sentiment de rejet chez l'enfant. Pire encore, lorsqu'il se fait punir, il risque d'en conclure que ses parents ne l'aiment pas. Car s'il se fait punir, c'est qu'il doit être mauvais. Et s'il est mauvais, c'est qu'il ne doit probablement pas mériter l'amour de ses parents, ou tout du moins que leur amour est conditionnel. Autrement dit, qu'ils l'aiment sous certaines conditions : « je t'aime si tu es gentil(le)/sage, si tu as des bonnes notes à l'école, si tu pratiques tel ou tel sport, ou tel ou telle activité, si tu fais tel ou telles études, si tu obéis sans rechigner, si tu es d'accord avec moi... ». L'enfant comprend alors que s'il veut conserver l'amour de ses parents, il devra modeler son comportement de façon à ce qu'il ne puisse générer que des manifestations d'amour. Il se sent alors coupable s'il fait quelque chose de contraire aux souhaits ou attentes de ses parents. S'il n'est pas conforme à leurs désirs, s'il n'est pas assez compétent, performant, ou suffisamment « sage », il redoute le fait de perdre leur amour. Ainsi, la plupart d'entre nous avons été éduqués dans la peur de ne plus être aimé.

Évidemment, cela ne signifie pas pour autant que les parents ayant recours aux punitions n'aiment pas leur enfant. Au contraire, bien souvent les parents ne punissent pas leur enfant par gaieté de cœur mais le font en étant animés d'une bonne intention, pour rendre service à leur enfant. Aussi font-ils de leur mieux pour montrer à leur enfant tout l'amour qu'ils ont pour lui. Mais l'amour pour un enfant ne se mesure pas à ce que le parent ressent et donne, mais à ce que l'enfant perçoit. Il peut exister une grande différence entre ce que le parent croit montrer et ce que l'enfant vit. Du point de vue de l'enfant qui reçoit une punition, il comprend bien souvent : « tu as mal agi, alors je ne t'aime plus à cet instant ». Ce qui lui apprend par la même occasion: « si tu veux que je t'aime à chaque instant, sois comme je veux que tu sois à chaque instant. » Quand un enfant est aimé conditionnellement, il est aimé pour ce qu'il fait et non pas pour ce qu'il est. Cette dérive est très souvent inconsciente chez le parent qui ne se rend sincèrement pas compte que ses manifestations d'amour sont conditionnées par l'attitude de son enfant. C'est alors que se développe la peur du rejet.

Si elle est souvent due à l'enfance, et à l'attitude des parents, les origines et les causes de la peur du rejet peuvent être multiples. Celle-ci peut se déclencher bien plus tard, à la suite de tout événement traumatique que l'on vit comme du rejet. Nous avons tous, d'une manière ou une autre, déjà été confrontés à du rejet. Que ce soit de la part de quelqu'un à qui l'on tenait particulièrement (un membre de notre famille, un ami, un(e) amoureux(se)), en milieu scolaire, dans notre milieu professionnel, voire même parfois de la part d'un inconnu... chacun d'entre nous avons déjà vécu l'expérience douloureuse et difficilement évitable du rejet. Cette sensation d'avoir été abandonné, incompris ou dénigré, cette impression de ne pas être reconnu à notre juste valeur et de ne pas être accepté tel que l'on est. Cela peut être suite à des moqueries à l'école, des critiques, des harcèlements, une rupture amoureuse, ou même la disparation d'un être cher. Ou tout simplement lorsqu'on ne se sent pas réellement à notre place, et qu'on ressent qu'il y a comme un décalage avec les autres. On se sent alors bizarre, comme s'il y avait un truc qui clochait en nous. Peut-être était-ce parce que nos centres d'intérêts étaient différents de « la norme » ou qu'on n'avait pas d'atomes crochus avec certaines personnes. Ou peut-être parce qu'on nous répétait souvent qu'on était trop : « Trop timide », « trop bavard(e) », « trop stressé(e) », « trop calme », « trop sérieux(se) », « trop turbulent(e) »... ou alors qu'on était « pas assez. » Bref tout ce qui nous a fait sentir à un moment donné qu'on ne pouvait pas être nous-même, ou que le vrai nous n'était pas acceptable. Cela vous dit quelque chose ?

Du fait que nous ayons tous ce besoin d'être aimé et d'être en lien avec les autres, j'ai tendance à penser que nous avons tous en nous cette peur du rejet profondément ancrée en nous. Cependant, il est important de préciser qu'il existe divers degrés de cette peur. Certaines personnes seront plus affectées que d'autres par celle-ci.

Lorsque la peur du rejet devient trop présente

Avoir une peur n'est jamais un problème en soi. C'est une émotion naturelle qui a un rôle de protection essentiel à notre survie. Toutefois, elle devient problématique lorsque nous pensons que nous ne devrions pas la ressentir, et que nous commençons à vouloir lutter contre elle en tentant de la supprimer. C'est alors qu'elle prend de l'ampleur et devient très vite disproportionnée.

Voyons justement ce qu'il se passe lorsque la peur du rejet devient trop présente, en dressant le profil type d'une personne souffrant de cette peur, profil avant tout basé sur mes observations cliniques.

Une personne ayant une peur du rejet très prégnante présente souvent les caractéristiques suivantes.

À commencer par une peur d'échouer, qui est la conséquence directe de la peur du rejet. La personne s'est persuadée qu'elle n'avait pas le droit à l'erreur. Terrifiée à l'idée de mal faire, elle se met à élaborer une image de ce qu'est la perfection, de comment elle devrait être pour être acceptée. Elle s'impose et exige d'elle-même que tout ce qu'elle entreprenne soit parfait. De ce fait, elle se sent obligée de devoir tout gérer et tout contrôler dans son quotidien, y compris les choses sur lesquelles elle n'a absolument aucun pouvoir, ce qui génère énormément de stress et d'anxiété. Se fixant des objectifs difficilement réalisable, voire totalement inatteignable, elle est rarement satisfaite des résultats qu'elle obtient car elle pense en permanence qu'elle pourrait toujours faire mieux. Par là même, l'image qu'elle a d'elle-même est souvent très négative. Elle culpabilise beaucoup et arrive bien souvent à se persuader qu'elle est une mauvaise personne. Pensant qu'elle ne vaut pas grand chose, et qu'elle n'est pas assez bien pour susciter de l'intérêt et de l'amour chez les autres, elle se rejette elle-même en étant très dure et très critique envers elle-même.

Étant donné qu'elle doute de sa propre valeur, elle se compare souvent aux autres. Par conséquent, elle est très préoccupée par ce que les autres pensent d'elle. Il n'est pas rare qu'elle développe également la peur des conflits car avoir des divergences d'opinions au sein d'un groupe, ne pas être d'accord avec l'autre, signifie pour elle une perte d'amour. Veillant à ne pas exprimer ses ressentis, elle rencontre énormément de difficultés à dire non, et préfère être le plus possible accommodante et conciliante avec les autres.

Toujours par peur d'être jugée, d'être rejetée, et donc de ne plus être aimée, elle se met à prétendre être quelqu'un qu'elle n'est pas, en étouffant ses propres goûts, ses propres valeurs, ses propres besoins, ses propres émotions, et ses aspirations profondes, simplement pour faire plaisir aux autres, pour correspondre à leurs attentes, et correspondre à l'image qu'elle pense qu'ils ont d'elle. Cela l'empêche alors d'être en lien de manière authentique avec les autres.

Par ailleurs, son « baromètre social » ne fonctionne pas correctement et elle a la sensation de recevoir fréquemment des messages d'alertes indiquant qu'elle est rejetée. Elle en vient à vivre constamment dans l'anticipation du rejet, cherchant sans cesse à ajuster son comportement. Le problème, c'est qu'elle a tendance à en faire trop. Elle suscite alors une certaine antipathie, ce qui rend son intégration à un groupe compliqué. Et elle finit par s'attirer exactement ce qu'elle craint le plus : le rejet. D'ailleurs, elle préférera rejeter l'autre avant même qu'il ne puisse le faire, dans le but d'éviter une souffrance qu'elle pense inévitable.

Évidemment, il est fort probable que sa peur soit un frein au développement de relations amoureuses saines car elle a besoin d'être constamment rassurée sur les sentiments de l'autre. Cela peut dans certains cas donner naissance à une jalousie maladive, et déboucher sur une dépendance affective. Toutes remarques, critiques ou remontrances, activeront chez elles le sentiment de rejet.

Professionnellement, il se peut qu'elle rencontre également quelques difficultés. Dans sa quête permanente de reconnaissance, le moindre signe de mécontentement de ses collègues peut être vécu comme une véritable souffrance. Aussi n'est-il pas rare qu'elle cherche constamment la validation et l'approbation de ces derniers, au point d'être parfois incapable de prendre des décisions par elle-même. Cela s'accompagne également très souvent de la sensation de ne pas être à la hauteur, voire même parfois d'être une imposture.

Une personne ayant une peur profonde et viscérale du rejet sera très susceptible de souffrir de dépression, et ce, parfois de manière chronique. La peur du rejet, de perdre l'amour et la dépression sont donc toutes deux intimement liées, pour ne pas dire indissociables. De même, comme les statistiques le montrent, il existe une co-morbidité fréquente de la dépression avec l'addiction, et le suicide.

Donc pour résumer assez simplement :

Besoin d'être aimé → peur du rejet et/ou de l'abandon → peur de l'échec → perfectionnisme → besoin de tout contrôler → stress → mauvaise estime de soi → peur du regard de l'autre, des conflits → perte d'authenticité → difficulté à créer des liens sociaux → tendance à la dépression et aux addictions

De par mon expérience professionnelle et les observations que je peux faire dans mon cabinet, je constate que, plus la peur du rejet est forte chez une personne, plus elle présente les caractéris-

tiques décrites plus haut. Par exemple les personnes qui viennent me consulter pour la peur du regard de l'autre ont très souvent également un côté trop perfectionniste, une peur de l'échec plus ou moins forte, une tendance à vouloir tout contrôler, et une difficulté à établir des relations sociales avec les autres. De même que ce serait le cas pour une personne un peu stressée, ou qui manque de confiance. Mais toutes ne souffriront pas nécessairement de dépression, ou de peur du conflit pour autant. Selon les personnes, certaines caractéristiques seront plus prédominantes que d'autres.
Par ailleurs, beaucoup de personnes ne sont pas conscientes d'avoir cette peur. Elles pensent me consulter pour un problème de stress, de difficultés à lâcher prise, pour la peur du regard de l'autre, ou d'une mauvaise estime d'elles-mêmes, mais ces difficultés ne sont en réalité que la pointe visible de l'iceberg. Lorsqu'on explore d'avantage les profondeurs, l'on découvre que la partie immergée contient cette peur du rejet et de ne plus être aimé. La peur étant pour beaucoup inconsciente, les personnes ont souvent beaucoup de mal à la détecter. Toutefois, lorsqu'elles en prennent conscience, elles réalisent comment tous les symptômes qu'elles présentent ne sont finalement que la conséquence de cette peur de ne plus être aimé. Leurs prises de décisions et leurs comportements se sont alors modelés en fonction de cette peur.

L'un des plus gros problèmes sociétaux

Quel que soit notre age, notre sexe, ou même notre culture, tout ce que nous voulons, c'est être accepté et aimé tel que nous sommes. Dans nos environnements quotidiens, tels que nos emplois, nos écoles, nos universités, nos communautés de voisins ou nos espaces de loisirs, nous connaissons incontestablement de nombreuses personnes. Nous vivons avec elles, néanmoins, au cours de notre vie, nous ne parvenons à nous « connecter » en profondeur qu'avec un petit nombre d'entre elles. Tout au long de notre vie, nous cherchons à créer des liens authentiques, et à développer une certaine intimité avec autrui.

L'intimité n'a rien à voir avec les rapports sexuels, même si évidemment ces derniers contribuent à créer des liens intimes avec une autre personne. L'intimité est une sensation de connexion avec l'autre, qui demande des échanges, de la transparence, de la réciprocité et incidemment une certaine vulnérabilité. En anglais cela se traduit par « intimacy », que l'on pourrait décomposer en « into me see ». En Français, cela pourrait signifier « voir à l'intérieur / au delà de moi ». C'est pourquoi j'aime bien définir l'intimité comme étant la capacité de voir à travers l'autre. C'est la sensation assez indescriptible d'être capable de voir au delà des mots, au delà des gestes, et des comportements d'une personne. Lorsqu'un lien très fort nous unit avec une personne, on peut avoir parfois l'impression de la ressentir, de la comprendre parfois même mieux qu'elle ne se comprend elle-même. Il n'est alors plus nécessaire d'expliquer les choses, voire même de parler pour se comprendre. Nous avons tous déjà éprouvé cette sensation. Peut-être était-ce avec votre conjoint(e), votre enfant, un de vos parents, une personne de votre entourage familial, un ami, un collègue.. Si ces moments de connexion sont parfois brefs, ils se démarquent bien souvent par leur intensité et leur beauté et donnent naissance à des relations fortes et solides.

La connexion est l'expérience de l'unité. C'est avoir partagé des expériences, des sentiments ou des idées similaires avec une autre personne. Ce sont toutes ces discussions où nous partageons nos pensées et nos émotions les plus profondes, où nous nous confions sur des sentiments ou des événements difficiles que nous avons traversé. Ce sont ces moments où l'on découvre que l'on a quelque chose en commun avec quelqu'un. Dans tous ces moments, on ressent une connexion, et on a le sentiment d'appartenir à quelque chose de plus grand que soi.

Malheureusement, dans notre société, il est devenu très difficile d'avoir et de maintenir des relations sincères et saines avec des personnes. Cela s'explique entre autres par le fait que beaucoup d'entre nous avons fait confiance à certaines personnes dans notre vie, avant de nous faire trahir, blesser, rejeter, ou abandonner par ces mêmes personnes. Ce faisant, nous nous replions sur nous-même, et nous entretenons des relations non authentiques avec les autres. Ainsi naît la sensation de déconnexion.

Les réseaux sociaux, souvent présentés comme étant la solution moderne pour créer plus de connexion avec les autres, ont paradoxalement énormément contribué à la dégradation de nos rapports sociaux. Bien sûr, les réseaux sociaux peuvent être des outils merveilleux et très utiles. Il est vrai que grâce aux nouvelles technologies, nous avons à notre disposons des méthodes de communication en temps réel des plus avancées, avec la possibilité de rester connecté à tout le monde et à tout moment, où que nous soyons dans le monde. Ils peuvent effectivement nous permettent de rester en contact avec nos proches, de retrouver des relations perdues, d'anciens partenaires amoureux, des copains de classe jadis appréciés, voire des parents éloignés. Alors oui, il est plus que jamais facile de se connecter avec un ami via notre smartphone....mais cela a ses limites.

De nos jours, nous passons plus de temps à nous concentrer sur notre vie en ligne, qu'à nous préoccuper des vraies personnes autour de nous. De plus en plus de personnes ont presque totalement remplacé les relations en face à face par des relations virtuelles. Beaucoup d'entre elles ont d'ailleurs perdu la capacité d'engager une conversation sans aide numérique. Mais plus inquiétant encore, bon nombre d'entre elles ne se sont jamais senties aussi seules et déconnectées que maintenant ! Cette phase de pandémie que nous traversons actuellement avec le coronavirus n'a évidemment pas aidé. Obligés de restreindre nos rapports sociaux au maximum, nous avons dû privilégier les réseaux sociaux pour rester en lien. Et lorsque nous avons eu le droit de revoir nos proches, nous devions toujours respecter les distanciations sociales. Certaines personnes, déjà isolées, se sont vues encore plus éloignées de leurs proches. Mais la pandémie n'a fait qu'accentuer un problème qui était déjà là. Car cette sensation de déconnexion n'est pas un sentiment nouveau...Il semblerait même qu'elle soit la cause de la dépression et des addictions.

C'est ce qu'affirme Johann Hari, un journaliste et écrivain britannique. Étant lui-même dépressif, il voulait comprendre quelle pouvait être la cause de cette épidémie de dépression et d'addiction qui frappe notre société occidentale. Ses recherches l'ont amené à conclure qu'il s'agit d'un manque de connexion humaine. Hari explique que les êtres humains ont un besoin naturel et inné de créer des liens, et que lorsque nous sommes heureux et en bonne santé, nous nous lions et nous connectons aux autres. En revanche, lorsque nous ne pouvons pas nous lier aux autres, lorsque nous sommes traumatisés, isolés, ou abattus par la vie, nous chercherons à nous lier à quelque chose qui nous procurera un certain soulagement, que ce soit de l'alcool, de la cocaïne, du cannabis, ou les jeux. Nous voulons nous lier et nous connecter avec quelque chose parce que c'est notre nature, c'est ce que nous voulons le plus en tant qu'être humain. Selon lui, l'opposé de la dépendance, ce n'est pas la sobriété, mais la connexion.

La qualité de nos relations est donc très liée à la dépression. Il semblerait que les personnes ayant des relations sociales difficiles sont beaucoup plus susceptibles de souffrir de dépression que les autres. Certaines études ont montré que plus de la majorité des personnes souffrant de dépression considèrent les problèmes relationnels comme la principale cause de leur maladie. Dans une étude menée à l'université de la santé et des sciences de l'Oregon aux États-Unis, dirigée par le Dr Alan R Teo, les chercheurs ont constaté qu'un comportement sédentaire et une exposition importante aux écrans étaient associés au risque de dépression. Ainsi, les volontaires qui avaient passé physiquement du temps en famille ou avec des amis, au moins à trois reprises dans la semaine, présentaient le moins de signes de dépression. C'était le cas pour seulement 6,5 % d'entre eux. A contrario, ceux qui interagissaient moins fréquemment en face à face avec leurs proches avaient deux fois plus de chances de montrer des signes dépressifs. Alan Teo précise bien que « les coups de téléphone et les technologies numériques de communication avec ses amis ou les membres de sa famille n'ont pas le même pouvoir que les interactions sociales directes pour aider à éviter la dépression ». Ce sont donc bien les rapports sociaux en face à face qui sont primordiaux.

De la même manière, les statistiques nous montrent que la dépression est plus susceptible de toucher les personnes vivant dans les pays les plus riches que les plus pauvres. La France arrive en tête (21%) suivie des États-Unis (19,2%) tandis que la Chine (6,5%) et le Mexique (8%) se situent en bas du classement. Il semblerait que les cultures plus communautaires soient globalement plus saines mentalement.

De fait, les relations solides et saines ont le potentiel de nous aider à faire face aux symptômes de la dépression. Elles nous offrent un réseau de soutien : des personnes à qui parler et des êtres chers sur lesquels nous pouvons compter lorsque les choses sont difficiles. Elles nous aident à nous sentir moins seul(e)s face à notre problème.

Au-delà de la dépression et des addictions, cette déconnexion des uns envers les autres est à l'origine de nombreux autres problèmes sociétaux. En effet, si nous n'étions pas déconnecté des autres, il n'y aurait pas de violence comme il y en a dans notre société actuelle. Si nous étions bien connecté avec les autres, nous ne pourrions tout simplement pas blesser une personne. Cela nous serait impossible. En fait, cela ne nous viendrait même pas à l'idée. Parce que nous saurions que faire du mal aux autres revient à se faire du mal à soi-même. Lorsque nous nous sentons déconnectés, nous perdons notre compassion et notre empathie.

Plus précisément, le problème, c'est que nous nous sommes déconnectés de nous-même, de notre propre nature. Nous avons pour la plupart oublié que nous sommes tous pareil, nous sommes tous reliés les uns aux autres. Mais cela inclut également toutes les autres formes de vie, comme les animaux, ou la nature.

Lorsque nous nous sentons déconnectés des autres, nous pouvons blesser une personne sans en souffrir personnellement. C'est ce qui fait qu'il y a des viols, des personnes qui se font tabasser parfois sans aucunes raisons, ou qu'il y a des meurtres. C'est ce qui fait que des personnes se sentent tellement seules et tellement déconnectées des autres qu'elles ne voient plus que le suicide comme solution. C'est précisément cette déconnexion qui engendre les guerres. Notre histoire nous l'a montré a maintes reprises. C'est ce qui a crée la ségrégation raciale, et qui fait que le racisme existe encore aujourd'hui. C'est ce qui a fait que des camps de concentration ont pu voir le jour à Auschwitz dans lesquels des centaines de milliers de personnes ont péri dans d'atroces souffrances. C'est ce qui fait que les américains ont pu lâcher une bombe atomique sur Hiroshima qui aura rasé complètement la ville et tué 75000 personnes sur le coup. C'est ce qui fait qu'il y a des kamikazes qui sont prêts à sacrifier leur vie afin de semer la terreur. C'est ce qui fait qu'il y a des fusillades. C'est ce qui fait que nos politiques prennent des décisions qui ne font qu'empirer la situation, contribuant par là même à créer encore plus de séparation entre les citoyens. C'est ce qui fait que la maltraitance existe, quelle soit sur les humains, ou sur les animaux, et même la nature. C'est ce qui fait qu'on puisse abandonner des enfants ou des animaux sur le bord de la route. C'est ce qui fait qu'on a un jour pu mener des expérimentations horribles sur des animaux ou même des humains. C'est ce qui fait que les animaux dans les abattoirs sont tués dans des conditions atroces. C'est ce qui fait qu'on est en train de détruire complètement notre planète, et que notre propre survie est menacée.

Tous ces événements dramatiques ne sont que la conséquence d'un manque de connexion, qui elle-même découle d'un rejet. C'est parce que nous nous rejetons les uns les autres, parce que nous rejetons notre propre nature que nous en sommes arrivés à commettre les plus terribles atrocités.

Les humains sont passés d'une société interdépendante, à une société beaucoup plus – et beaucoup trop – individualiste. Ainsi, nous nous considérons comme des êtres séparés et cela a érodé nos liens envers les autres, et envers la nature.

Mais nous devons nous souvenir, comme nous le rappelle l'astrophysicien Neil Degrasse Tyson que « nous sommes tous connectés; Les uns aux autres, biologiquement. À la terre, chimiquement. Au reste de l'univers de manière atomique. » Nous devons trouver comment rester unis, connectés dans notre diversité, plutôt que divisés par nos différences. Pour cela, nous devons reconnaître à quel point les liens humains sont fondamentaux pour notre bien-être. Une fois que nous réalisons cela, nous pouvons travailler consciemment à établir et entretenir ces connexions afin d'améliorer nos vies, et notre société.

EXERCICE

D'une manière ou d'une autre, nous avons facilement tendance à façonner nos actions, nos comportements et notre personnalité dans le but d'obtenir l'approbation et l'amour des personnes qui nous sont importantes. De ce fait, de nombreux choix que nous pensons avoir fait dans la vie ont été orientés en réponse aux attentes de ces personnes. Puis vient ensuite les attentes que nous nous imposons et que nous transformons en devoirs et en obligations personnelles, comme par exemple, avoir une certaine situation professionnelle, financière, affective ou relationnelle, avoir un certain style de vie...

Prenez le temps d'analyser votre vie. Quelles sont les conséquences de la peur du rejet dans votre vie ? Vous est-il déjà arrivé de prendre des décisions uniquement par peur d'être rejeté(e) ? Qu'avez-vous cherché à faire afin d'être accepté(e) par votre entourage ?

3.

DU BESOIN DE CONTRÔLER À LA PEUR DE VIVRE

Plus jeune, et à cause des angoisses qui me submergeaient, j'étais dans un besoin constant de tout contrôler. Toute ma journée devait être organisée. J'avais mes habitudes et je détestais qu'on vienne me les bouleverser. Même si j'arrivais quand même à m'adapter, le changement de routine me déstabilisait énormément et était source de stress. Pendant longtemps je pensais consciemment que c'était juste parce que j'étais perfectionniste, et parce que j'étais du genre à vouloir optimiser mon temps du mieux possible. Comme j'étais (et je le suis toujours) extrêmement fainéante, je faisais toujours en sorte d'organiser ma journée pour que j'ai le moins de choses possibles à faire . Mais je compris plus tard que j'étais en réalité complètement dominée par mes angoisses. Ces dernières me poussaient inconsciemment à vouloir tout contrôler. Je n'étais évidemment pas heureuse. Ma vie était monotone. Je ne laissais pas de place à la spontanéité. Tout devait être sans cesse calculé, et analysé. C'était épuisant. Les imprévus étaient pour moi un véritable drame. Plus il y avait d'imprévus, plus j'avais tendance à vouloir contrôler encore plus mon environnement. Et plus je voulais contrôler mon environnement, plus j'étais stressée. Et plus j'étais malheureuse.

De par notre propension à vouloir éviter à tout prix la souffrance, nous avons tendance à vouloir maîtriser notre environnement, pensant que cela nous permettra d'être plus apaisé et plus heureux. En réalité, une grande partie de notre stress et de notre souffrance découle de cette volonté de tout contrôler.

Le besoin de contrôler

Parfois, il arrive que l'on ait la sensation que notre vie nous échappe. Les choses ne se passent pas comme nous les avions imaginées ou espérées, et nous voilà complètement dérouté. Nous développons alors cette idée, qui pour certaines personnes peut même se transformer par la suite en croyance, que nous devons en permanence contrôler notre vie pour la maîtriser, pour qu'elle ne nous file pas entre nos doigts. Ainsi, nous pensons que nous pouvons accéder à la maîtrise de notre vie que par notre seul pouvoir de contrôle. Prendre le contrôle sur les choses nous donne la sensation d'agir, d'être maître de sa vie et de son destin et non pas de subir les événements. C'est une réaction de défense normale qui, en plus d'être parfois vraiment nécessaire, a également pour effet de nous rassurer. C'est pourquoi nous avons tous tendance à vouloir contrôler notre environnement, il n'y a donc rien de mal à cela. Mais d'où nous vient plus précisément ce désir de vouloir tout contrôler ?

Tout d'abord, notre peur du rejet y est très certainement pour quelque chose. Comme nous l'avons vu dans le chapitre précédent, cette dernière nous incite fortement à vouloir tout gérer pour obtenir l'approbation, la reconnaissance et l'amour de notre entourage. Personne ne souhaite délibérément décevoir ses proches. Bien au contraire, nous faisons tout pour leur plaire, pour qu'ils soient fiers de nous, à tel point que nous tentons même parfois désespérément de satisfaire tout le monde. Pour cela, nous faisons en sorte de maîtriser nos moindres faits et gestes de manière à répondre à leurs attentes. Ainsi, nous faisons attention à ne pas dire certaines choses qui pourraient être mal interprétées, nous cherchons à maîtriser nos comportements, nous nous interdisons d'avoir certaines pensées qui pourraient aller à l'encontre de la vision du monde de nos parents, nous pouvons parfois chercher à soigner notre apparence, et nous en venons même à vouloir gérer nos émotions en retenant nos larmes, notre colère, ou en tentant de calmer nos peurs. Nous ne faisons et nous laissons rien au hasard de peur qu'un détail quelconque puisse provoquer du rejet de la part des personnes qu'on aime.

Mais ce désir de vouloir tout contrôler peut remonter à une époque encore plus lointaine : celle de la préhistoire. Environ un million d'années avant nous, nos ancêtres vivaient dans la peur constante : celle des prédateurs, et celle de ne pas pouvoir subvenir à leurs besoins alimentaires. À cette époque, malgré leurs outils de pierres tranchant, ils peinaient à chasser du gros gibier et devaient se contenter de cueillir des plantes, de ramasser des insectes, de traquer des petits animaux et de manger les carcasses abandonnées par les autres carnivores plus puissants. Rappelons que durant des millions d'années, les Humains étaient eux-mêmes chassés par d'autres prédateurs bien plus puissants qu'eux. Ce n'est que récemment que l'Homo sapiens s'est hissé au sommet de la chaîne alimentaire. Ce qui a permis cette ascension fulgurante au sommet reste sans aucun doute la domestication du feu. Pour la première fois, l'Humain dispose alors d'une arme redoutable contre ses prédateurs, ainsi que d'une source de lumière et de chaleur fiable. Ainsi, l'Homme découvrit qu'il pouvait contrôler les éléments à son avantage.

Par exemple, face à un milieu étranger et menaçant, il n'hésitait pas à mettre délibérément le feu à de vastes zones de fourrés impénétrables et de forêts épaisses pour les transformer en immenses prairies, ce qui permettait d'attirer du gibier plus facile à chasser. Un peu plus tard, il se mit à semer des graines, à arroser les plantes et à arracher les mauvaises herbes, manipulant ainsi la vie des végétaux : c'est la découverte de l'agriculture. Puis, devenant de plus en plus intelligent, l'être Humain se mit à domestiquer certaines espèces animales. En plus de fournir une force musculaire supplémentaire pour l'agriculture (comme les bœufs, ou les chevaux...), les animaux étaient également une source de nourriture (viande, œufs, laits) et de matières premières (peaux, laine) importante pour l'Homme.

De ce fait, en apprenant progressivement à maîtriser son environnement et les éléments, l'être Humain a pu assurer sa survie, passant d'un animal insignifiant au plus redoutable prédateur de toute l'Histoire.

C'est pourquoi, encore aujourd'hui, nous pensons qu'il est nécessaire de tout gérer et de tout contrôler si l'on veut survivre. Lorsqu'on tente de maîtriser notre environnement, l'on ressent une certaine sensation de sérénité. En réalité, cette dernière n'est qu'une illusion. Car notre désir de maîtrise génère bien plus de stress que d'apaisement...

Lorsque vous vous sentez malheureux(se), stressé(e), ou attristé(e), il y a fort à parier que vous êtes en train de vouloir maîtriser quelque chose qui ne relève absolument pas de votre contrôle. Byron Katie, l'auteur du livre *Aimer ce qui est,* explique qu'il est important de s'en tenir à ses propres affaires, car ce sont les seules choses qui ne dépendent que de nous. Elle précise qu'il n'existe que trois types d'affaires dans l'univers : les nôtres, celles des autres et celles de Dieu (vous pouvez remplacer ce terme par « la Vie » si vous préférez). Sur ces deux dernières, nous n'avons absolument aucun contrôle, et à chaque fois que nous voudrons avoir la main sur celles-ci, lorsque nous vivons mentalement hors de nos propres affaires, nous finirons inévitablement par souffrir et nous serons malheureux.

Ainsi, lorsque nous nous inquiétons de savoir un membre de notre famille malheureux, lorsque nous nous demandons si notre enfant va réussir son examen, lorsque nous imaginons comment les autres nous perçoivent ou ce qu'ils pensent de nous, lorsque nous pensons savoir ce qui vaut mieux pour quiconque, nous nous occupons des affaires des autres. Mais nous ne pouvons pas les maîtriser. Le bonheur d'une personne ne dépend que d'elle-même, même si nous faisons parti de son entourage, même si nous l'aimons. Par exemple, le résultat que notre enfant obtiendra à son examen ne dépend pas de nous. Certes, on peut l'aider à réviser et l'encourager à donner le meilleur de lui-même, mais le résultat qu'il obtiendra à l'issue ne dépend que de lui, et de l'examinateur. De la même manière, nous ne pouvons pas maîtriser comment les autres nous perçoivent, ou ce qu'ils pensent de nous. Là encore, nous pouvons toutefois influencé leurs perceptions, mais ils penseront ce qu'ils penseront de nous, et nous n'y pourrons absolument rien. À ce titre, la peur du regard de l'autre, ou d'être jugé, met en évidence la tendance qu'une personne a de vouloir contrôler, et découle du fait qu'elle se trouve dans les affaires d'une autre. Même si nous pensons nous en préoccuper au nom de l'amour, Byron Katie affirme qu'être hors de ses affaires, « n'est que pure arrogance, et cette attitude entraîne la tension, l'anxiété et la peur. »

Lorsque nous nous préoccupons de la météo qu'il fera demain ou la semaine prochaine, lorsque nous nous inquiétons de la survenue d'une catastrophe naturelle (tremblement de terre, canicule, inondation, sécheresse, tsunami, tornade, tempête...), lorsque nous voulons savoir ce que nous réserve l'avenir, lorsque nous angoissons du moment de la mort d'un des nos proches ou de la notre, nous nous occupons des affaires de Dieu (de la Vie). Et nous ne pouvons pas contrôler ce que la Vie a en réserve pour nous. La réalité, c'est qu'il existe de nombreux facteurs indépendants de notre volonté, que cela nous plaise ou non. Ainsi, nous ne saurons jamais ce que nous réserve notre futur et nous ne sommes pas en mesure de comprendre les conséquences de chacune de nos actions et réactions au quotidien. De même que nous ne pouvons pas toujours savoir comment les autres vont se comporter avec nous, ou la portée qu'un événement va pouvoir avoir. La vie n'est qu'un enchaînement d'imprévus.

Les seules choses sur lesquelles il importe de se concentrer sont nos propres affaires. Byron Katie déclare que nous devons nous consacrer uniquement sur ces dernières au lieu de tenter de résoudre le problème des autres à leur place. Le fait de se mêler mentalement des affaires des autres nous empêchent d'être présents aux nôtres. Ainsi, nous sommes dissociés de notre vie et nous nous demandons pourquoi notre vie va mal.

Le conférencier américain Stephen Covey explique également plus ou moins la même chose dans son livre *Les 7 habitudes de ceux qui réalisent tout ce qu'ils entreprennent*. Selon lui, nous avons tous des préoccupations : santé, enfants, problème au travail, guerres, etc. celles-ci s'inscrivent dans ce qu'il appelle le « cercle des préoccupations ». Lorsqu'on y regarde de plus près, nous verrons qu'il y a des choses dans ce cercle que l'on peut contrôler, et d'autres sur lesquelles on ne peut avoir aucun impact réel. Les choses que nous pouvons contrôler relèvent alors de notre « cercle d'influence ». Covey explique que lorsque nous nous concentrons sur notre cercle d'influence nous prenons en main notre vie : nous sommes proactifs. Tandis que lorsque nous nous focalisons sur le cercle des préoccupations, nous avons le sentiment accru d'être une victime : nous sommes réactifs. Il importe alors de savoir discerner nos problèmes entre ceux qui sont :

- directement contrôlables (problèmes mettant en jeu notre comportement)
- indirectement contrôlables (problèmes mettant en jeu le comportement d'autres personnes)
- incontrôlables (problèmes auxquels nous ne pouvons strictement rien, comme notre passé ou des réalités physiques)

Ainsi, en définissant ce qui relève de notre contrôle ou non, nous pourrons élargir notre cercle d'influence. En nous concentrant sur notre cercle d'influence, et en nous occupant de nos propres affaires, nous revenons à nous mêmes.

Notre désir de contrôle est avant tout un signe de détresse; un signal comme quoi les choses vont mal. Nous nous sentons tendus, mal à l'aise dans notre peau et nous voulons que les autres nous donnent ce dont nous avons besoin pour nous sentir mieux. Car nous essayons de contrôler lorsque nous nous sentons inadéquats, impuissants, lorsque nous sommes en quête d'approbation, lorsque nous n'osons pas faire face à nos véritables sentiments, ou lorsque nous ne faisons pas confiance aux autres. Nous essayons alors d'arranger les choses dans notre environnement de manière à retrouver une certaine sérénité. Et parfois, cela fonctionne véritablement ! C'est pourquoi le fait de vouloir contrôler n'est pas réellement un problème en soi. Mais cela devient problématique lorsque le désir de contrôler devient trop démesuré.

En effet, lorsque le contrôle est en excès, il peut avoir de nombreuses conséquences néfastes. De nombreux troubles psychologiques sont la conséquence de cette volonté de maîtriser les choses.

Prenons l'exemple des troubles anxieux. Les personnes souffrant d'anxiété ont tellement peur de ressentir cette émotion qu'elles font tout pour la fuir. Dès lors qu'elles ressentent la moindre sensation de peur, elles tentent désespérément de lutter contre celle-ci, en s'efforçant tant bien que mal de calmer leur émotion. Elles cherchent alors à ralentir leurs rythmes cardiaques et respiratoires, mais découvrent que ceux-ci finissent au contraire par s'accélérer, et débouchent parfois sur ce qu'elles cherchaient justement à tout prix à éviter : une crise d'angoisse. Elles ne savent pas toujours que leur désir de contrôler leurs émotions est précisément ce qui pousse l'anxiété non seulement à se maintenir, mais également à s'amplifier. Ainsi, en voulant contrôler, elles se retrouvent paradoxalement à perdre constamment le contrôle.

Ce phénomène se retrouve dans de nombreux autres troubles :

- Plus une personne qui souffre de Troubles Obsessionnels Compulsifs (TOC) tente de contrôler ses pensées et essaye de ne pas réaliser tous ses rituels de vérifications, plus leur fréquence augmente.
- Plus une personne cherche à maîtriser ses grignotages, plus elle grignote.
- Plus une personne cherche à s'endormir, moins elle y arrive.
- Plus une personne cherche à se sentir bien, plus elle se sent mal.
- Etc

Mais le désir de vouloir tour contrôler n'a pas uniquement des conséquences sur le plan individuel.

En effet, la conquête progressive de l'homme sur les forces de la nature causée par son désir de vouloir les maîtriser, a été et est encore aujourd'hui très certainement à mettre en lien avec les problèmes écologiques. Par exemple, il y a environ 45000 ans, les Homo Sapiens apprirent à construire et à manœuvrer des bateaux, ce qui leur permirent de découvrir et de coloniser de nouveaux lieux. Toutes les terres qu'ils foulèrent voyaient leur écosystème complètement modifiés, en conséquence de quoi de nombreuses catastrophes écologiques s'en suivirent : des paysages ont été complètement transformés, ce qui entraîna des changements de végétations, à la suite de quoi, les chaînes alimentaires devant être totalement réorganisées, de nombreuses espèces disparurent.

De nos jours, l'être humain, étant en quête constante de confort, cherche encore à maîtriser la nature. Par exemple, nous faisons en sorte d'accélérer ses capacités de productions et de rendement. Pour cela, nous n'hésitons pas à utiliser des produits chimiques dangereux, comme les pesticides, qui ont des nombreuses répercussions dramatiques sur notre environnement, et de surcroît, sur notre santé. D'ailleurs, depuis les débuts de l'agriculture il y a plus de 10 000 ans, nos fruits et légumes ont bien changé...Au fil des décennies, l'Homme a totalement bouleversé leur développement, uniquement pour son plaisir gustatif et esthétique, au point de les dénaturer totalement et de leur faire perdre leurs valeurs nutritives. Ou encore l'être humain cherche à « réguler les populations animales » alors même que celles-ci sont en train de diminuer à une vitesse ahurissante. Bref, ce ne sont pas des exemples qui manquent.

Vous l'aurez compris, poussé à l'extrême, notre désir de contrôle a des conséquences tant sur le plan individuel que collectif. Mais si ce désir est aussi fort, c'est parce qu'il cache une autre peur tout aussi importante.

La peur de l'inconnu

Pendant longtemps, nos ancêtres primates ne se trouvaient encore qu'au milieu de la chaîne alimentaire. Vulnérables, presque sans défense, nos prédécesseurs avaient de nombreux prédateurs bien plus puissants qu'eux. À tout moment, ils étaient pour le moins susceptibles de se retrouver nez à nez avec un mammouth, des hyènes géantes, un lion marsupial, un tigre à dents de sabres ou un diprotodon géant. Pendant la majorité de notre histoire évolutive, les primates que nous sommes, avec nos corps frêles, ne faisions pas le poids face à ces imposantes créatures. Aussi, devions-nous être extrêmement prudents, et être constamment sur le qui-vive. Un mouvement dans l'herbe, une odeur ou une ombre suspecte déclenchaient automatiquement un signal de peur pour nous inciter à agir plus rapidement face à nos prédateurs que ce soit en se cachant, en fuyant, ou en se défendant. Ne sachant jamais trop à quoi s'attendre s'ils sortaient de leurs cavernes et de leurs abris, l'inconnu était pour nos ancêtres associé par réflexe et par défaut à la possibilité d'un danger. La grande loi de la nature et du vivant est qu'il vaut mieux une fausse alerte qu'un manque de vigilance : la première nous coûte cher en stress et en dépenses d'énergie mentale (toujours surveiller, toujours s'inquiéter) mais assure notre survie la seconde est plus confortable, mais nous surexpose aux risques imprévus.

Avant la découverte du feu, les premiers hominidés devaient nécessairement vivre au rythme de la lumière solaire. Ils devaient cesser toutes leurs activités à la tombée de la nuit, et ils ne pouvaient aller que là où pénétrait la lumière du jour. La domestication du feu fut une révolution pour l'Homme, car en plus d'éloigner les bêtes sauvages, il permit d'éloigner la peur de l'inconnu, la peur de ce que l'on ne voit pas. Mais cette peur ne disparut jamais totalement, et fut transmise de génération en génération pour arriver jusqu'à nous.

La peur est un réflexe primitif qui nous permet d'envisager le danger et surtout de l'anticiper pour mieux y faire face. C'est notre instinct de survie qui est en jeu. Ainsi la peur de l'inconnu est sans nul doute l'une des plus profondes et les plus archaïques. Toutefois, dans notre société moderne, le danger immédiat est évidemment bien plus rare qu'il ne l'a été à la préhistoire. La peur a changé : moins liée à la survie, elle l'est plus au mental. La peur de l'inconnu se manifeste par un mental qui, ne se sentant pas en sécurité, se fait des films et imagine toutes sortes de scénarios terribles.

L'inconnu est une zone d'ombre que nous n'arrivons pas à cerner. Tout en sachant qu'elle existe, nous n'arrivons pas à déterminer quelle forme elle peut revêtir et, par conséquent, nous la craignons. Nous la percevons bien souvent comme une menace incertaine dont on ne peut prévoir ni l'incidence, ni l'intensité, ni la fréquence, ni la durée. C'est une véritable intolérance à l'incertitude qui naît en nous, ce qui va entraîner de nombreux symptômes (ruminations, tensions physiques), déclenchés par tout ce qui est nouveau, incertain et imprévisible (c'est-à-dire la vie en général et le futur en particulier). En réponse à ces incertitudes, certaines personnes développent un sentiment généralisé d'appréhension et d'hypervigilance, avec une conduite d'évitement. Cette peur de l'inconnu peut alors entraîner un trouble anxieux comme l'anxiété chronique ou aiguë. Lorsqu'on observe une personne qui souffre d'angoisses, on pourrait avoir la sensation d'être face à une personne qui se tient constamment prête à fuir un prédateur imaginaire.

En essence, toutes les peurs ne sont finalement que la peur de l'inconnu. Si l'on y regarde de plus près, la peur est généralement liée au futur, à une crainte de ce qui pourrait ou va arriver. C'est donc bien l'inconnu qui est alors effrayant et nous inquiète, de façon justifiée ou non. Mais la peur peut parfois être liée à un événement traumatisant du passé, de l'enfance. Dans ce cas-là, ce n'est pas l'inconnu mais au contraire un contexte que nous craignons, ou la peur de revivre une situation douloureuse.

Lorsque je demande aux personnes qui souhaitent se libérer d'une peur quelconque de quoi est-ce qu'elles ont véritablement peur, elles sont bien souvent totalement incapable de répondre. Ce qui les effraient, c'est justement leur incapacité à déterminer clairement l'objet de leurs craintes. De fait, elles perdent totalement le contrôle, et ce manque de visibilité engendre bien évidemment de la peur. C'est un peu comme si elles étaient devant une porte et qu'elles étaient terrorisées par ce qu'elles imaginent pourrait se trouver derrière. Leur mental s'affole en imaginant les pires choses possibles – et autant dire qu'il ne manque pas de créativité – aussi n'ont-elles jamais pensé à se rapprocher et à entrouvrir la porte pour s'en faire une idée plus précise. Elles restent paralysées comme un lapin devant les phares d'une voiture, persuadées que ce qui se cache derrière doit obligatoirement être terrifiant.

Ce qui nous fait tant peur dans l'inconnu, c'est de ne pas voir. Dites à une personne arachnophobe que vous n'avez plus de visuel sur l'araignée, et vous verrez instantanément sa peur s'intensifier car le fait de ne plus voir où se trouve la terrible bête est bien plus angoissant pour elle : son mental s'emballe. Lorsque nous étions enfant, la plupart d'entre nous avons eu un jour peur du noir, des monstres, des fantômes, ou des orages. Ces peurs se voyaient amplifiées par notre imagination. Nous demandions alors à nos parents de venir allumer la lumière pour s'assurer qu'il n'y avait pas un monstre qui se cachait sous notre lit, ou derrière la porte de notre placard. Dès lors que la lumière s'allumait, nous étions rassurés.

L'inconnu est par définition ce qu'on ne connaît pas. Il désigne donc ce qui échappe à notre connaissance. Il nous fait peur parce que nous n'avons aucune idée ou nous ne pouvons prévoir ce qui va se passer lorsque nous avançons vers lui : « marcher vers l'inconnu », c'est avancer sans savoir ce qu'il y a devant nous, sans savoir ce qui nous attend.

En échappant à notre connaissance, l'inconnu nous procure un sentiment d'insécurité. Ne pas avoir suffisamment d'informations sur quelque chose donne la sensation de faire un grand saut dans le vide, sans savoir où, comment et si on va atterrir. C'est pourquoi, derrière notre peur de l'inconnu se cache un besoin de sécurité. On aimerait pouvoir être sûr que ce dans quoi on se lance pourra être suffisamment sécurisant pour nous. Mais voilà le problème : nous ne pourrons jamais avoir de certitudes à ce sujet ! Par exemple, pour beaucoup de personnes, avoir un CDI répond à leur besoin de sécurité. Mais l'entreprise dans laquelle ils sont actuellement embauchés pourraient très bien finir par faire faillite. Paradoxalement, il n'y a qu'en faisant les choses qu'on pourra savoir si elles sont suffisamment sécurisantes pour nous. Cela passe par l'expérimentation.

C'est pourquoi l'inconnu désigne également ce qui est au-delà de notre expérience, ce dont nous n'avons pas encore le vécu, l'impression. Qui n'a jamais eu peur lorsqu'il découvrait pour la première fois son collège, son lycée, ses nouveaux camarades de classe, son nouveau cadre de travail, le chômage, son nouveau patron, la famille de son/sa conjoint(e), ou une nouvelle activité quelconque... ? Nous imaginons souvent des scénarios désastreux à base de « et si.. ». « Et si je n'arrive pas à me faire de nouveaux amis ? », « et si je ne m'entends pas avec mes nouveaux collègues ? », « et si je n'aime pas mon nouveau travail ? », etc... Du fait que nous n'ayons jamais expérimenté quelque chose, notre cerveau n'a pas de références sur lesquelles s'appuyer, aussi la nouveauté nous effraie-t-elle.

Dès lors qu'on expérimente quelque chose pour la première fois, notre cerveau enregistre de nouvelles informations. De fait, il pourra mieux anticiper les situations, et savoir comment se comporter à l'avenir. Par conséquent, le simple fait d'avoir fait l'expérience de quelque chose au moins une fois a un effet rassurant, car cela nous donne surtout la sensation de pouvoir contrôler et maîtriser notre environnement. Puis, avec la répétition, nous commençons alors a nous sentir vraiment à l'aise avec la chose en question. Lorsque j'étais sujette aux angoisses, je me souviens encore comment le simple fait d'aller chez un coiffeur que je ne connaissais pas pouvait être terrifiant. Après y avoir été une première fois, j'étais beaucoup plus à l'aise pour y retourner par la suite. À tel point que, même après avoir déménagé, je préférais encore aller chez ce même coiffeur, plutôt que d'en choisir un autre plus proche de mon nouveau domicile, tout simplement parce que je le connaissais. De surcroît, la peur de l'inconnu va souvent de pair avec la peur du changement.

La peur du changement

Les personnes qui viennent me consulter veulent changer, car elles savent que le changement sera positif pour elles. Elles ont conscience qu'arrêter de fumer, perdre du poids, ou regagner confiance en elles, sera forcément bénéfique pour leur santé et pour leur bien-être. Et pourtant, elles n'arrivent pas à changer leur comportement. Certaines personnes n'arrivent pas à mettre fin à une relation sentimentale non-épanouissante, à quitter un job pour lequel elles n'ont aucune passion et aucun plaisir à exercer, ou à déménager pour se rapprocher de nouvelles opportunités... alors qu'elles savent pertinemment qu'elles seraient bien plus heureuses si elles décidaient de faire ce pas en avant. Pourquoi est-ce si difficile d'effectuer les changements nécessaires ? Un des éléments de réponse à cette question est sans aucun doute la peur du changement.
L'esprit humain entretient avec le changement une relation paradoxale : par bien des aspects, nous aimons l'idée et le concept de changement, et parfois nous y aspirons. Mais cela n'empêche pas

que sa mise en œuvre concrète génère souvent en nous des réticences, hésitations, voire des peurs ou des aversions intenses et quelquefois illogiques. Olivier Lockert, un des mes formateurs en Hypnose nous expliquait que les personnes que nous allions recevoir allaient vouloir qu'on les aide à changer sans qu'on ne change rien à leur quotidien : « aidez-moi à changer, mais ne touchez à rien » en quelques sortes. Ainsi les personnes souhaiteraient perdre du poids, mais elles aimeraient pouvoir conserver leurs habitudes alimentaires, et ne pas avoir à faire de sport à côté ; elles désirent arrêter de fumer, mais elles ne veulent pas vraiment se séparer de la cigarette, qui leur procure bien trop de plaisir dans leur vie même si elles vous affirmeront bien souvent le contraire ; elles aimeraient être plus détendues, mais leur stress est devenue leur meilleure amie. L'ambivalence de leurs sentiments par rapport aux changements devient alors un véritable frein au passage à l'action. Mais de quoi ont-elles véritablement peur dans le changement ? Au delà de la peur de l'inconnu, et de la peur de ne pas réussir à tout maîtriser qui ont été évoqués précédemment, il faut savoir qu'un changement entraîne automatiquement d'autres changements.

Prenons l'exemple d'une personne qui souhaite divorcer. Cette décision va naturellement avoir de nombreuses répercussions sur différents domaines de vie, et poser pléthores de questions : si le couple a eu des enfants ensemble, comment ces derniers vont réagir à l'annonce de la séparation ? Comment va se passer la garde des enfants ? Faut-il les changer d'école ? Et concernant la maison ou l'appartement ? Qui va le garder ? Et si le bien a été acheté en commun, quelles décisions prendre : le garder, le vendre, le louer ? Qui des deux va devoir chercher un nouveau logement ? Professionnellement, est ce que cela aura des implications ? Et financièrement ? Etc...

Voyons maintenant le cas d'une personne qui souhaite regagner en confiance. Les changements pourraient là aussi être nombreux : on pourrait imaginer qu'elle réussisse enfin à exprimer son point de vue, elle sera donc probablement plus active dans les discussions. Probablement que cela lui permettra de créer des liens nouveaux ou différents avec certaines personnes, peut-être même que cela débouchera sur de nouvelles rencontres, et que ces dernières ouvriront de nouvelles opportunités. Elle va probablement oser plus facilement passer à l'action, ce qui implique parfois de prendre ses responsabilités, et de prendre des décisions qu'elle n'arrivait ou ne voulait pas prendre, qui entraîneront évidemment d'autres changements, et ainsi de suite.

Tout changement nécessite des ajustements, certains plus gros ou plus agréables que d'autres, dans notre vie de tous les jours. Ces ajustements sont naturellement source de stress, même si nous savons pourtant qu'ils nous seront bénéfiques. Mais pouvons-nous en être réellement sûrs qu'ils n'apporteront que du positif dans notre vie ? Pas vraiment. Nous ne pouvons jamais totalement savoir avec certitude si les choses se dérouleront comme nous aimerions. C'est pourquoi, la plupart des changements impliquent des pertes et des renoncements, et en ce sens, l'on peut dire qu'ils comportent des risques. Et comme le dit le fameux dicton « on sait ce qu'on perd, mais on ne sait pas ce qu'on gagne ». Les êtres humains sont bien plus sensibles aux pertes qu'aux gains. Pour des raisons liées à l'évolution de notre espèce (la priorité donnée au dépistage des dangers éventuels), notre cerveau est toujours plus sensible au négatif qu'au positif. De ce fait, lorsque nous considérons des actions futures et dans la plupart des situations de changements, nous percevons d'abord, automatiquement, ce que nous allons perdre (ou du moins ce que nous pensons perdre).

Voyons quelques exemples :

- Une personne qui souhaiterait se libérer de la cigarette pourrait avoir la sensation de perdre tout ce que la cigarette lui apportait : du plaisir (même si il est parfois minime), une certaine sérénité (bien qu'elle soit illusoire), la possibilité de faire une pause et de prendre un moment pour soi, le côté convivial / social, etc.
- Une personne qui aimerait regagner confiance en elle pourrait avoir la sensation de perdre la possibilité de rester dans sa zone de confort, de se mettre en retrait, de ne pas prendre décisions, et de ne pas exprimer ce qu'elle ressent.
- Une personne qui aimerait avoir une silhouette plus fine pourrait avoir la sensation de perdre ses libertés du fait qu'elle ne puisse plus manger exactement comme elle le fai-

sait auparavant.

Notre cerveau a horreur de la perte. Cette aversion à la perte, théorisée par le psychologue Daniel Kahneman, explique la réticence que les gens ont à céder, ou perdre quelque chose en leur possession. C'est un biais cognitif, c'est-à-dire une façon de fonctionner de notre cerveau qui n'est pas rationnelle. Lorsque nous nous investissons dans quelque chose, il devient difficile de se détacher de cette chose en question, même si au fond, nous savons qu'il serait pourtant nécessaire de le faire. Parce que nous ne voulons pas avoir la sensation de s'être investi émotionnellement, temporellement, ou financièrement.... pour rien ! Robert-Vincent Joule et Jean-Léon Beauvois, auteurs du livre *Petit traité de manipulation à l'usage des honnêtes gens* ont appelé ce phénomène le piège abscons, ou autrement connu sous le nom de la dépense gâchée.

Pour mieux comprendre, imaginez cette scène : Vous êtes un homme de la préhistoire et vous devez chercher de la nourriture pour votre tribu. Vous vous engagez dans une marche à pied pour aller chercher de quoi manger, des animaux à chasser. Vous vous éloignez de la maison, de plus en plus loin… Manifestement vous n'allez pas dans une direction très riche en animaux sauvages. Vous n'allez pas vers un lieu très prometteur car vous ne rencontrez rien d'intéressant. Que faites-vous? Vous retournez sur vos pas et vous prenez alors un autre chemin? Il y a des chances que non, vous allez continuer, en colère contre la nature et les événements mais vous allez persister, peut-être même vous acharner pour ne pas revenir bredouille.

Lorsque vous vous engagez sur un chemin, vous dépenserez de l'énergie, qui sera largement compensée par la nourriture qui vous attend. Mais s'il n'y a rien? Vous pourriez revenir sur vos pas et chercher ailleurs. Mais vous aurez alors beaucoup dépensé pour rien. Et cela n'est pas acceptable dans notre « programmation » cérébrale. Donc une petite voix nous dit: « continue, acharne toi si il le faut mais il faut obtenir quelques chose en retour de ce que tu as investi ». Dans un monde basé sur la survie et l'économie, face à une situation où l'incertitude est grande, retourner en arrière sans rien regretter est une aberration, et continuer avec la volonté de ne pas avoir fait tout cela pour rien est… une aberration également, mais moindre! C'est le phénomène de la dépense gâchée: nous investissons quelque chose (temps, énergie, ressources) mais nous n'avons pas les bénéfices en retour. Cela entraîne une escalade d'engagement: « je vais encore plus loin pour obtenir quelque chose, donc je dépense encore plus. Je n'ai toujours pas de retour, donc il est encore moins question que j'abandonne, je dépense encore plus etc ».

C'est exactement la même chose qui se passe lorsqu'une personne cherche à se libérer d'un problème. Elle s'investit beaucoup dans une stratégie, mais malgré le fait que celle-ci ne fonctionne pas, elle persiste à vouloir la continuer. Je me souviens être tombée dans ce piège lorsque je souhaitais me libérer de mes peurs. Je m'acharnais à vouloir les apaiser, à vouloir les supprimer de ma vie. Mais rien n'y faisait. Elles devenaient même de plus en plus virulentes. Je pensais que je ne pouvais pas arrêter de lutter contre elles, parce qu'avec tous les efforts que j'avais fourni, j'étais persuadée qu'elles allaient finir par céder. Je croyais réellement être proche d'atteindre mon but alors que cette stratégie ne faisait en réalité que m'en éloigner.

De plus, s'il est aussi difficile pour nous de changer, c'est parce que notre cerveau est feignant: il préfère le fonctionnement le moins coûteux. Cette particularité le conduit donc à favoriser la mise en place de routines et d'habitudes qui sont très économiques. Lorsque nous avons un comportement répété, autrement dit des habitudes, notre cerveau crée des connexions neurologiques. Cela lui permet de dépenser moins d'énergie pour accomplir les tâches habituelles. Plus nous répétons une tâche, plus les connexions du cerveau se renforcent permettant une exécution plus rapide et efficace qu'une tâche que nous effectuons rarement ou pour la première fois. De cette façon, le cerveau est configuré pour accomplir nos habitudes tant que nous les répétons. Donc lorsque nous changeons ces habitudes (qui sont devenues naturelles pour lui), les nouvelles habitudes vont venir se heurter aux anciennes. Là, le combat entre notre cerveau et la mise en place de nos nouveaux rituels commence. C'est pourquoi, même si nous faisons preuve parfois d'une volonté en béton, et que nous faisons des efforts, notre cerveau peut parfois venir tout saboter. Et qu'on se le dise, oser changer coûte de l'énergie. Il est très rare d'obtenir un changement sans fournir un minimum d'efforts, c'est pourquoi garder l'ancien comportement nous paraît parfois bien plus simple et intéressant. Le changement est quant à lui associé à de la souffrance. Et souvenez-vous que l'être humain va chercher avant tout à fuir la souffrance.

De ce fait, nous cherchons bien souvent à maintenir un certain statu quo. En psychologie, le biais de statu quo est une tendance à résister au changement qui s'explique par le fait qu'un changement apparaît comme apportant plus de risques et d'inconvénients que d'avantages possibles. Nous avons tous développé des routines dans notre quotidien auxquelles nous nous sommes habitués. Ces habitudes constituent alors des repères rassurants et confortables. Et en tant qu'espèce humaine, nous préférons de loin le confort à la souffrance. Aussi préférons-nous laisser les choses telles qu'elles sont, d'autant plus que lorsque nous allons à l'encontre de nos habitudes de comportement, nous prenons le risque de devenir quelqu'un de différent, et cela peut nous effrayer.

Changer n'est donc pas toujours une chose aisée. Quitter ce que l'on connaît mais qui ne nous convient plus ou pas totalement pour aller vers l'inconnu qui nous tente mais dont on connaît si peu de choses, nous fait traverser une zone très inconfortable, avec parfois la tentation de rebrousser chemin. Cela demande d'accepter de prendre des risques, d'accepter l'échec, de se confronter à l'inconnu, de modifier ses conditions de vie, d'accepter l'insécurité, de délaisser notre besoin de contrôle, et parfois même de contrarier son entourage. Et si cela nous effraie tant, c'est parce qu'une peur encore plus profonde se trouve derrière : la peur de la mort

La peur de la mort

La peur de la mort est probablement la peur la plus ancestrale qui existe. Si nos ancêtres redoutaient tant l'inconnu et le changement, c'est parce qu'ils craignaient surtout de mourir. Les dangers de mort étant nombreux à cette époque, aussi devaient-ils faire preuve d'énormément de prudence et être constamment sur le qui-vive pour pouvoir survivre. Cela donna naturellement naissance à la peur de la mort, qui leur incita à ne pas avoir de conduites dangereuses et ainsi leur permis de perdurer tout au long de l'évolution.

Si les dangers ne sont plus les mêmes dans notre société actuelle, la peur de la mort reste toutefois bien présente. Celle-ci se manifeste dès que l'on se sent en danger (menace d'accident, menace de rupture relationnelle, menace de licenciement professionnel ou de perte d'emploi,...) et elle sous-tend en réalité bon nombre de nos comportements quotidiens : rouler vite, courir dans le métro, louper une marche d'escalier ou le trottoir, les phobies... Toutes ces situations ont pour racine la peur de la mort.

Très tôt dans notre développement, nous prenons conscience que la mort existe, et que les autres meurent. Elle est même une étape normale du développement de l'enfant. Nous réalisons alors que nous allons nous aussi mourir un jour : nous devenons conscient de notre mortalité. Selon certains spécialistes, voilà ce qui distingue les êtres humains des animaux. Les spécialistes de la préhistoire ont commencé à parler « d'hominisation » seulement après que les grands singes se sont mis à honorer leurs morts par des rites funéraires. Même s'il semblerait que certains animaux (comme les éléphants) connaissent le deuil, beaucoup d'experts sont d'avis qu'il n'y a que l'homme qui vit en sachant qu'il mourra.

Mais alors, pourquoi avons-nous tant peur de la mort si nous savons qu'elle est l'inévitable destin de toute espèce vivante ? De quoi sommes-nous si terrifiés ? Eh bien, il peut y avoir différents éléments de réponse à cette question.

La mort est mystérieuse. Nous aimerions tellement la comprendre en dépit de son caractère insondable, mais dans sa concrétude, on ne sait rien. Par définition, elle est impensable car comment penser que nous ne sommes plus ? Si nous pensons, c'est que nous sommes vivants. La mort apparaît donc comme une frontière inaccessible à la pensée, une limite qui échappe à notre raisonnement. Bien souvent, lorsqu'on imagine la mort on imagine souvent le vide. Elle correspond à l'extinction de nos désirs et de notre parole. Que reste-t-il alors de nous ? Quand nous serons morts, nous ne parlerons plus, nous ne penserons plus. Qu'en cst-il de tout ce que nous avons bâti et accompli ? Serons-nous seulement un nom sur une tombe ? Nous oubliera-t-on ? Une autre question angoissante survient : où va-t-on après ? Est-ce que mon « moi » (ma personnalité) va disparaître à jamais ?

Je pense, à tort ou a raison, que la vraie peur que l'on à de cette ultime inconnue, ce n'est pas tant d'être rien, ou de ne plus vivre, mais c'est seulement l'impossibilité de se représenter ce rien, cette absence de conscience de soi, qui gouverne la totalité de ce que nous savons sur nous et sur le monde. Le fait est que nous sommes baignés en permanence dans le flux de notre conscience. Nous n'avons jamais fait l'expérience de son absence. Je crois que c'est pour cette raison que nous sommes incapables d'imaginer à quoi ressemblerait cette absence, et que nous peinons à réaliser que, une fois morts, notre moi cessera d'exister.

À ce titre, les religions ont un effet apaisant pour beaucoup et permettent de se protéger de la peur du néant car elles font espérer un au-delà, une survie de « l'âme », en expliquant notamment que Dieu rappelle à lui ceux qu'il aime et en insufflant l'idée que la mort est, à l'occasion, une libération, et le remède le plus efficace aux blessures de la vie. Ainsi, l'idée de la vie après la mort rassure parce qu'elle insinue que nous ne disparaissons pas. Mais les religions peuvent aussi être à l'origine de la peur de la mort. L'enfer, le jugement dernier, le purgatoire sont autant de croyances qui font craindre aux fidèles le passage vers l'au-delà, par peur de devoir rendre compte des résultats néfastes de leurs mauvaises œuvres, celles qui seraient contraires à la morale et qu'ils auraient commises dans ce bas-monde.

Mais la peur de la mort est également engendrée par la crainte très banale de la « sale » mort, celle qui fait souffrir: la peur de la souffrance antérieure à la mort, ou plus simplement la peur de la souffrance qui risque d'accompagner le processus de la mort. La plupart d'entre nous souhaitons périr dans notre sommeil. Mieux vaut une crise cardiaque brutale à la lente agonie qui laisse le temps de penser à l'inévitable. Et puis nous ne voulons pas vieillir, nous sentir diminuer, voir nos capacités intellectuelles ou physiques s'en aller, devenir un malade insupportable, ou être une charge pour nos proches. En un mot, nous avons peur de perdre notre dignité, notre identité même, et nous ne voulons pas perdre ce que nous avons de plus précieux : la vie. D'autant qu'avant que ce soit notre tour, la mort emporte le plus souvent des personnes que nous aimons. Leur mort est une épreuve redoutable, une séparation définitive et totale, la perte d'un lien qui nous attachait à la vie. Elle nous renvoie à un sentiment d'impuissance difficilement supportable et nous rappelle constamment que nous ne contrôlons rien. Nous n'aurons jamais le dessus sur elle.

Le concept étant tellement difficile à cerner pour notre cerveau, ce dernier a mis en place le déni comme mécanisme de défense. C'est pourquoi la plupart du temps, nous n'avons pas conscience de cette crainte tapie en nous, parce que nous tâchons de ne pas y penser. Le philosophe Blaise Pascal nous dit d'ailleurs: « Les hommes n'ayant pu guérir la mort, la misère, l'ignorance, ils se sont avisés, pour se rendre heureux, de n'y point penser. »

Ainsi, si intellectuellement nous savons tous que nous allons mourir, nous considérons généralement cet événement comme quelque chose de lointain, qui se produira lorsque notre corps sera vieux et épuisé. Nous savons que nous allons mourir, mais nous ne pensons pas que cela puisse nous arriver à tout moment. Ainsi, bon nombre d'entre nous vivons dans le déni de la mort, et de ce fait, nous agissons comme si elle n'existait pas, comme si nous étions immortels. Nous prenons les choses pour acquises et avons tendance à oublier que rien n'est permanent.

Par exemple, nous supposons bien trop facilement que nous allons toujours rester en bonne santé. Personnellement, à chaque fois que je suis enrhumée, ou que je souffre de toute autre maladie bénigne, je réalise à quel point je suis ingrate lorsque je suis en bonne santé : je me plains, je ne profite pas suffisamment de l'instant présent, j'oublie constamment la chance que j'aie d'être en forme. Alors, à chaque fois que je tombe malade, je me fais la promesse de prendre le temps de savourer pleinement le fait d'être en bonne santé, une fois que je me serai remise de mon nez qui coule ou de mon mal de gorge. Et effectivement, cela fonctionne quelques temps. Mais très rapidement, j'agis de nouveau comme si j'allais être toujours en forme, et j'oublie que rien n'est jamais acquis.

Nous agissons comme si notre vie allait se poursuivre indéfiniment dans le futur. Nous regardons souvent l'avenir comme si nous avions la certitude et la garantie qu'il allait véritablement avoir lieu. Aussi, nous faisons traîner les choses, et remettons notre vie à plus tard à coup d'excuses et de dénis. Nous repoussons nos rêves et nos projets, pensant que nous avons tout l'avenir devant nous.

Le temps semble nous échapper : nous en voulons toujours plus, et cependant nous ne vivons pas pleinement celui dont nous disposons. Le futur pèse lourdement sur beaucoup d'entre nous, et le passé nous accable de remords et de culpabilités, à tel point qu'il ne nous arrive qu'occasionnellement de prêter attention au moment présent.

Mais la mort est un sort auquel on ne peut pas échapper. On ne décide pas de son arrivée, ni de la manière dont elle va frapper. Nous ne voulons ou n'arrivons pas à croire qu'elle peut survenir à tout moment. C'est pourquoi, c'est surtout l'immédiateté de la mort, et non la mort en elle-même que tant d'entre nous nient avec ardeur. La compréhension de l'immédiateté nous permet de revoir et de réorganiser nos priorités. Mais quand nous réalisons que la mort est inéluctable, nous ne pouvons plus nous projeter dans un avenir assuré. Chaque instant devient vivant et fondamental, et la vie devient bien plus précieuse lorsque nous nous rendons compte de notre propre finitude.

Le problème avec la peur de la mort, c'est qu'ils engendrent une autre peur : la peur de vivre.

La peur de vivre

La peur de la mort nous incite à vouloir rester dans notre zone de confort. La zone de confort, c'est tout l'univers dans lequel nous vivons en ce moment : notre famille, notre travail, nos amis, mais également nos habitudes, nos comportements, notre manière de nous organiser, ce que nous aimons faire au quotidien, nos savoir-faire, etc... qui constitue notre quotidien. La zone de confort est donc unique pour chaque personne. C'est un espace qui nous est familier, dans lequel on se sent bien, et en sécurité car les choses y sont prévisibles. Si elle nous est aussi rassurante, c'est parce qu'elle permet de ne prendre aucuns risques dans notre vie. En nous incitant à reproduire les mêmes actions et les mêmes comportements au quotidien, elle nous permet de réduire au maximum le stress et l'anxiété et nous donne une illusion de contrôle. Brené Brown, professeur et chercheur en sciences humaines et sociales à l'Université de Houston, décrit la zone de confort comme « l'espace où notre incertitude, le manque et la vulnérabilité sont réduits au minimum et où nous croyons que nous aurons accès à suffisamment de nourriture, d'amour, d'estime, de talent, et de temps, et où nous avons le sentiment d'avoir un certain contrôle. » Elle est donc un des meilleurs mécanismes de défense contre notre peur du changement, de l'inconnu, et de la mort.

Cependant, si la zone de confort présente de nombreux avantages, elle est également précisément ce qui nous empêche d'évoluer et de nous épanouir pleinement dans notre vie. Car lorsque nous restons confiné dans notre zone de confort, nous adoptons une attitude passive envers la vie. À trop vouloir nous protéger, à éviter toute souffrance, toute gêne, et tout inconfort, nous nous fermons aux expériences de la vie. En restant dans nos routines, nos comportements se rigidifient, et nous perdons en souplesse. Nous avons alors de plus en plus de mal à voir des alternatives à notre façon de fonctionner. Expérimenter la nouveauté de façon positive devient de moins en moins évident. C'est un peu comme un muscle qui ne serait pas utilisé. Il en perd sa force, son dynamisme, sa souplesse. Ainsi, la zone de confort nous limite dans notre propension à faire de nouvelles expériences. Notre vie risque alors de prendre la forme d'un long couloir triste, où les événements semblent s'y répéter de façon monotone et sans réelle perspective de satisfaction.
Quelle que soit la façon dont nous nous y prenons, nous tissons systématiquement autour de nous un petit cocon de repères rassurants et d'habitudes. Mais, ce cocon d'habitudes peut également très vite se transformer en une véritable prison. Nous réalisons alors que notre zone de confort n'est finalement pas si confortable que cela, car elle n'empêche pas la souffrance d'être là. Lorsque nous ne sommes plus à l'aise dans notre zone de confort, c'est qu'il est temps de l'élargir. S'ouvrir à l'inconnu, au changement, à la nouveauté ne peut alors pas être pire que ce que nous vivons en nous en protégeant !

On entend souvent qu'il faudrait « sortir de sa zone de confort ». Personnellement, je trouve qu'il serait plus juste de dire « élargir sa zone de confort ». Car en réalité, la zone de confort est extensible, tel un élastique. « Sortir de sa zone de confort », sous entendrait qu'il faudrait quitter ou perdre quelque chose auquel on tient. Rappelons que notre cerveau a horreur de la perte, il est donc logique que l'idée d'en sortir nous mette mal à l'aise. Mais nous ne pouvons pas réellement sortir de notre zone de confort car nous ne perdons rien lorsque nous franchissons la limite de celle-ci. Nous ne perdrons jamais nos acquis, nous ajoutons simplement de nouvelles données. Plus nous allons au delà de notre zone de confort, plus nous nous sentons en confiance dans ce nouvel environnement et plus nous l'intégrons dans notre zone de confort. Donc, en élargissant zone de confort, on finit toujours par y remettre les pieds, celle-ci nous rattrapant dès que l'effet de la nouveauté s'estompe.

La limite de notre zone de confort se trouve donc dès lors que nous sommes face à la nouveauté. Au delà de notre zone de confort, se trouvent toutes les choses que nous aimerions faire dans notre vie, que ce soient des ambitions professionnelles ou personnelles. Lorsque nous franchissons la limite de celle-ci, nous arrivons dans une nouvelle zone qu'on appelle la zone d'apprentissage. Comme son nom l'indique, cette zone est propice à l'acquisition de nouvelles compétences, et de nouvelles connaissances, et de nombreux trésors nous y attendent.

En cherchant à rester dans notre zone de confort afin de nous protéger, nous limitons nos capacités d'évolution, mais surtout, nous nous empêchons de vivre. Lorsque nous fuyons des émotions douloureuses, l'inconfort, nos responsabilités, les risques, l'effort, l'échec, les difficultés, la fatigue...nous n'avons pas peur de mourir, nous avons peur de vivre. Lorsque nous avons peur d'avancer vers nos rêves, peur de dire ce que l'on ressent, d'aller vers l'inconnu, de découvrir de nouvelles choses, peur d'aimer passionnément, peur de mettre en avant nos talents, peur d'être vulnérable et de montrer qui on est... nous avons peur de vivre. Il semblerait que bon nombre d'entre nous ayons appris à craindre la vie plutôt qu'à nous enchanter de ses prodiges.

La peur de la mort ne nous empêche pas de mourir, elle nous empêche de vivre. Cela peut sembler paradoxal, mais ce n'est que par la mort que nous pouvons être véritablement « vivants » car c'est ce qui rend la vie encore plus excitante. Si vous saviez que vous alliez vivre éternellement, la vie serait probablement extrêmement terne et sans intérêt. Si nous savions que tout était en sécurité et que rien ne pourrait jamais nous arriver… quelle motivation aurions-nous pour faire quoi que ce soit ? La vie n'aurait certainement pas la même saveur. C'est la nature éphémère de la vie, son impermanence qui nous donne du recul. Aimerions-nous autant si nous n'avions pas peur de perdre nos proches ? Apprécierions-nous autant nos victoires si nous ne rencontrions pas d'épreuves en chemin ? C'est parce que nous savons que nous allons mourir que nous faisons tout pour exister, vivre.

La mort et la vie sont indissociables l'une de l'autre. Lorsque nous comprenons que la vie comme la mort ne sont qu'un voyage vers un futur inconnu, nous pouvons alors comprendre que toutes deux nous offrent les mêmes opportunités de grandir. La différence entre elles peut alors s'estomper. Ce n'est qu'une fois que nous avons goûté à la vraie vitalité que la mort diminue son emprise sur nous.

PARTIE 2 :

NOS MÉCANISMES PSYCHOLOGIQUES

4.

NOS ZONES D'OMBRE

« Ce n'est pas en regardant la lumière qu'on devient lumineux, mais en plongeant dans son obscurité. »
Carl Gustav Jung

Lorsque nous arrivons au monde, nous sommes entiers et complets. Nous sommes des êtres unifiés. Nous sommes totalement nous-mêmes. Mais cette unicité sera malheureusement de courte durée, car nous allons vite apprendre à nous déconnecter de qui nous sommes.

En effet, nous comprenons très rapidement que selon la manière dont nous nous comportons, nous provoquons certaines réactions chez nos parents. Parfois, ils semblent contents et parfois non.

Nous apprenons alors au cours de notre développement que certains aspects de nous sont plus acceptables et appréciables que d'autres. Les parties de nous qui ne sont pas acceptées sont rejetées par les autres, tandis que les parties perçues comme étant accep-

tables sont à l'inverse intégrées.
Ce qui est acceptable ou non dépend de plusieurs paramètres :

- nos parents : croyances des parents selon ce que eux jugent comme étant acceptables ou non
- la société : les codes moraux d'une culture déterminent ce qui est permis et ce qui est interdit. Par exemple, ce qui est acceptable dans un pays ne l'est pas forcément dans un autre.
- nos propres idéaux : il y a une grande part de subjectivité dans ce que nous jugeons acceptable ou non.

Étant totalement dépendant de notre environnement, nous faisons alors au mieux pour essayer de renier et supprimer ces parties non acceptées par les autres pour à l'inverse chercher à mettre en avant ces parties jugées acceptables par notre environnement social et familial. Notre instinct d'auto-conservation, stimulé par notre besoin d'être en lien avec les autres, nous pousse à dénigrer ces parties dans le but d'être accepté et aimé par notre entourage. Ainsi, nous portons un masque pour cacher ces parties de nous que nous pensons inacceptables. En psychologie analytique, ce masque porte le nom de persona.

La persona

La persona est un concept tiré de la psychologie analytique dont la théorie a été élaborée par le célèbre psychiatre suisse Carl Gustav Jung. D'une façon très générale, la persona est le masque que tout individu porte pour répondre aux exigences de la vie en société.

Du latin per sonare, qui signifie « parler à travers », la persona désignait dans le théâtre grec le masque que portaient les acteurs pour incarner leur personnage. Le masque de l'acteur était utilisé à la fois pour projeter sa voix suffisamment loin pour qu'elle soit audible par les spectateurs que pour donner à l'acteur l'apparence du personnage qu'il interprétait.

Dans notre quotidien, nous mettons différents masques selon les situations auxquelles nous sommes confrontées, et les personnes que nous avons en face de nous. Ainsi, nous ne nous comportons pas de la manière lorsque nous parlons à notre enfant, à notre conjoint(e), à nos frères et sœurs, à nos amis, à nos collègues, à notre patron, à nos grands-parents, à l'enfant de la voisine, ou à un inconnu.

Jouer un rôle est quelque chose de très naturel pour nous et s'avère également essentiel. En effet, la persona a une réelle utilité. Celle-ci résulte d'un effort d'adaptation que nous déployons pour nous conformer aux normes sociales, morales, et éducationnelles de notre environnement, dans le but de pouvoir entrer en contact et d'être accepté par ce dernier. En plus de nous protéger du rejet, ce masque que nous portons tous permet donc la socialisation. C'est en quelques sortes un compromis nécessaire pour simplifier nos contacts sociaux.

La persona correspond à tous ces aspects de nous que nous cherchons à montrer car nous les trouvons jolis, ou parce qu'ils sont acceptés par la société. C'est notre image publique. Il suffit de faire un tour sur les réseaux sociaux pour se rendre compte à quel point les apparences sont presque devenues une obsession. Nombreuses sont les personnes qui cherchent à montrer à quel point elles sont heureuses et épanouies dans leur vie. Elles publient leur photo de vacances, déclarent publiquement leur amour à leur moitié, ou partagent leurs exploits et leurs réussites. Plus rares sont les personnes qui publient des photos d'elles lorsqu'elles ne vont pas bien...L'erreur serait alors de croire que leur quotidien n'est rempli que de joie. Évidemment, tout le monde traversent des périodes difficiles. Les gens nous montrent que ce qu'ils veulent bien nous montrer. Ce que nous voyons sur les réseaux sociaux n'est donc pas forcément un reflet de la réalité. Il s'agit de leur persona.

C'est pourquoi ce masque que nous affichons n'a pas grand chose de réel. Il n'est qu'une sorte de façade pour l'extérieur, une interface entre un individu et la société. Pour beaucoup d'entre nous, notre entourage nous connaît uniquement au travers de notre persona, de la même manière que nous ne les connaissons bien souvent qu'au travers de la leur. Jung nous la décrit ainsi : « la persona est ce que quelqu'un n'est pas en réalité, mais ce que lui-même et les autres pensent qu'il est. » La persona n'est, en quelques sortes, que la partie superficielle de nous. Pour les connaisseurs, le concept de la persona de Jung est proche de celui de faux-self de Donald W. Winnicott.

Un des problèmes qu'engendre le fait de jouer divers rôles sociaux, c'est que cela nous pousse à dissimuler notre véritable identité. Notre persona nous oblige à cacher des pans entiers de notre vie intérieure. Mais la souffrance mentale commence lorsque nous nous identifions à notre persona, ce qui nous conduit à nous prendre pour celui qu'on est aux yeux des autres et à ne plus savoir qui nous sommes réellement. Si nous conservons ce masque en permanence dans le monde extérieur, nous devenons ce masque. À ce titre, nombreux sont les acteurs qui ont commencé à adopter dans leur quotidien les traits de caractères – voire même, dans certains cas, les particularités physiques – des personnages qu'ils ont interprété.

Ce qui va nous intéresser maintenant, c'est ce qui se cache derrière notre persona. Car au fond que cherche-t-on à dissimuler aux autres avec ces masques ? La persona rejette de son champ de conscience tous les éléments – émotions, traits de caractères, talents, attitudes – jugés inacceptables aux gens importants de son entourage. Elle produit alors dans l'inconscient sa contrepartie, appelée l'ombre par Jung. En outre, la persona est en quelques sortes la face éclairée et visible de notre être « sociabilisé » ; l'ombre, quant à elle, correspond à la face cachée.

Qu'est-ce que l'ombre ?

L'ombre réunit ce qui est réprimé par la persona, parce qu'elle le considère comme négatif ou sans valeur. Elle correspond à toutes les parties de nous-mêmes que nous avons tenté d'occulter et de nier parce que nous ne voulons pas les voir, et parce que nous ne les apprécions pas. Ce sont tous ces aspects de nous qui, pensons-nous, ne sont pas acceptables pour nos proches, mais également pour nous-mêmes. Toutes ces pensées, ces émotions, ces choses dont nous avons hontes ou que nous culpabilisons d'avoir eues ou ressenties, bref, tout ce que nous considérons à un moment donné comme étant mauvais devient notre ombre.

Dès 1912, Carl G. Jung parlait « du côté ombrageux du psychisme ». Par la suite, il utilisa diverses expressions pour désigner l'ombre, telles que « le soi réprimé », « l'alter ego », « le côté sombre de soi », « le soi aliéné », « la personnalité inférieure de soi », « l'autre en nous », « l'inférieur répréhensible », « l'autre qui nous embarrasse ou nous fait honte ».

Bien avant que Jung lui-même ne développe sa théorie, le concept d'ombre, ou de côté obscur était déjà bien présente culturellement. Il a par exemple servi d'inspiration à Robert Louis Stevenson pour créer son roman désormais classique Dr Jekyll et Mr Hyde, publié en 1886. le Docteur Henry Jekyll, développe une drogue afin de dissocier le bien du mal dans la nature humaine, mais intoxiqué par son propre breuvage, il se métamorphose en son alter ego monstrueux : Mr Edward Hyde. Tout au long de ce récit, les deux facettes de sa personnalité (Dr Jekyll et Mr Hyde) luttent pour s'emparer de l'âme du scientifique. Le Dr Jekyll représente les parties acceptables de sa personnalité (sa persona), mais lorsqu'il se transforme en Mr Hyde, c'est l'aspect ombrageux de sa personnalité qui prend contrôle de lui et vient semer le trouble dans sa vie.
Plus récemment, l'on peut retrouver la nature archétypique de l'Ombre dans de nombreux personnages fictifs. L'un des plus célèbres est certainement Dark Vador, représentant le mal dans la saga Star Wars.

Selon Jung, nous possédons tous une ombre car c'est un mécanisme de défense très naturel, une manière pour nous de nous faire accepter et donc de survivre. Certains aspects de notre ombre sont le produit de notre évolution. Nous avons, comme tous les animaux, des pulsions sexuelles et agressives que nous réprimons pour nous adapter aux mœurs sociales. D'autres aspects sont le produit de notre éducation. Par exemple, si certains traits de notre personnalité suscitaient de la peur ou de la colère chez nos parents, ou nos enseignants, ce qui les incitaient à nous punir ou nous critiquer, nous avons réagi en conséquences en réprimant ces caractéristiques. Et enfin, d'autres aspects de notre ombre sont le produit de nos propres croyances, nos propres jugements et notre subjectivité.

Peut-être qu'en lisant ces lignes, certains d'entre vous se demandent si cela s'applique également pour eux. Peut-être même sont-ils persuadés ne rien rejeter de leur personnalité et pensent s'accepter comme ils sont. Le problème, c'est que nous sommes pas nécessairement conscients des parties de nous que nous avons rejeté.

L'ombre est cette part de nous que nous refusons de voir en nous-mêmes. Mais ces parties dont nous cherchons à nous dissocier ne disparaissent pas pour autant. Elles sont tout simplement rejetées de notre conscience mais elles sont toujours là. On a beau essayer de faire semblant qu'elles n'existent pas, elles font toujours parties de nous, qu'on le veuille ou non, qu'on les accepte ou non. Victimes du refoulement, ces parties non désirées et non acceptables se retrouvent dans le grand réservoir qu'est notre inconscient. C'est pourquoi l'ombre est par définition inconsciente. Ce sont les parties de nous qui n'ont pas encore été exposées à la lumière de notre conscience. On pourrait dire que c'est en quelques sortes la partie immergée de l'iceberg.

De ce fait, elle ne se laisse pas détecter facilement. C'est un peu comme si nous avions un point noir sur le front que nous sommes les seuls à ne pas voir. N'importe qui pourrait pourtant l'observer mais nous y sommes complètement aveugles. On peut découvrir assez facilement les zones d'ombre d'une personne mais il est beaucoup plus difficile de voir les nôtres.

Une personne qui n'aurait aucune idée de l'ombre et de ses effets serait incapable d'en deviner son existence. D'où l'importance d'avoir une connaissance théorique de l'ombre pour pouvoir redevenir soi-même. Une personne qui ne serait pas consciente de son ombre verrait alors cette dernière prendre le contrôle de sa vie. « Tout le monde possède une ombre, et plus elle est refoulée de la vie consciente de l'individu, plus elle est noire et dense » nous dit Jung.

Lorsque nous continuons d'ignorer notre ombre, elle risquera de forcer la porte du conscient pour venir l'envahir, et prendre le contrôle de nos réactions et de nos comportements. Jean Monbourquette précise dans son livre *Apprivoiser son ombre* qu' « il s'est construit au fond de nous-mêmes un vaste monde souterrain fait de répressions et de refoulements accumulés au fil des ans. » « Nous nous sommes finalement retrouvés assis sur une sorte de volcan psychique qui menace d'entrer en éruption à tout moment », poursuit-il. Le fait d'être inconscient de son ombre provoque chez un individu des comportements et des réactions qu'il ne maîtrise pas toujours. C'est pourquoi nos zones d'ombre sont souvent à l'origine de nos problèmes. Par exemple, cela peut se manifester par des élans de colère et d'impulsivité disproportionnées, une tendance à juger sévèrement les autres et à pointer du doigt leurs faiblesses, ou encore une tendance à se positionner en tant que victime avec une énorme difficulté à assumer ses erreurs, et à prendre ses responsabilités.

La nature inconsciente de l'ombre permet d'expliquer pourquoi de nombreuses personnes ne savent pas expliquer pourquoi elles ont leur problème, pourquoi elles se comportent ou elles réagissent comme elles le font.

Pour vous aider à mieux comprendre, voici un exemple plus personnel. Suite (et grâce) à une rupture amoureuse, j'ai réalisé à quel point j'avais tendance à refouler la colère. En effet, plus jeune je pensais que se mettre en colère contre quelqu'un était complètement ridicule. Je trouvais que c'était une réaction totalement immature, qui, en plus de dégénérer trop rapidement, ne pouvait avoir, à mon sens, que des répercussions négatives par la suite. C'est pourquoi je faisais toujours de mon mieux pour éviter toute situation qui pourrait potentiellement générer de la colère, autant chez moi que chez les autres. J'étais d'ailleurs terrifiée à l'idée d'exprimer ma colère car les quelques fois où j'avais laissé libre court à celle-ci, je me souviens l'avoir à chaque fois regretté. Le léger soulagement que je ressentais en lâchant la bride à mon animosité était toujours gâché par les remords qui s'installaient très vite par la suite.
J'avais donc énormément peur des conflits, et faisait tout ce qui était en mon pouvoir pour les éviter. La timidité dont j'ai fait preuve une bonne partie de ma vie a longtemps agit comme un mé canisme de défense afin de m'empêcher de donner mon point de vue et d'affirmer mes opinions. Je sais à présent que cela me permettait simplement de m'éloigner aussi loin que possible de la colère. En apparence, on disait souvent de moi que j'étais quelqu'un de calme et tempérée et j'ai longtemps cherché à montrer cette image de moi, tant il était difficile pour moi d'accepter la colère et

la rancœur qui se trouvait au fond de moi-même. En réalité, je passais mon temps à essayer d'étouffer la colère.

Refouler la colère durant toutes ces années ne m'avait pas réellement porté de préjudices auparavant, puisque d'une part, je n'étais pas consciente de sa présence, et d'autre part, car cela m'aura probablement permis d'éviter de dire des choses que j'aurai pu regretter, et de, potentiellement, me mettre en danger. Jusqu'au moment où, ne pas m'autoriser complètement à exprimer et à ressentir la colère dans le cas de ma rupture amoureuse, m'a très rapidement fait plonger dans une dépression... Je pensais pouvoir être plus maligne que mon corps en sautant l'étape de l'expression de la rancœur, mais force a été de constater que j'ai du m'incliner face à lui.

Mon corps ne m'a plus laissé le choix cette fois-ci. Si je voulais véritablement aller mieux et redevenir moi-même, je devais accepter et assumer cette colère en moi. Je ne pouvais plus nier son existence, et continuer de la fuir comme je le faisais auparavant. Tout le travail a été pour moi de réapprendre à me mettre en colère en ne cherchant plus autant à l'anesthésier. Cela ne voulait pas pour autant dire que je devais devenir une personne hyper colérique, qui s'énerve à la moindre occasion, mais juste réapprendre à être plus bienveillante envers cette partie de moi qui ressentait la colère, et qui, finirai-je par en prendre conscience, avait également plein de belles choses à m'apporter.

On a tendance à rejeter très facilement les parties de nous qu'on juge et qu'on ressent comme étant négatives. De ce fait, nombreuses sont les personnes qui pensent que ce que l'on enfouit dans notre ombre est très néfaste. Beaucoup de personnes considèrent leur inconscient comme quelque chose de mauvais, qui n'est là que pour leur « pourrir leur vie », tel un ennemi contre lequel il faudrait lutter. L'ombre est d'ailleurs souvent représentée comme un monstre ou un démon. Après tout, celle-ci a pour caractéristique la noirceur la plus absolue.

Selon Freud, l'inconscient contient de mauvaises représentations et des pulsions amorales que le Surmoi – ce juge intérieur qui nous dicte ce qui est bien ou mal – maintient hors du conscient.
Le refoulement est donc l'opération par laquelle une personne repousse dans l'inconscient des représentations ou des pulsions

qu'elle juge indésirables. Cette opération s'effectue automatiquement, sans que l'on ne s'en rende compte. Ainsi, notre inconscient devient le lieu où nous refoulons toutes nos mauvaises pensées, nos pulsions les plus absurdes et honteuses.

Mais pourquoi ces pulsions/représentations/pensées sont-elles si indésirables ? Selon Freud, elles sont avant tout libidinales, et généralement amorales et asociales – c'est donc pour cela qu'on les cache au fond de nous.

Les contenus de l'ombre, lorsqu'ils sont perçus par le conscient (ce qui n'est pas toujours le cas), sont vécus comme une menace, comme quelque chose de mauvais à supprimer. Dans mon métier d'hypnothérapeute, je suis toujours autant surprise de voir à quel point les personnes sont terrifiées à l'idée d'aller explorer leur inconscient. Elles sont très souvent persuadées qu'elles ne vont y trouver que des choses horribles sur elles-mêmes, et craignent comme la peste ce qu'elles ont refoulé.

Je pense que ce qui nous fait autant peur à l'idée d'aller découvrir nos zones d'ombre, c'est parce qu'elles contiennent avant tout des éléments chargés de tristesse et de honte, et sont donc sources de souffrance pour nous. Nous ne voulons pas rencontrer nos zones d'ombre parce qu'en notre fort intérieur, nous savons que nous allons devoir revivre l'événement originel, c'est à dire le moment où nous avons ressenti de la honte ou de la peur qui nous a poussé à nous couper d'une partie de nous. Mais cela signifie également que nous allons devoir revivre ce moment où nous nous sommes dissociés, cette sensation de fracture, de séparation, qui est de toute évidence loin d'être agréable. Alors nous préférons l'éviter à tout prix plutôt que de nous y confronter.

En réalité dans nos zones d'ombre se trouvent également pleins de trésors enfouis. Jung nous dit d'ailleurs que « l'ombre est quelque chose d'inférieur, de primitif, d'inadapté et de malencontreux, mais non d'absolument mauvais. » Il précise qu'elle n'est négative que du point de vue du Moi qui la juge comme telle. Si bien que finalement, et Jung en convient lui-même, l'expression « partie inférieure de la personnalité » induit en erreur, alors qu'au contraire le terme « ombre » ne présume rien qui le détermine quant à son contenu. De nombreuses choses peuvent se cacher dans l'ombre, sans pour autant qu'elles ne soient mauvaises, et ce, d'autant plus qu'on peut tout aussi bien y rejeter des valeurs positives.

L'ombre blanche

L'ombre n'est pas seulement constituée de tous nos soi-disant « horribles défauts » jugés inacceptables. Elle peut également contenir certains de nos aspects que l'on pourrait pourtant considérer comme étant positifs. C'est pourquoi, selon la nature du matériau refoulé, on distingue deux types d'ombre : l'ombre blanche et l'ombre noire. Selon Jean Monbourquette, « l'ombre blanche provient soit du manque de développement, soit du refoulement d'une tendance vertueuse et spirituelle. » Quant à l'ombre noire elle « résulte de tout instinct refoulé, tel ceux de la sexualité et de l'agressivité. » Plus simplement, on pourrait dire que l'ombre blanche contient les aspects positifs de notre personnalité (nos qualités) que nous avons refoulé, tandis que l'ombre noire se constitue de tous nos aspects négatifs (nos défauts).

Il est en effet assez courant que certaines personnes éprouvent davantage de difficulté à assumer leurs aspects « positifs » que leurs aspects « négatifs ». Si cela vous paraît étrange, faites ce simple test : demandez à quelques personnes de votre entourage de vous citer leurs qualités. Heureusement, certaines personnes arrivent facilement à en énumérer mais vous constaterez très probablement la difficulté avec laquelle bon nombre de personnes peinent à en lister ne serait-ce que quelques unes ! Peut-être même faites-vous partie de cette deuxième catégorie. Ce qui est curieux, c'est que nous arrivons pourtant facilement à relever les qualités d'une personne mais lorsque nous devons identifier les nôtres, nous sommes parfois mal à l'aise. De la même manière, les autres perçoivent souvent en nous bien plus d'aspects positifs que nous n'en percevons.

Cette tendance à renier ses aspects positifs se retrouve principalement chez les personnes ayant une mauvaise estime d'elles-mêmes, et un manque de confiance.

Par exemple, une personne qui croit que se mettre en avant en parlant de soi ou de ses connaissances, est présomptueux et égoïste – et donc, quelque chose de négatif – aura très certainement tendance à se mettre en retrait dans les discussions en évitant soigneusement de parler d'elle. Elle n'exprimera que rarement ses sentiments, et ses opinions, et sera probablement perçue comme étant quelqu'un de timide et réservée. De ce fait, elle aura probablement rejeté dans son ombre blanche tout ce qui la rend intéressante tel que ses passions, ses talents, ou son intelligence.

Dans le même ordre d'idée, on pourrait citer les artistes refoulés. Ces personnes qui, bien souvent découragées par leur entourage, se sont persuadées qu'elles n'ont pas suffisamment de talents pour se lancer dans une carrière artistique, ou simplement, qu'elles ne devraient pas perdre de temps à s'adonner à leur passion. Aussi, enfouissent-elles profondément en elles leur savoir-faire, leur habileté et leur virtuosité, au point parfois, de ne plus jamais pratiquer leur art.

Un autre exemple serait les personnes criminelles, qui ont bien souvent, une ombre blanche plus dense que la moyenne. Ces personnes étant bien souvent convaincues pour diverses raisons, d'être mauvaises, se sentent alors obligées de rejeter tout ce qu'il y a de bon en elles dans le but de coller à l'image qu'elles ont d'elles-mêmes et celles que la société peut avoir également. Ainsi, un délinquant reconnu pour son mépris des lois a probablement refoulé toute valeur de discipline et de respect. Ou un menteur pathologique a probablement rejeté dans son ombre des vertus telles que l'honnêteté et la droiture.

Il est devenu rare de rencontrer des personnes vraiment à l'aise avec les aspects lumineux de leur personnalité. Pourtant, c'est non seulement une bonne chose de parler en bien de soi, ou de reconnaître ce qu'il y a de plus beau en nous, mais c'est surtout une nécessité. Il est important d'apprendre à apprécier nos dons, nos talents, et tout ce qui fait que nous sommes uniques. Bien des gens ne peuvent assumer leur propre succès, leur bonheur, leur santé, et leur beauté. Ils ont peur de voir à quel point ils sont puissants, accomplis, attirants et créatifs. Cette peur les empêche d'explorer des parties d'eux-mêmes. Si nous désirons nous accepter tel que nous sommes vraiment, nous devons intégrer tout ce que nous sommes, pas seulement l'ombre, mais aussi la lumière.

J'ai toujours trouvé cela curieux que nous ayons peur de notre propre grandeur, et de tous ces trésors enfouis en nous. Comme l'affirme Marianne Williamson dans son livre *Un retour à l'amour,* « notre peur la plus profonde n'est pas que nous ne soyons pas à la hauteur, notre peur la plus profonde est que nous sommes puissants au-delà de toutes limites. C'est notre propre lumière et non notre obscurité qui nous effraie le plus. »

Pendant de nombreuses années, j'étais convaincue d'avoir peur que les autres ne me voient pas, d'être insignifiante. En réalité, la peur profonde qui se cachait derrière était la peur d'être vue. Je ne supportais pas que les regards et l'attention soient tournés vers moi, aussi étais-je devenue une experte pour repérer les coins d'ombre où me réfugier afin de me rendre invisible, au point même d'en arriver à faire oublier ma présence.

Jusqu'au moment où j'ai pris la décision de faire un travail sur moi pour reprendre le contrôle de ma vie. De là, j'ai pris conscience de la facilité déconcertante à laquelle je dénigrais ce que je faisais, et qui j'étais. Je faisais tout pour ne pas être moi-même. Le discours que je me racontais sur qui j'étais contenait presque exclusivement des propos rabaissants et humiliants. Mon attention se focalisait uniquement sur tous mes défauts, et toutes les lacunes que je pouvais avoir pour occulter tout ce qui avait de beau en moi, et tout ce que j'avais accompli dans ma vie. J'étais étrangement bien plus à l'aise lorsqu'on me faisait des reproches que lorsqu'on me complimentait. Lorsqu'on me félicitait ou me faisait des louanges, je pensais que l'on se moquait de moi ou alors que c'était une simple marque de politesse. Mais, je ne pensais en aucun cas qu'une personne puisse être sincère lorsqu'elle me faisait des éloges. La gêne que je ressentais face aux compliments prouvait à quel point mon ombre blanche était dense.

Le début de ma transformation a eu lieu lorsque j'ai commencé à prendre conscience de tout ce que je reniais en moi : toutes les qualités, compétences, et connaissances que je m'acharnais à vouloir étouffer et cacher. Elles étaient pourtant là, et je sentais peut-être bien pour la première fois leur présence et leur puissance, qui me terrifiait. J'ai du réapprendre à les accepter, à les assumer et à laisser toute cette lumière briller en moi.

Une des questions que l'on pourrait alors se poser, c'est : pourquoi avons-nous peur de montrer ce qui a de plus beau en nous ? Pourquoi avons-nous peur de briller ? Comment en sommes-nous arrivés là ? Un des éléments de réponse que l'on peut apporter se trouve là encore dans nos enseignements. En effet, il n'est pas toujours bienvenu de montrer nos talents, nos réussites aux autres, d'être trop brillant(e) à l'école, trop sérieux(se), trop joyeux(se), ou trop beau(belle), selon le contexte ! Aussi comprenons-nous qu'il est préférable de réprimer nos qualités afin d'être mieux accepté par notre entourage. Mais cela peut aussi être dû à notre perception individuelle sur ce que nous jugeons comme acceptable, appréciable, et agréable... ou non. Certaines personnes ont une image erronée et très négative d'elle-même. Aussi sont-elles persuadées ne pas être intéressantes, ne pas mériter d'être heureuses, ou être quelqu'un de mauvais.

Savez comment on éduque un éléphanteau ? Dès sa naissance, le bébé éléphant est dressé pour demeurer confiné dans un espace très restreint. Le dompteur lui attache une patte à un piquet de bois, profondément enfoui dans le sol, à l'aide d'une courte corde. Au début, l'éléphanteau tentera de s'échapper, mais n'y parvenant pas, au fil des jours, il conclura que c'est impossible. Il apprend de cette manière à ne jamais essayer d'aller au-delà de la surface limitée par la corde. Lorsque l'éléphant devient adulte, à savoir un colosse de 5 tonnes qui pourrait arracher le piquet et la corde sans effort, il ne le fait pas. Pourquoi ? Parce qu'il a appris, tout jeune, que c'était impossible. Et c'est ainsi qu'un puissant éléphant finit par rester docilement attaché toute sa vie à une fragile corde et un piquet.

Tel l'éléphant, nous avons appris à nous limiter nous-mêmes. Mais ce que l'on nous a enseigné relève du passé. Ce que nos parents, la société nous a inculqué alors que nous n'étions encore que des enfants a bien évidemment eu un énorme impact dans notre vie. Nos croyances fondamentales sont toujours reliées à notre enfance, et à notre famille. Aussi, parfois ne nous est-il jamais venu à l'idée que nous avions maintenant la possibilité de réaliser nos rêves, que nous étions en réalité libre de montrer notre potentiel et qui nous sommes vraiment au monde. Nous pouvons choisir dès à présent de montrer notre véritable grandeur. S'il est vrai que cette propension à vouloir nous limiter est un mécanisme naturel qui résulte de notre peur d'être rejeté et de ne plus être aimé, rien ne nous empêche pour autant de montrer qui nous sommes vraiment en laissant transparaître ce qui a de plus beau en nous.

Marianne Williamson déclare également : « Nous nous posons la question : Qui suis-je, moi, pour être brillant, radieux, talentueux et merveilleux ? En fait, qui êtes-vous pour ne pas l'être ? Vous êtes un enfant de Dieu. Vous restreindre, vivre petit, ne rend pas service au monde. L'illumination n'est pas de vous rétrécir pour éviter d'insécuriser les autres. Nous sommes tous appelés à briller, comme les enfants le font. Nous sommes nés pour rendre manifeste la gloire de Dieu qui est en nous. Elle ne se trouve pas seulement chez quelques élus, elle est en chacun de nous. Et, au fur et à mesure que nous laissons briller notre propre lumière, nous donnons inconsciemment aux autres la permission de faire de même. En nous libérant de notre propre peur, notre puissance libère automatiquement les autres. » En faisant briller notre lumière, nous éclairons notre vie mais également celle des autres. Là est tout l'intérêt de recouvrer nos zones d'ombre.

L'importance d'aller à la rencontre de nos zones d'ombre

Si du point de vue de la persona, l'ombre est mauvaise, la rencontre avec l'ombre s'avère pourtant être une nécessité à toute personne désirant évoluer dans sa vie car si nous n'allons pas l'explorer, nous ne pouvons pas retrouver notre unicité et notre authenticité.

Comme le suggère John Welwood dans son livre *Love and awakening*, imaginez que vous soyez un magnifique château avec de très nombreuses pièces : des centaines, peut-être même des milliers. Chaque pièce est spéciale et unique en son genre. Toutes recèlent un cadeau. Vous l'aurez compris, ces différentes pièces représentent les différents aspects de votre personnalité et fait partie intégrante de l'ensemble merveilleux que représente ce château.

Enfant, vous pouviez explorer votre immense palais sans n'éprouver aucune honte, sans peur, ni aucun jugement. Vous preniez plaisir à découvrir les différents mystères et trésors que celui-ci peut contenir. Chaque pièce, que ce soit la cuisine, une chambre, la salle de bain ou même les toilettes vous procurait une sensation d'émerveillement et de bien-être. Chaque pièce était rempli d'amour et de lumière.

Puis progressivement, des personnes sont rentrées dans votre château et ont commencé à vous dire que certaines pièces n'étaient pas belles, qu'elles dégageaient quelque chose de mauvais. On vous a alors fait comprendre qu'il serait plus judicieux de pas y rester et de condamner certaines pièces. Comme vous cherchez avant tout l'approbation des personnes qui rentrent dans votre château par peur de ne plus être aimé et accepté, vous avez décidé de verrouiller certaines pièces. Puis de plus en plus de gens sont venus visiter votre domaine en vous faisant part de leurs opinions sur les pièces qu'ils préféraient et celles qu'ils n'appréciaient pas. Progressivement, vous avez fermé les pièces les unes après les autres. Ces pièces autrefois remplies d'amour se sont retrouvées plongées dans l'obscurité, sous un amas de poussière.

Au fil des années, et pour diverses raisons, vous avez continué de condamner certaines portes. Parce que vous en aviez peur, parce qu'elles n'étaient pas assez belles, parce qu'elles étaient trop petites ou trop grandes, parce que les châteaux des voisins ne semblaient pas en être constitués, ou parce que quelque chose en vous vous suggérait de ne pas trop vous en approcher. Vous avez alors choisi de fermer toutes pièces ne correspondant pas aux attentes des autres, ou à vos propres idéaux.

Le regard que vous portez dorénavant sur ces pièces là est bien différent de cette époque où vous n'aviez que de l'appréciation et de l'admiration pour celles-ci. Vous souhaitez maintenant faire disparaître ces pièces qui vous rendaient auparavant tellement fier(e) et heureux(se). Vous avez même essayé de les détruire, de vous débarrasser d'elles mais cela vous était impossible car elles faisaient partie de la structure de votre château.

Les années ont passé et vous avez parfois perdu jusqu'au souvenir de l'existence de certaines pièces. C'est comme si elles n'avaient jamais été là. Lorsque vous les fermiez les unes après les autres, vous n'aviez à ce moment pas conscience de ce que vous faisiez et des répercussions que cela allait avoir dans votre vie. Il était tellement plus simple d'écouter les avis de tous ces visiteurs plutôt que de vous fier à votre propre voix intérieure qui, elle, pourtant, aimait le château dans tout son ensemble.

Petit à petit, vous vous êtes retrouvé à n'occuper que quelques petites pièces. Après tout, vous vous y sentiez en sécurité dans celles-ci, alors cela n'était pas forcément gênant d'avoir condamné certaines portes. Peut-être même y avez-vous pris un certain plaisir, ou à ressentir un soulagement en les verrouillant.

Beaucoup d'entre nous avons fermé tellement de pièces que nous avons oublié que nous avons tous été autrefois un magnifique château. Nous avons même commencé à croire que nous sommes juste un petit logement de quelques petites pièces. Nous ne comprenons alors pas pourquoi nous nous sentons à l'étroit, et pourquoi nous ne sommes pas épanouis dans notre vie. Ce n'est pourtant qu'un message de notre corps qui essaye de nous faire comprendre que nous ne pouvons pas être moins que ce que nous sommes réellement. Ce mal-être nous pousse à partir à la redécouverte de ces pièces perdues. Ce n'est qu'en rouvrant toutes ces portes oubliées que nous pourrons redevenir nous-même.

Selon Jung, notre rôle dans la vie est d'accepter et d'intégrer pleinement « notre ombre » à la personnalité, quelle soit blanche ou noire, afin d'en prendre conscience et de pouvoir travailler avec elle. La négliger, la laisser continuer dans son univers inconscient peut mettre à mal notre équilibre et la possibilité d'être heureux.
Rejeter des parties de nous mêmes donne naissance à la haine de soi. Comment pourrions nous être bien avec nous-mêmes s'il y a pleins de choses en nous que nous n'acceptons pas ? Comment pourrions-nous être heureux si nous ne sommes pas entièrement nous-mêmes ?

En plus de cela, rejeter des parties de soi demande énormément d'énergie. Ne serait-il pas préférable de l'utiliser autrement ? Debbie Ford nous propose une analogie assez simple pour comprendre. Imaginez que vous cherchiez à cacher aux yeux des autres, mais également à votre propre vue, un fruit que vous auriez dans votre main, tout au long d'une journée. Imaginez maintenant la somme d'énergie que cela pourrait vous demander de dérober ce fruit à leur vue, et à la votre. « C'est à cela que notre corps est occupé en permanence. Sauf que ce n'est pas seulement un fruit, mais la corbeille au complet, que vous essayez de soustraire et à votre vue, et à celle de tout le monde. » nous explique Debbie Ford. « Lorsque vous laissez enfin ces vérités à votre propos émerger à la surface, vous êtes libre. Vous pouvez récupérer toute cette énergie et la consacrer à votre développement personnel et à la réalisation de votre mission dans la vie. » conclue-t-elle.

Non seulement nous perdons de l'énergie lorsque nous cherchons à cacher, à renier certaines parties de nous, mais nous nous privons également de toute l'énergie qu'elles contiennent et qui ne demandent qu'à être exploitées. Chaque partie de nous que nous refoulons possède un cadeau à nous offrir.

Ainsi, la colère que je tentais désespérément de bannir de ma vie, m'a permis d'apprendre à mieux me respecter et à m'affirmer, me permettant par la même occasion, de me rapprocher davantage de la vie que je souhaitais. Quant à la partie de moi qui souhaitait être vue, même si elle était également terrifiée qu'on la voit, elle me permit d'avancer en direction de mes rêves, en m'encourageant notamment à faire un métier qui me corresponde vraiment. Très certainement,, découvririez-vous également, que lorsque vous serez prêts à recouvrer et à accepter vos zones d'ombre, qu'elles sont porteuses d'un enseignement et d'une leçon bien spécifique, qui vous permettront d'avancer vers vos objectifs, et de vous rapprocher de la vie que vous désirez.

Une façon d'atteindre le bien-être, et la liberté personnelle est donc de rendre l'ombre consciente, en allant l'explorer. Plus on rend conscientes nos zones d'ombres plus on évolue, car l'on redevient plus conscient de nous-mêmes. C'est alors que nous pouvons nous libérer de comportements que l'on ne maîtrisait plus ou de schémas répétitifs. En réintégrant ces parties de nous délaissées, on redevient un peu plus nous-même. De plus en plus, j'ai tendance à penser qu'il serait même plus juste de dire que l'on se souvient simplement de qui l'on est réellement, étant donné qu'à l'origine nous étions nous-même mais nous avons simplement appris à nous en éloigner. En anglais, le verbe « se souvenir » est d'ailleurs très intéressant car il se traduit par « remember » que l'on pourrait littéralement traduire re-membrer, autrement dit : redevenir soi.

Explorer ses zones d'ombre c'est apprendre à mieux se connaître, et apprendre à nous accepter comme on est. Avec nos qualités, tout comme nos défauts. Comme le dit Jung « il n'y a pas de lumière sans ombre et pas de totalité psychique sans imperfections. La vie nécessite pour son épanouissement non pas de la perfection, mais de la plénitude. Sans imperfection, il n'y a ni progression ni ascension. » De ce fait, l'ombre n'est ni bonne ni mauvaise.

Bien que cela soit terrifiant pour beaucoup d'entre nous, partir à la rencontre de ses zones d'ombre est sans doute l'un des plus beaux voyages que nous puissions effectuer. Un voyage au cours duquel, dans une quête d'authenticité et de vérité, nous nous éveillons à la grandeur de notre être.

C'est là toute notre richesse. Lorsque nous partons à l'exploration et que nous creusons, nous découvrons les trésors et les failles enfouis au plus profond de nous-mêmes. L'Ombre est donc inévitable et sans elle, l'homme est incomplet. Être complet, signifie donc recouvrer et réintégrer ces zones dérangeantes afin de redevenir nous-même.

EXERCICES

- **Identifier les aspects reniés « négatifs »**

Pour découvrir les aspects de votre personnalité que vous avez renié, je vous propose un exercice tiré du livre de Debbie Ford. Pour cela, il vous suffit d'identifier les mots dans la liste (non exhaustive) que je vous propose ci-dessous, qui déclenchent chez vous une émotion désagréable forte (colère, tristesse, honte, peur, rage, agacement...). Il s'agit également de repérer tous les qualificatifs que vous pensez ne pas être, c'est-à-dire dès lors que vous pensez « je ne suis pas *(tel aspect)* ». N'hésitez pas à les entourer ou à les noter sur une feuille à part. Nous nous en resservirons plus tard au chapitre 14 lorsque je vous apprendrais comment faire pour les réintégrer.

avide, menteur(se), ignoble, jaloux(se), contrôlant(e), méchant(e), possessif(ve), chipie, mauviette, odieux(e), grotesque, prude, coureur de jupons, colérique, cachottier(e), dépendant(e), alcoolique, rapace, drogué(e), joueur(se), dingue, gros lard, dégoûtant(e), stupide, idiot(e), peureux(se), inconscient(e), masochiste, boulimique, anorexique, fade, escroc, compulsif(ve), frigide, abuseur, manipulateur(-rice), rigide, victime, bourreau, égocentrique, prétentieux(se), cinglé(e), émotif(ve), grandiloquent, laid(e), souillant, pouilleux(se), bruyant(e), grande gueule, crétin(e), lâche, artificiel(le), déphasé(e), excité(e), terne, zombie, attardé(e), irresponsable, incompétent(e), paresseux(se), opportuniste, ivrogne, grippe-sou, déloyal(e), abruti(e), traître, rapporteur(se), immature, commère, sournois(e), acharné(e), puéril(e), pouffiasse, tapette, aventurier(e), hormonal(e), cruel(le), insensible, menaçant(e), dangereux(se), explosif(ve), pervers(e), psychotique, exigeant(e), vampire, fout-la-merde, mesquin(e), susceptible, dépressif(ve), fragile, faiblard, fil(le)s-à-sa-maman, fil(le)s à papa, nerveux(se), arrogant(e), avare, vieille fille, salope, fourbe, plein de préjugés, charlatant, privilégié(e), superficiel(le), violent(e), tête de linotte, martyr, hypocrite, faux-jeton, rancunier(e), hautain(e), condescendant(e), gros(se), zélé(e), affamé(e) de pouvoir, dépensier(e), terrible, dérangé(e), sinistre, fanatique, minable, inquiet(e), pédant, performant, gaffeur(se), misogyne, sadique, défaitiste, bon(ne) à rien, irraisonnable, raté, envieux(se), critique, chieur(se), mou, molle, négligent(e), putain, scandaleux, supérieur(e), cochon(ne), amer(e), négatif(ve), garçon manqué, effronté(e), tyrannique, bizarre, inflexible, vieux jeu, froid(e), renfermé(e), sans cœur, exubérant(e), insensible, ringard(e), méfiant(e), vil, raciste, rétrograde, snob, élitiste, pédé, dominateur(rice), miteux(se), autoritaire, cassant(e), sale type, hyperactif(ve), ignare, voleur(se), vulnérable, ambitieux(se), tricheur(se), fraudeur(se), arriviste, médiocre, étourdi(e), moche, dissimulateur(rice), maigrichon(ne), intrigant(e), groupie, anxieux(se), déprimé(e), sévère, nul(le), pas à la hauteur, sordide, plaignard(e), trou-du-cul, nymphomane, frugal(e), infé-

rieur(e), touriste, pessimiste, feignasse, faible, antipathique, délinquant(e), poule mouillée, exalté(e), fouine, indiscret(e), maladroit(e) perfectionniste, insuffisant(e), je-sais-tout, lèche-cul, malfaisant(e), mauvais(e), vertueux(se), dominé(e), excentrique, inutile, bourgeois(e), rebelle, égoïste, timide, complexé(e), destructeur(rice), borné(e), têtu(e), mollasson, impatient(e), fainéant(e), geignard(e), emmerdeur(se), imbécile, gouine, pauvre, autodestructeur(rice), dictateur(rice), inhumain(e), hypersensible, insensible, entêté(e), radin(e), insignifiant(e), ennuyeux(se), vide, pauvre type, chiant(e), ridicule, bouboule, narcissique, intello, lèches bottes.

- **Identifier les aspects reniés « positifs »**

Cet exercice est le même que le précédent, excepté qu'il s'agit à présent d'identifier les aspects « positifs » de votre personnalité que vous avez renié. Autrement dit, les aspects de l'ombre blanche. Cherchez là aussi ceux qui génèrent une émotion forte désagréable, et repérez tous les aspects que vous pensez ne pas être.
Voici une liste d'aspects positifs pour vous aider :

serein(e), aimé(e), satisfait(e), inspirant(e), sensuel(le), rayonnant(e), délicieux(se), passionné(e), passionnant(e), enjoué(e), joyeux(se), sexy, indulgent(e), vivant(e), accompli(e), vigoureux(se), confiant(e), flexible, accommodant(e), entier(e), en bonne santé, talentueux(se), capable, sage, comblé(e), saint(e), libéré(e), riche, stimulant(e), accueillant(e), divin(e), puissant(e), libre, drôle, cultivé(e), prospère, éclairé(e), équilibré(e), beau, belle, courtois(e), choyé(e), brillant(e), respectable, ouvert(e), compatissant(e), dynamique, fort(e), créatif(ve), habile, appréciable, pacifique, honnête, reconnu(e), discipliné(e), responsable, heureux(se), convainquant(e), ravissant(e), désirable, paternel(le), ambitieux(se), ouvert(e), enthousiaste, motivé(e), irremplaçable, doué(e), ravissant(e), attirant(e), diplomate, courageux(se), estimable, chanceux(se), sensé(e), artiste, vulnérable, adroit(e), charismatique, radieux(se), conscient(e), fidèle, vaillant(e), magnifique, cosmique, grandiose, prévoyant(e), séduisant(e), intégré(e), franc(he), étonnant(e), poli(e), centré(e), apprécié(e), compatissant(e), intègre, excité(e), intéressant, paisible, romantique, chaleureux(se), bienveillant(e), joli(e), favorisé(e), réaliste, reconnaissant(e), aimable, persévérant(e), tranquille, réceptif(ve), extraordinaire, magique, gracieux(se), convivial(e), volontaire, expansif(ve), doux(ce), recherché(e), extravagant(e), humble, prévenant(e) mature, décidé(e), savoureux(se), galant(e), fier(e), altruiste, tendre, motivant(e), inébranlable, volontaire, pertinent(e), irrésistible, leader(euse), juste, généreux(se), maternel(le), lucide, favori(te), splendide, original(e), calme, avenant(e), stable, présent(e), harmonieux(se), reposant(e), raffiné(e), prodigieux(se), pur(e), facile à vivre, positif(ve), séducteur(rice), sérieux(se), patient(e), fraternel(le), respectueux(se), sans préjugés, ouvert d'esprit, proactif(ve), hypnotisant(e), incroyable, décontracté(e), digne, réfléchi(e), génial(e), disponible, mignon(ne), perspicace, sincère, spirituel(le), loyal(e), influent(e), naturel(le), articulé(e), honnête, réconfortant(e), spontané(e), pieux(se), réactif(ve), invincible, euphorique, organisé(e), raisonnable, humoristique, apprécié(e), tolérant(e), inoubliable, ingénieux(se), fabuleux(se), lumineux(e) content(e), studieux(se), adoré(e), de bonne humeur, gagnant(e), sain(e), irréprochable, jovial(e), utile, ponctuel(le), distingué(e), légitime, amusant(e), précieux(se), sûr(e), compréhensif(ve), plein(e) d'assurance, vrai(e) impliqué(e), intuitif(ve), éloquent(e), optimiste, audacieux(se), intelligent(e), digne de foi, actif(ve), unique, fascinant(e), exceptionnel(le), productif(ve), intrépide, vif(ve), affectueux(se), gratifiant(e), concentré(e), innovateur(rice), protecteur(rice), fiable, prestigieux(se), merveilleux(se), motivant(e), champion(ne), déterminé(e), simple, authentique, dévoué(e), héroïque, impressionnant(e), élégant(e), efficace, productif(ve), hardi(e), sensible.

• **Pour aller plus loin**

Voici quelques questions à vous poser pour aller encore un peu plus loin :

- Quels sont les aspects flatteurs de votre ego social, ceux que vous aimeriez voir reconnu par les autres ?
- Quels sujets de discussion avez-vous tendance à éviter dans les conversations ? Quels sont les sujets tabous ?

Le contenu de notre humour a lui aussi bien des choses à nous apprendre sur notre ombre :

- De quoi est-ce que vous riez ? Quelles situations vous font le plus rire ?
- À l'inverse, quels sont les sujets que vous ne trouvez vraiment pas drôles ?

Une ombre qui se manifeste par le rire est meilleure que pas d'humour du tout, ce qui signalerait une ombre totalement « cuirassée » et enfouie dans le refoulement.

- Dans quelles situations vous sentez-vous devenir nerveux, hypersensibles, ou sur la défensive ?
- Quel type de remarques vous fait sursauter ? Monter sur vos gonds ?
- Dans quelles situations éprouvez-vous de la honte ?
- Dans quel domaine paniquez-vous à l'idée de laisser paraître une faiblesse ?
- Quelles sortes de critiques vous agacent ou vous irritent ?
- À propos de quoi vous sentez-vous bouleversé ou insatisfait de vous-même ? Votre apparence physique, ou un trait de caractère que vous considérez comme une faiblesse.
- Qui seriez-vous si vous n'étiez pas l'histoire que les autres disent de vous, ou ce que vous racontez sur vous même ?

5.

LES MÉCANISMES DE DÉFENSE

> *« Il y a un mécanisme d'auto défense*
> *au fond de chaque être humain,*
> *qui le pousse à refuser de se*
> *laisser détruire par l'inévitable. »*
> *Michelle Guérin*

La vie ne se déroule pas toujours comme nous l'aimerions. Parfois, certaines émotions désagréables comme le stress, la peur, la colère ou la tristesse envahissent notre quotidien et nous empêchent de profiter pleinement du moment présent et plus généralement de notre vie. Comme elles sont sources de gêne et de mal-être, et que notre corps nous incite à éviter la souffrance coûte que coûte, nous avons appris à fuir et à lutter contre la réalité et contre nos émotions. Cependant, comme nous ne pouvons pas éliminer ou nous débarrasser de nos émotions, notre corps doit trouver un moyen de se protéger. Confrontés à un drame, à une souffrance, à des frustrations, nous – et plus particulièrement notre ego – avons recours à des mécanismes de défense pour nous protéger, afin d'éviter des pensées et des émotions pénibles à notre conscience, et de mieux gérer la réalité.

Le mécanisme de défense est une notion-clé en psychologie qui permet de comprendre beaucoup de choses dans le fonctionnement psychologique de l'être humain, car ils affectent aussi bien les gens sains que ceux qui vivent avec un mal-être. Derrière nos comportements imprévisibles, nos discours incohérents, notre agressivité, se cachent souvent en réalité des mécanismes de défense. Savoir les repérer est très utile pour mieux se comprendre et ainsi mieux comprendre les autres.

Qu'est-ce qu'un mécanisme de défense ?

Les mécanismes de défense ont été décrits dans les premières études de Freud sur les névroses – plus précisément dans son article intitulé Les psychonévroses de défense en 1896.

Mais ce concept doit plus particulièrement sa célébrité aux travaux de sa fille Anna Freud qui, en 1936, publie ce qui est considéré comme le premier ouvrage sur les mécanismes de défense dans sa monographie Le moi et les mécanismes de défense. En se basant sur les travaux de son père, Anna apporte sa contribution en réalisant un travail de synthèse des connaissances existantes tout en y introduisant de nouveaux éléments. Elle y décrit notamment la complexité et la variété des mécanismes, et présente d'autres types de défense.

Plus tard, la psychanalyste austro-britannique Mélanie Klein (1921) contribuera au développement de la théorie des mécanismes de défense en décrivant un groupe de défenses précoces qu'elle considère comme des défenses très primaires tel que le clivage, l'idéalisation, le déni de la réalité et l'identification projective.

Avant d'étudier plus concrètement les mécanismes de défense, commençons déjà par en donner une définition. Une formulation générale est proposée par le psychiatre et psychologue Serban Ionescu et al. (1997) : « Les mécanismes de défense sont des processus psychiques inconscients visant à réduire ou à annuler les effets désagréables des dangers réels ou imaginaires, en remaniant les réalités internes et/ou externes et dont les manifestations – comportements, idées ou affects – peuvent être inconscientes ou conscientes »

Dans l'édition du DSM-IV (1994-1996), ouvrage de référence décrivant et classifiant les troubles mentaux, les mécanismes de défense sont définis comme des « processus psychologiques automatiques qui protègent l'individu de l'anxiété ou de la perception de dangers ou de facteurs de stress internes ou externes. » Cette définition s'accompagne des précisions suivantes : « Les individus n'ont généralement pas conscience de ces processus lorsqu'ils sont à l'œuvre. »

Plus simplement, et de manière encore plus générale, ma définition d'un mécanisme de défense serait la suivante : ce sont toutes les stratégies et les comportements mis en place de manière répétitive, inconsciemment (ou parfois consciemment), pour fuir la réalité, dans le but de mieux faire face à une situation, et plus particulièrement, afin de se protéger d'une émotion que l'on juge déplaisante et désagréable.

Le psychiatre français Henri chabrol, distingue les mécanismes de défense des processus de coping. Selon lui, les mécanismes de défense sont des processus mentaux automatiques, qui s'activent en dehors du contrôle de la volonté et dont l'action demeure inconsciente. Au contraire, les processus de coping, mot traduit en français par stratégies d'adaptation ou processus de maîtrise, sont des opérations mentales volontaires par lesquelles le sujet choisi délibérément une réponse à un problème interne et/ou externe. Nous pourrions effectivement faire cette distinction, toutefois nous verrons plus loin que les solutions pour se libérer des mécanismes de défense, qu'ils soient conscients ou inconscients, sont sensiblement les mêmes.

Comme leur nom l'indique, les mécanismes de défense ont pour fonction de nous protéger. Freud nous explique que le Moi met en place des mécanismes de défense qui permettent de rejeter hors de la conscience, ou de refuser l'accès à la conscience, à des pulsions et désirs qui lui sont inacceptables dans le but de préserver l'intégrité psychique. Plus simplement, l'on pourrait dire que les mécanismes de défense servent tout simplement à nous protéger d'une émotion trop douloureuse et/ou inacceptable, et ont pour objectif de réduire les tensions psychiques en nous.

Pour le psychiatre américain George Eman Vaillant (1993), les mécanismes de défense constituent simplement la réponse adaptative d'un individu qui tente de se protéger du mieux qu'il le peut face à une situation douloureuse émotionnellement, mais leur présence n'est pas en elle-même une preuve de pathologie. Il faut bien comprendre que ce sont des processus psychiques naturels, qui peuvent aussi bien avoir une fonction bénéfique que néfaste. Ils ont avant tout un rôle d'homéostasie, de préservation, d'équilibre, car notre esprit ne peut pas supporter continuellement des tensions, des conflits, des situations émotionnelles trop douloureuses. C'est pourquoi nous avons tous, à divers moments de notre vie, eu recours à des mécanismes de défense. Ceci est parfaitement normal.

Par exemple, lors de la mort d'un proche, nous traversons tous certaines étapes avant de pouvoir faire notre deuil. Comme nous le décrit dans ses nombreux travaux la célèbre psychiatre Elisabeth Kübler-Ross, pionnière de l'approche des soins palliatifs pour les personnes en fin de vie, le choc de la disparation d'un proche étant trop forte, notre cerveau nous protège en nous faisant passer par différentes phases : le déni, la colère, le marchandage, la tristesse puis l'acceptation,

Avoir recours à un mécanisme de défense parce que l'on est affecté par la mort d'un proche est non seulement une réaction saine mais elle s'avère également essentielle pour nous permettre de traverser ce genre d'épreuves. Cela permet en quelques sortes à notre appareil psychique de ne pas « disjoncter », et à tolérer plus facilement une situation émotionnelle difficilement supportable.

Ce n'est donc pas la présence des mécanismes de défense qui est problématique, mais la manière dont nous les utilisons inconsciemment selon leur fréquence et leur intensité. Ce n'est que lorsqu'une personne a un recours constant et abusif à des mécanismes de défense, pour occulter et fuir une réalité qu'elle n'arrive pas à accepter, que cela peut avoir des effets aussi imprévisibles que problématiques.

Ce n'est donc pas parce qu'une personne a mis en place des mécanismes de défense que cela signifie que son comportement est pathologique. Mais il pourrait le devenir dans le cas où les défenses qu'elle utilise habituellement s'avèrent :

- inefficaces,
- trop rigides,
- pas assez variées,
- trop fréquentes,
- mal adaptées à la réalité interne et externe.

Dans ce cas, les mécanismes de défense perturbent le fonctionnement psychique au lieu de le protéger, et fini par engendrer inévitablement de la souffrance pour l'individu.

Avec toutes ces considérations, il serait alors plus juste de dire qu'une défense est adaptative ou mal adaptative. Ce sont sur ces dernières que nous allons nous concentrer car elles sont en grande partie responsable de notre souffrance.

Avant cela, nous allons maintenant voir quels sont les différents types de mécanismes de défense.

Les différents types de mécanismes de défense

Avant de pouvoir dresser une liste des mécanismes, il est important de préciser qu"il n'existe pas réellement de consensus sur leur nombre. Le chiffre varie souvent d'un auteur à un autre.

Par exemple, Anna Freud, dans son ouvrage de référence, liste un peu plus de dix mécanismes de défense qui sont parmi les plus courants, tel que :

- Le refoulement, qui est le rejet des représentations désagréables ou douloureuses dans l'inconscient. Celles-ci restent cependant toujours actives dans l'inconscient.
- Le déni, c'est-à-dire le refus total de constater, de considérer, de voir la réalité comme elle est.
- La dénégation consiste à nier une vérité contre toute évidence, et à l'encontre de la réalité. La personne a conscience de la réalité mais elle n'arrive tout simplement pas à l'accepter.
- La formation réactionnelle pousse quelqu'un à adopter un comportement opposé à celui qui lui est naturel face à un

état émotionnel difficile à supporter.

- Le clivage consistant à séparer son esprit en deux parties qui coexistent afin de se protéger d'une menace.
- La fantasmatisation consiste à s'inventer une vie imaginaire pour tenter d'oublier sa vie réelle.
- L'identification inconsciente à un attribut réel ou imaginaire d'une autre personne, pousse à se transformer partiellement ou totalement en lui.
- L'isolation, c'est-à-dire l'élimination de l'affect d'un conflit ou d'une expérience douloureuse.
- La régression : la personne va revenir à des positions infantiles renvoyant à des stades antérieurs de son développement
- L'annulation est la forme la plus radicale de la dénégation. L'annulation efface purement et simplement l'annonce vécue comme inacceptable.
- La projection : la personne n'arrive pas à reconnaître en elle ses sentiments et affects alors elle les projette sur l'extérieur.
- La sublimation : permet de canaliser des impulsions potentiellement inadaptées vers des comportements socialement acceptables.

Toutefois, Anna Freud affirmera plus tard que cette liste n'est pas exhaustive.

Le psychiatre et psychanalyste américain Otto Kernberg (1994) propose quant à lui une liste de 31 mécanismes de défense, qu'il a regroupé en 4 niveaux : normal, névrotique, borderline et psychotique. D'autres encore, comme le psychiatre américain Blackman (2004) dénombre pas moins de 101 défenses et précise qu'il en existe même probablement une infinité.

À titre personnel, j'aurai plutôt tendance à rejoindre le point de vue de Blackman car je pense également que bon nombre de nos réactions, et de nos comportements peuvent servir de mécanisme de défense. Si je reprends ma définition des mécanismes de défense quc jc vous ai partagée un peu plus tôt – à savoir que ce sont des comportements qui nous permettent de fuir la réalité en évitant de ressentir des émotions désagréables – et que j'en dresse la liste, voici ce que cela pourrait donner :

Tous les comportements addictifs tel que l'alcool, le tabac, vapoter, les drogues, la nourriture, les grignotages, le sexe, le sport, les jeux vidéos, internet, les jeux d'argent, les achats compulsifs, les accros au travail (workaholic), avoir des tocs, etc. Mais cela pourrait être aussi : le déni, l'humour, le rire, l'évitement, être toujours en mouvement, vouloir toujours faire une activité et ne pas savoir se poser, avoir quelques kilos en trop, faire tout le temps la fête, voir tout le temps ses amis, rester tout le temps chez soi, s'isoler, partir tout le temps en voyage, procrastiner, être tout le temps en colère et dans l'attaque, être altruiste, se plaindre, l'auto mutilation, tromper son partenaire, enchaîner les relations sans lendemains, rester célibataire, être en couple, se remettre trop rapidement dans une nouvelle relation après une rupture, vouloir toujours penser positif, penser toujours négativement, méditer, ne pas prendre de décisions, le perfectionnisme, ne pas dire ce que l'on pense, ne pas savoir dire non, rester toujours silencieux, ne faire que parler, ne pas prendre de risques et rester dans sa zone de confort, regarder la télé, se réfugier dans la lecture, s'évader dans son imagination, vouloir toujours créer, l'intellectualisation, vouloir toujours contrôler, être sans cesse en train d'anticiper, dormir, ... etc.

Ceci n'est qu'une liste non exhaustive. Beaucoup de nos comportements pourraient être considérés comme des mécanismes de défense, mais cela ne veut pas dire que ce soit forcément le cas pour autant. Il est donc important de savoir distinguer un mécanisme de défense d'un comportement sain.

Par exemple, ce n'est pas parce que vous faites du sport, que vous jouez aux jeux vidéos, que vous grignotez ou que vous regardez la télé que cela signifie que ces activités sont obligatoirement considérées comme des mécanismes de défense. Retenez qu'un mécanisme de défense est avant tout une fuite de la réalité, et plus particulièrement une fuite de nos émotions désagréables. Ce qui signifie qu'un comportement peut être considéré comme un mécanisme de défense uniquement lorsqu'il a pour but d'occulter la réalité.

Pour mieux comprendre, voici quelques exemples concrets :

- **Exemple n°1 :**
  - Cas n°1 : une personne fait du sport de manière répétitive parce qu'elle ne supporte pas de s'ennuyer et de rester chez elle à ne rien faire. Pour cela, elle cherche à occuper ses fins de journée en allant par exemple faire un footing, en allant régulièrement à la salle de sport ou en faisant n'importe quelle autre activité sportive qui pourrait la maintenir le plus longtemps possible active.
  - Cas n°2 : une personne fait du sport uniquement parce qu'elle aime se dépenser physiquement.

- **Exemple n°2 :**
  - Cas n°1 : une personne tente désespérément de couper ses pensées grâce à la méditation pour éviter de penser à ses problèmes qui sont en train de la submerger. Plus les pensées désagréables reviennent, plus elle tente vainement de méditer.
  - Cas n°2 : une personne médite parce qu'elle aime prendre ce moment pour elle afin de se recentrer.

- **Exemple n°3 :**
  - Cas n°1 : une personne grignote systématiquement après une journée stressante. Plus elle stresse, plus la fréquence de ses grignotages augmentent en conséquence.
  - Cas n°2 : une personne grignote de temps en temps simplement parce qu'elle a un petit creux.

Au travers ces quelques exemples, on peut constater que les personnes dans les cas n°1 cherchent à fuir une émotion désagréable :

- Dans l'exemple n°1, la personne tente de fuir l'ennui ou toute autre émotion que celui-ci pourrait masquer.
- Dans l'exemple n°2, la personne tente de fuir des pensées désagréables qui lui procurent de la souffrance. Peut-être cherche-t-elle à fuir la peur, la colère, la tristesse, la culpabilité, ou toute autre émotion qu'elle juge douloureuse.

– Dans l'exemple n°3, la personne cherche à fuir le stress. Tandis que dans les cas n°2, les personnes effectuent ces activités uniquement parce qu'elles éprouvent du plaisir en les faisant. Mais il n'y a pas de tentative de fuite d'une émotion désagréable. Les comportements sont pourtant les mêmes, mais les motivations derrière leurs actions sont différentes. Dans les exemples cités ci-dessus, on comprend bien que les cas décrits en première position présentent des comportements que l'on peut considérer comme des mécanismes de défenses.

Un mécanisme de défense devient pathologique lorsqu'il devient rigide et répétitif. D'ordinaire, il est tout à fait possible d'avoir recours à plusieurs mécanismes de défense de façon alternée et ponctuelle, sans que cela soit problématique. Il serait même possible d'avoir recours à un mécanisme de défense même si ce dernier nous permet de fuir une émotion désagréable, à condition qu'il ne soit utilisé que de manière ponctuelle. Mais avoir recours systématiquement à ce même mécanisme de défense chaque fois que l'émotion désagréable se présente, risque de devenir très rapidement problématique. Autrement dit, si une personne se met à grignoter exceptionnellement, juste une fois de temps en temps, suite à un stress qu'elle aurait subit dans sa journée, cela ne devrait pas être problématique en soi. Toutefois, si elle commence à grignoter chaque fois qu'elle vit une journée stressante (au travail ou non), alors dans ce cas-là nous pourrions dire que les grignotages agissent effectivement comme un mécanisme de défense.

La création d'un mécanisme de défense

Lorsque nous nous sentons mal pour une raison ou pour une autre, nous cherchons tous un moyen de nous sentir un peu mieux. Peu importe la manière dont nous nous y prenons, tant que cela nous permette d'alléger nos souffrances. Certains se tourneront vers les cigarettes, l'alcool, d'autres vont se mettre à grignoter, d'autres encore se mettront à procrastiner ou à l'inverse se réfugieront dans le travail. Tous les moyens sont bons pour trouver un peu de répit face à notre mal-être. Cette réaction reste tout à fait normale puisque, comme nous l'avons vu, l'être humain est conditionné pour fuir la souffrance, et rechercher à l'inverse le plaisir. Le mécanisme de défense s'avère être un moyen privilégié pour cela.

C'est pourquoi, notre corps, se souvenant qu'avoir recours à un mécanisme de défense l'avait soulagé précédemment, commence alors à l'employer de manière abusive et systématique dès lors que nous ressentons à nouveau une émotion désagréable. Il arrive même que ce comportement se généralise même lorsque nous nous sentons bien. Nous nous mettons alors à grignoter ou à fumer sans aucune raison, si ce n'est que notre cerveau s'est souvenu qu'à un moment donné, cela lui avait fait du bien. Notre corps devient en quelques sortes accro à la sensation de soulagement, qui peut se transformer très rapidement en un comportement addictif par la suite.

C'est pour cette raison que nous n'arrivons pas toujours à nous libérer facilement de certains de nos comportements. Car, en premier lieu, ils nous aident véritablement à nous sentir mieux en nous permettant d'apaiser notre mal-être, et en nous évitant donc de souffrir dans l'immédiat. De ce fait, du point de vue de notre corps, garder ce comportement s'avère être une bonne chose puisqu'il nous fait du bien. Notre corps ne perçoit malheureusement pas que sur du long terme, maintenir certains comportements n'est pas du tout une bonne idée. Du fait qu'il y ait une notion de plaisir (et par plaisir j'entends soulagement) on ne perçoit pas toujours certains de nos comportements comme étant problématiques. C'est là le rôle de la douleur. Celle-ci se manifeste précisément pour nous signaler que quelque chose ne va pas.

Pour mieux comprendre, admettons que vous alliez à l'hôpital parce que vous vous êtes fracturés le bras en tombant des escaliers. La douleur étant difficilement supportable, les médecins vous prescrivent de la morphine pour venir l'anesthésier. Le risque serait alors de se dire « je suis totalement guéri étant donné que je n'ai plus mal ». L'envie de faire comme si de rien n'était en sollicitant votre bras blessé serait probablement forte. Mais le médecin vous expliquerait que ce n'est pas parce que vous n'avez plus mal que cela signifie pour autant que vos os se sont ressoudés. En réalité, la fracture est toujours présente.

Nos mécanismes de défense fonctionnent de la même manière, à la différence qu'ils permettent d'anesthésier nos émotions douloureuses. Ce n'est pas parce que une personne se réfugie dans le sport, dans la méditation, dans la nourriture ou dans n'importe quel autre comportement que les émotions désagréables qu'elle tente de fuir disparaissent pour autant. Pire encore, plus elle va chercher à apaiser ses émotions, plus celles-ci deviennent puissantes. Les personnes angoissées connaissent très bien ce phénomène. C'est alors que se met en place un cercle vicieux: comme les émotions désagréables deviennent de plus en plus fortes, nous cherchons d'autant plus à les éviter en ayant recours à notre mécanisme de défense, jusqu'au moment où ce dernier perd totalement de son efficacité et devient lui-même un autre problème à part entière.

S'il est vrai qu'au début ce mécanisme nous était vraiment utile dans le sens où il nous permettait de mieux faire face à une situation désagréable, nous découvrons alors très rapidement que nous nous retrouvons en réalité piégés dans des comportements dont nous n'arrivons plus à nous libérer. Nous perdons alors le contrôle de nos comportements qui deviennent en grande partie inconscients et involontaires. Ainsi, une personne se retrouve en train de grignoter alors qu'elle s'était promise le matin même de ne plus recommencer ; une autre tient une cigarette allumée entre ses doigts sans même se souvenir l'avoir allumée ; ou encore une autre se met à angoisser sans savoir pourquoi.

Se met alors un place un second cercle vicieux : plus nous cherchons à contrôler ce comportement, plus il nous échappe. Le mécanisme de défense perd alors son rôle de protection, et devient un problème en lui-même en générant de la souffrance pour la personne qui en abuse. Paradoxalement, ce qui nous permettait d'aller mieux auparavant est maintenant précisément ce qui nous empêche d'être bien et d'être heureux

En effet, une personne ayant mis en place un mécanisme de défense constatera assez rapidement que ce dernier ne l'aide plus réellement à apaiser l'émotion qu'elle tentait de fuir. Pire encore, plus elle continue d'utiliser ce mécanisme de défense, plus son mal-être empire. Elle se retrouve alors prise dans un nouveau cercle vicieux duquel elle n'arrive plus à se libérer. Car si elle arrête d'avoir recours à son mécanisme de défense, ce dernier ne lui permettra plus d'apaiser les émotions désagréables, elle n'aura donc plus le choix de les ressentir. Et si elle continue d'avoir recours à son mécanisme de défense, elle finira tout de même par souffrir car non seulement les émotions qu'elle tentait de fuir ne seront plus réellement filtrées par le mécanisme de défense mais de surcroît, elle s'apercevra que le mécanisme de défense devient lui-même source de souffrance.

Les personnes que je reçois en consultation viennent toujours avec une demande consciente comme par exemple le fait de vouloir arrêter de grignoter, de fumer, ou de stresser ou changer tel ou tel comportement. C'est ce qu'elles perçoivent comme étant le problème, c'est la pointe visible de l'iceberg. En réalité ce qu'elles perçoivent comme étant le problème est déjà une tentative de solution que leurs corps a mis en place pour les aider. Ce qui m'intéresse en consultation c'est ce qui se cache derrière leur comportement, la partie immergée de l'iceberg. Autrement dit, c'est toute la zone d'ombre qu'elles ne perçoivent pas ou qu'elles ne veulent pas voir. Le problème n'est pas tant le comportement en lui-même mais plutôt ce qu'il permet de fuir.

Prenons l'exemple d'une personne qui fume. Le problème n'est pas tant le fait de fumer, mais plutôt ce que permet de fuir la cigarette. Bien souvent, cette dernière permet de fuir le stress, l'ennui, ou l'agacement. Les personnes me consultant aimeraient plus que tout se libérer de leur addiction. Elles ont généralement oublié que celle-ci leur sert de protection.

Imaginons maintenant que nous aidions la personne à se débarrasser de la cigarette en créant par exemple du dégoût, sans prendre en compte les émotions qu'elle permet d'apaiser. Que se passera-t-il ensuite d'après vous ? La personne sera toujours confrontée aux émotions désagréables, mais cette fois-ci elle ne pourra plus les soulager grâce à la cigarette. Que peut-elle faire alors ? Trois solutions s'offrent à elle :

- soit elle rechute
- soit elle cherche un autre moyen d'apaiser ses émotions
- soit elle apprend à faire face à ses émotions

La première solution est malheureusement souvent celle qui est favorisée. Privée de cigarette, la personne se retrouve soudainement submergée par des émotions qui étaient enfouies depuis bien souvent très longtemps, et ne sait pas comment y faire face. Car si la cigarette permettait depuis toutes ces années de soulager les émotions désagréables, elle ne les faisait pas disparaître pour autant. Au fil du temps, il est même fort probable qu'elles se soient accumulées. Sans cigarette pour faire tampon, les émotions semblent de ce fait beaucoup plus intenses. Envahie par celles-ci, la tentation se fera de plus en plus grande de reprendre une cigarette afin de les apaiser. Après tout, c'était une solution efficace... D'ailleurs, lorsque je demande aux personnes ce qui les a poussé à reprendre une cigarette alors qu'elles avaient arrêté de fumer, il est fréquent qu'elles me répondent que leur rechute est due à une émotion forte : généralement un stress provoqué par un événement traumatique, mais cela peut même être une joie intense comme la naissance de leur enfant ou la réussite à un examen.

Dans le cas de la cigarette, la deuxième solution, celle qui consiste à chercher un autre moyen d'apaiser les émotions, est également souvent utilisée. N'ayant plus la cigarette pour se calmer, le corps va devoir trouver un autre moyen d'y parvenir. Vous connaissez certainement quelqu'un dans votre entourage qui a arrêté de fumer, mais qui a pris du poids par la suite. En effet, on observe souvent ce phénomène. N'ayant plus la cigarette pour se calmer, certaines personnes semblent compenser par la nourriture. Il est vrai que l'arrêt du tabac entraîne des modifications physiologiques, comme le fait de retrouver le goût et les odeurs, qui nous incitent naturellement à nous tourner vers la nourriture. C'est pourquoi l'arrêt du tabac s'accompagne parfois d'une prise de poids, mais celle-ci reste bien souvent modérée. En revanche, il est fréquent que les personnes se mettent à grignoter pour combler le manque créée par la cigarette, pour atténuer les symptômes du sevrage, ou pour apaiser leurs émotions. Certes, la personne ne fume plus, mais d'une certaine manière on a remplacé un problème par un autre. Ce qui de toute évidence n'est pas vraiment la meilleure solution.

Celle qui serait la plus judicieuse serait la dernière, car c'est celle qui permettrait de travailler non plus sur le symptôme (le fait de fumer) mais sur la cause même du problème (les émotions que la personne n'arrive pas à traverser). En apprenant à être plus à l'aise avec les émotions que la personne cherchait à fuir, elle découvrirait qu'elle possède en elle les ressources pour y faire face. Les émotions, en étant vécues différemment, ne poseraient alors plus de problème car il n'y aura plus besoin de chercher à les calmer. Hélas, il est rare que ce soit la stratégie qui soit privilégiée, car elle est certainement la plus douloureuse et demande bien souvent de fournir le plus d'efforts. Car, en toute transparence, arrêter d'avoir recours à des mécanismes de défense est inconfortable et parfois difficile. Cela exige de faire exactement ce que nous espérions éviter : être vulnérable et s'ouvrir à la douleur.

Ainsi de manière générale, je constate que se concentrer uniquement sur le symptôme serait comme mettre un pansement sur une blessure ouverte. Cela apaiserait certainement un peu sur le moment, mais cela ne guérit pas forcément la plaie. Le risque serait même que cette dernière s'infecte.

Cependant, il est vrai que travailler sur le symptôme peut parfois permettre de résoudre nos problèmes. Toujours dans notre exemple, certaines personnes peuvent très bien arrêter de fumer, sans avoir besoin de travailler sur leurs émotions. Il arrive même parfois que l'arrêt du tabac leur permette de mieux vivre leurs émotions. Cela dépend des cas.

Par ailleurs, je remarque parfois que certains mécanismes de défense n'ont plus réellement de raisons d'être là, mais ils continuent de persister. La personne est plus à l'aise avec ses émotions mais elle a toujours recours à son mécanisme de défense, par habitude. Comme si une partie restait figée dans le temps et n'avait pas conscience que les choses ont changé. Dans ces cas-là, il n'y a pas d'émotions à confronter. Il s'agit en quelques sortes de montrer et faire ressentir au corps qu'il n'a plus besoin de se protéger, un peu comme pour faire une mise à jour, de manière à ce que le mécanisme de défense puisse se dissiper.

Donc en résumé, les mécanismes de défense peuvent à la fois nous être utiles comme ils peuvent nous mettre des bâtons dans les roues et nous empêcher d'être nous-mêmes. Tout dépend de l'utilisation que l'on en fait. Lorsque nous mettons en place pour la première fois un mécanisme de défense, celui-ci a bien souvent des effets positifs. La sensation de plaisir, et de soulagement engendrée par le comportement nous pousse à le reproduire. Jusqu'au moment où l'on ne peut plus s'empêcher d'utiliser ce mécanisme. Lorsque l'on souhaite arrêter d'y avoir recours, nous sommes alors envahis par un état émotionnel très désagréable : un mélange de tristesse, d'anxiété, et d'irritabilité. Cet état négatif nous conduit à reproduire notre mécanisme de défense non plus pour en ressentir les effets positifs mais plutôt pour réduire les effets négatifs générés par l'arrêt du comportement qui nous apaisait. Ainsi, nous mettons en place certains comportements d'abord pour les effets positifs qu'ils nous procurent mais ensuite pour contrecarrer leurs effets négatifs. Comprendre leurs fonctionnements permet de remettre plus de conscience sur nos comportements. Ainsi, nous pourrons être en mesure de distinguer nos comportements sains de ceux qui nous sont néfastes afin de nous libérer de ces derniers, et reprendre le contrôle de nous-mêmes.

EXERCICES

• Observer ses mécanismes de défense

Prenez le temps d'observer dans votre quotidien si vous avez eu recours à des mécanismes de défense. Repensez par exemple à un moment de votre journée où vous vous êtes sentis mal.

Qu'avez-vous fait pour faire face à l'émotion ? Avez-vous cherché à l'apaiser ? Si oui, de quelle manière vous y êtes-vous pris ? Quel comportement avez-vous mis en place pour vous soulager ? Était-ce la première fois que vous y aviez recours, ou est-ce qu'à chaque fois que vous ressentez cette émotion désagréable vous avez tendance à faire toujours la même chose pour vous calmer ? Est-ce que ce comportement vous aide vraiment, ou est-ce qu'au contraire, vous vous sentez encore plus mal ?

• Comportement sain VS mécanisme de défense néfaste

Pour bien distinguer un comportement sain d'un mécanisme de

défense néfaste, voici quelques questions pour vous aider :

- Pourquoi fais-je telle chose ou telle activité ? Quelles sont mes motivations ?
- Est-ce que cela me permet de fuir une émotion ou pas ?
- Est-ce que je fais cette chose parce que quelques instants auparavant je ne me sentais pas bien ?
- Est-ce que je le fais pour essayer d'oublier mes problèmes ?
- Est-ce que si je ne fais pas cette activité je me sens mal, en manque ?
- Est-ce que je culpabilise quand je fais ou ne fais pas cette activité ?
- Est-ce qu'une fois l'activité terminée je me sens de nouveau mal ?
- Est-ce que je fais vraiment cette activité uniquement par plaisir ?

6.

LA PROJECTION

« La projection est « les gens » auxquels on prête la bêtise, la cruauté, la couardise qu'il serait tragique de se reconnaître. Elle est tout ce qui déclenche la jalousie, le dégoût, la tendresse.»
Elie Georges Humbert

Parfois, il nous arrive de rencontrer des personnes qui nous agacent au plus haut point. On ne saurait pas toujours expliquer ce qui nous irrite spécifiquement chez certaines personnes. Ce pourrait être un trait de caractère, son attitude, sa manière de bouger, ses comportements, le ton de sa voix, voire même un attribut physique.... Quoiqu'il en soit, cela vient toucher quelque chose en nous. Nous ne comprenons d'ailleurs pas toujours comment d'autres peuvent apprécier certaines personnes. Nous découvrons même parfois que nous sommes les seuls à ne pas avoir d'atomes crochus avec celles-ci... Mais il arrive également parfois que nous admirions certaines personnes, là où d'autres ne semblent pas du tout les trouver aussi intéressantes que nous.

Nous savons tous que nous n'avons pas les mêmes goûts, les mêmes centres d'intérêts, ou les mêmes besoins les uns des autres. Mais une chose est sûre : il n'y a pas de hasard concernant les choses que nous affectionnons et celles qui nous dérangent. Par exemple, là où certains pourraient être agacés par la manie qu'une personne aurait de tout ranger, d'autres apprécieraient grandement la capacité de celle-ci à être ordonnée. Au quotidien, nous attribuons des qualités ou des défauts aux autres qu'ils n'ont pas en réalité. Chacun voit les autres différents parce que chaque personne projette sur l'autre quelque chose d'elle-même. Ce mécanisme naturel s'appelle la projection.

La projection

La projection est une opération mentale découverte par Sigmund Freud alors qu'il étudiait la paranoïa, par laquelle une personne attribue à une autre ses propres sentiments, croyances, désirs ou pulsions qu'elle n'arrive pas à accepter chez elle. Autrement dit, lorsque nous n'arrivons pas à assumer certains aspects de notre personnalité, nous attribuons ces défauts aux autres.

Le plus souvent, ce que nous projetons sur autrui, ce sont les parts de nous-mêmes que nous jugeons le plus négativement, celles-là même qui se retrouvent dans notre Ombre. Parce qu'elles nous sont intolérables, nous ne pouvons les assumer consciemment et ce faisant, nous tentons de les expulser hors de nous. Ainsi, si j'ai honte de mon côté irrespectueux, par projection, je serai particulièrement agacé par ce que je juge comme des marques d'incivilité ou d'impolitesse chez les autres, et ce, parfois même sans comprendre pourquoi j'ai particulièrement peu de tolérance pour ce type de comportement chez autrui.

Selon le courant psychanalytique, tout ce qui est inacceptable au conscient se retrouvera tôt ou tard en dehors de soi-même, sur des objets, sur des personnes ou même sur des animaux. La projection agit donc comme un mécanisme de défense, dans le sens où elle nous permet d'éviter un inconfort psychique et émotionnel en reniant certaines parties de nous-mêmes. Nous avouer à nous-même que nous avons telles émotions, croyances, pulsions… qui vont à l'encontre de la vision idéalisée que nous avons de nous-mêmes, nous serait tellement inconfortable que nous préférons les rejeter hors de nous-mêmes et les attribuer à quelqu'un d'autre, au point même qu'il nous apparaît que ces défauts existent réellement chez lui.

Ce mécanisme de défense a été observé depuis bien longtemps. À titre d'exemple, Bouddha enseignait déjà en son temps « Tout ce qui te dérange chez les autres, c'est seulement une projection de ce que tu n'as pas résolu en toi-même ». Tout ce que nous n'avons pas intégré en nous-mêmes, nous le projetons sur les autres. La même idée se retrouve aussi dans le Talmud selon lequel « quiconque voit autrui imparfait l'accusera de ses propres défauts », de même que dans le Nouveau Testament avec la parabole de la paille et de la poutre, prononcée par Jésus : « Pourquoi vois-tu la paille qui est dans l'œil de ton frère, et n'aperçois-tu pas la poutre qui est dans ton œil ? Ou comment peux-tu dire à ton frère : Laisse-moi ôter une paille de ton œil, toi qui as une poutre dans le tien ? Hypocrite, ôte premièrement la poutre de ton œil, et alors tu verras comment ôter la paille de l'œil de ton frère. » Et enfin, on le retrouve dans ce sage proverbe enfantin « c'est celui qui le dit, qui est ».

La projection est une défense très archaïque. D'ailleurs, Freud a insisté à plusieurs reprises sur le caractère « normal » d'une telle opération. En effet, celle-ci est un mécanisme fondamental du développement de la personnalité de l'enfant. Par exemple, lorsque nous étions enfants, nous projetions nos craintes, nos désirs et nos émotions à nos compagnons de jeu.

Par définition, celui qui projette est souvent inconscient de sa projection. La personne n'a pas conscience d'avoir recours à ce mécanisme, puisqu'elle nie posséder la caractéristique en question, qui, de ce fait, est rejetée dans nos zones d'ombre. Parce que nous ne sommes pas en mesure d'affronter notre propre réalité, parce que nous ne voulons pas nous voir tels que nous sommes vraiment, nous avons mis au point de manière involontaire ce mécanisme qui permet d'accuser les autres plutôt que de s'incriminer soi-même. Car il est toujours plus simple d'accuser les autres plutôt que de faire face à cette réalité inconvenante que nous sommes précisément ce que nous croyons ne pas être. Culpabiliser les autres est en effet la meilleure façon de se déculpabiliser soi...

Jung nous précise : « de deux choses l'une, nous connaissons notre ombre ou nous ne la connaissons pas ; dans ce dernier cas, il arrive souvent que nous ayons un ennemi personnel sur lequel nous projetons notre Ombre, dont nous le chargeons gratuitement, qui, à nos yeux, la porte comme si elle était sienne, et auquel en incombe l'entière responsabilité ; c'est notre bête noire, que nous vilipendons et à laquelle nous reprochons tous les défauts, toutes les noirceurs et tous les vices qui nous appartiennent en propre! Nous devrions endosser une bonne part des reproches dont nous accablons autrui! » Lorsque nous avons recours à la projection, nous arrivons tellement bien à déformer la réalité que nous finissons réellement par croire que ce sont les autres qui sont la véritable raison du problème. Nous arrivons alors à nous convaincre contre toute évidence que l'autre est bien comme nous l'avions jugé en premier lieu. Pour ne pas lâcher prise sur notre projection et pour éviter d'avoir tout à coup à se mesurer à la réalité de notre Ombre, nous sommes même parfois prêts à recourir à de faux arguments pour justifier nos jugements qui la condamnent.

Toutefois, une question se pose : comment savoir si ce que nous relevons comme un défaut chez autrui est dû à une projection de notre part ou si ce défaut est objectivement bien présent chez lui ? Il faut bien faire la distinction entre une projection et une observation. Pour cela, le meilleur critère est le degré d'irritation et de rejet que nous inspire ce « défaut ». Si nous nous contentons de le constater, de l'observer sans jugement ni condamnation, il est probable que ce défaut n'ait pas d'écho en nous. En revanche, si nous sommes dans une forte réaction émotionnelle, que notre humeur s'en trouve affectée, que nous sommes dans le jugement et le rejet, il est plus que vraisemblable qu'il y a eu effet miroir. Par exemple, si nous observons que quelqu'un est malpoli mais que nous ne nous sentons pas affecté(e) : il s'agit alors d'une simple observation objective. Toutefois, si cela nous touche, et génère une émotion forte chez nous, nous pouvons cette fois-ci en déduire qu'il s'agit plus probablement d'une projection. Ainsi, certaines parties de nos vies sont, en ce moment même, libres de projections, et les observations que nous formulons au sujet d'autrui dans ces situations sont alors calmes, neutres, de simples notifications sans passion. Les projections par contre se signalent à nous par l'intensité de notre activation physiologique et émotionnelle.

Précisons toutefois, que s'il y a projection de ma part, cela ne veut pas forcément dire que l'autre ne possède pas lui aussi cette caractéristique. Il est possible que nous la possédions tous les deux, dans des proportions diverses. C'est pourquoi il est rare qu'une projection soit à sens unique. Il y a toujours une aspérité sur laquelle notre projection est incitée à se fixer. Jung précise que la personne sur qui nous projetons serait en quelques sortes dotée d'un crochet qui permettrait d'accrocher notre projection, de la même manière qu'on suspendrait un manteau à une patère. En pratique, il est peu fréquent de projeter un défaut sur quelqu'un qui en est totalement exempt. Ainsi, il est plus facile de projeter l'image du violent sur quelqu'un un tant soit peu autoritaire que sur une personne totalement timide et effacée.

Par ailleurs, si quelqu'un nous critique, son degré de virulence à notre égard indiquera s'il projette ou non sur nous. Si vous observez les critiques que certaines personnes de votre entourage vous adressent, vous vous apercevrez qu'il s'agit régulièrement de projections. Si l'on vous reproche d'être lent, d'être mal organisé, d'être radin, d'être énervé… Il peut très bien s'agir d'une critique que la personne qui vous parle s'adresse en réalité à elle-même. Elle ressent intuitivement ses défauts en elle, mais ne pouvant les accepter, elle les projette sur la personne qui est là, comme pour s'en débarrasser. Mais il est bon de garder à l'esprit que ce n'est pas parce que l'autre projette que nous ne possédons pas nous aussi cette part en nous… N'y a-t-il pas un fond de vérité dans la critique qu'elle vous a adressé ? Si vous êtes honnête envers vous même, peut-être découvrirez-vous qu'elle n'a pas totalement tort. L'autre n'est qu'un reflet de nous-mêmes. Byron Katie, dans son livre « J'ai besoin que tu m'aimes » nous l'explique ainsi : « comme un miroir, le mental a l'art de voir les choses justes, mais à l'envers. » Plus sérieusement, l'autre ne fait que nous renvoyer l'image de ce que nous avons refoulé de nous-mêmes, que ce soit lorsque nous percevons tous ses défauts ou lorsque nous l'admirons.

Car oui, il faut préciser que de la même manière que nous l'avons évoqué dans le chapitre sur les zones d'ombres, nous pouvons très bien renier des qualités, des parties de nous dites « positives » et les projeter à l'extérieur. Ces projections se repèrent assez facilement car elles se transforment souvent en admiration pour une personne. Ainsi, toutes les personnes que nous admirons ne sont que le support de la projection de nos zones d'ombre blanche.

Un des exemples les plus courants de ce genre de projection, c'est lorsque nous sommes amoureux. Au tout début de notre relation, nous voyions chez l'autre des qualités et des vertus qui ne correspondent pas tout à fait à la réalité. Nous avons tendance à exagérer les qualités de l'autre que nous-même projetions sur lui/elle. On l'idéalise comme s'il était fait sur mesure pour notre propre bonheur.

Si l'amour est réciproque, la projection est mutuelle. Ainsi, notre partenaire voit en nous également des qualités que nous ne possédons pas, ou qui sont largement accentuées. Lors de cette phase dite de « lune de miel », les quelques petits défauts que nous pourrions percevoir chez l'autre sont même parfois considérés comme des forces, ou comme donnant du charme à notre partenaire. En tombant amoureux, nous avons l'illusion de nous réapproprier ces parties de nous que nous avons refoulé. C'est pourquoi bon nombre de personnes ont le sentiment d'avoir trouver « leur moitié », comme si l'autre n'était qu'une autre partie d'elles-mêmes qui viendraient les compléter.

La bonne nouvelle, c'est que tous ce que nous admirons chez une personne, se trouve également en nous. Si vous admirez une personne, c'est que vous avez en vous la possibilité et la capacité d'être comme elle. Car si vous ne possédiez pas ces qualités en vous, vous ne seriez tout simplement pas attirés par ces personnes-là.

Il est intéressant de noter que juste après la phase lune de miel dans un couple, vient la phase des désillusions. C'est lorsqu'on se rend compte qu'on ne peut être d'accord sur tout et on tombe un peu de notre nuage en s'apercevant que l'autre n'est pas aussi parfait que ce que l'on s'était imaginé. Pire, il semblerait que cette personne qu'on admirait tant auparavant ne soit maintenant dotée que de défauts ! Tout ce qui faisait autrefois son charme, dorénavant nous exaspère. Voilà encore la projection à l'œuvre.

Qu'on le veuille ou non, nous avons tous tendance à projeter sur quelqu'un des qualités, des défauts, des intentions qu'il n'a pas en réalité et cela peut générer de nombreux problèmes.

Les problèmes engendrés par la projection

Si la projection est bien un mécanisme normal et naturel, elle peut toutefois devenir problématique.

Tout d'abord, les projections représentent l'un des principaux problèmes que nous rencontrons dans nos relations car elles nous incitent à regarder l'autre en permanence à travers un prisme déformé : celui de notre histoire, de nos blessures et de nos désirs aussi. La projection vient ainsi complètement déformer la réalité. Jean Monbourquette précise que projeter son ombre équivaut à lui mettre un masque sur le visage, puis à réagir en conséquence. Voilà pourquoi derrière nos disputes se cachent souvent le mécanisme de la projection. Les projections, quand elles sont trop fréquentes, créent à la longue un climat de méfiance et de doute. Et les dommages psychologiques sont bien réels.

Prenons par exemple le cas d'une personne qui est persuadée que son ou sa partenaire la trompe, alors qu'elle n'a pas réellement de preuves. Cette personne, souffrant certainement d'une blessure d'abandon ou de trahison, cherchera tous les indices qui pourraient justifier ses doutes : « il/elle est rentré(e) plus tard que d'habitude », « il/elle ne m'a pas accordé beaucoup d'attention ces derniers jours », « il/elle passe beaucoup de temps sur son téléphone à discuter à quelqu'un d'autre que moi ». Peu importe ce que l'autre pourra dire ou faire ensuite pour le/la rassurer, cela ne sera jamais suffisant, et cela risque même de renforcer d'avantage ses doutes : « il/elle me dit ça parce qu'il/elle cherche à se rattraper. C'est donc bien qu'il/elle a dû me tromper ! ».

Les problèmes surgissent quand l'une des deux parties est convaincue du bien-fondé de ses « reproches ». Cela peut être par orgueil ou par méconnaissance de ses propres blessures, ou de celles de l'autre. Alors le couple peut s'enfermer dans un fonctionnement toxique. Si les deux partenaires souhaitent faire survivre leur couple, ils doivent arrêter de se blâmer l'un l'autre et se réapproprier leur ombre respective. Malheureusement, lorsqu'un couple traverse une période difficile, et n'étant pas toujours prêt à réintégrer leur ombre, il est fréquent que pour bon nombre d'entre eux la seule issue semble être la séparation. Le risque est alors de reproduire le même scénario avec le ou la prochaine partenaire...

L'autre problème que la projection peut engendrer dans nos relations est l'agressivité qu'elle peut générer. Parfois, le rejet de certains traits de personnalité est tel qu'il donne lieu à des comportements violents. C'est le cas par exemple de nombreux crimes homophobiques. Certaines personnes n'arrivant pas à accepter leur homosexualité, la refoulent. On observe alors chez ces personnes une propension à être agressives vis-à-vis de celles qui osent accepter, exprimer et afficher leur attirance sexuelle pour les personnes du même sexe. Nous pourrions également citer les bourreaux avec leurs comportements tyranniques qui tentent de masquer leur propre vulnérabilité, leur sensibilité en se créant l'image « d'un gros dur » qui n'a peur de rien, qu'ils projettent sur leur victime. Ne supportant pas cette vulnérabilité chez eux, qu'ils jugent bien souvent comme une faiblesse, ils ne la tolèrent pas non plus chez les autres. C'est pourquoi, cette incapacité à accepter leur vulnérabilité se transforme très souvent en une haine qui paraît totalement injustifiée pour la victime. Et enfin, nous pourrions évoquer les guerres qui ne sont bien souvent qu'un fanatisme idéologique, généralement religieux, chargé de projections. Un groupe humain accuse un autre groupe humain de vouloir l'agresser, ainsi, ils vont tous deux chercher à dominer ou à éliminer l'autre afin de se protéger. La seconde guerre mondiale en est un triste exemple. En voulant créer la race aryenne, supposée être une race pure, supérieure à toutes les autres, Hitler ne projetait-il pas ces propres imperfections sur les juifs ? Il faut dire que Le Führer, ne serait-ce qu'avec ses cheveux bruns, n'était pas l'archétype de ce qu'il défendait.

Ainsi, nous fabriquons nos propres ennemis en leur faisant porter le poids de notre ombre. La colère, la haine, l'agressivité irrationnelle, que l'on éprouve parfois envers une personne sont donc souvent suspectées d'être le résultat d'une projection. Cette dernière viendrait alors simplement trahir la présence d'aspects reniés. Plus ceux-ci sont reniés, plus la projection est forte, et plus l'agressivité croît en conséquence.

La même chose peut se produire lorsqu'une personne est surinvestie de qualités positives par une autre. Cette admiration, faite de surestimations illusoires très exagérées, peut également se transformer en violence. Nous pouvons par exemple citer le cas de John Lennon, le célèbre fondateur et membre du groupe des Beatles qui fut assassiné sous les yeux de son épouse Yoko Ono, par un fan du nom de Mark David Chapman. Ce dernier, obsédé par les Beattles, voyait en John Lennon un héros qui lui permettrait de surmonter sa vie moribonde. Il prétendit vouer une admiration sans limites à son idole, mais, déçu par une situation qui ne s'améliorait pas, il accusa celui qui l'avait trompé dans ses espoirs : John Lennon, qu'il considérait désormais comme un hypocrite, avait selon lui trahi son message de paix et de fraternité entre les hommes, en profitant de tout l'argent qu'il avait gagné grâce à sa musique. C'est ainsi que toute l'admiration que Chapman portait envers Lennon se transforma tout d'abord en jalousie puis en rage, qui l'incita à passer à l'acte.

Dans la même veine, nous pourrions également citer les nombreux crimes passionnels qui désignent un acte violent, fréquemment un homicide, qui a été commis sous l'effet de la passion. La victime est généralement une personne que le tueur dit aimer passionnément.

Un autre inconvénient des projections tient à sa nature de mécanisme de défense : s'il nous évite un inconfort émotionnel, il ne nous permet cependant pas de progresser sur le chemin de la connaissance et de l'acceptation de soi puisque la raison d'être du mécanisme est justement d'éviter que nous soyons conscients du processus d'occultation qui se déroule en nous. Tant que nous projetons, nous restons incapables de reconnaître ces aspects de personnalité comme étant les nôtres et, ce faisant, il nous est impossible de les faire évoluer vers plus de conscience. Tant que nous n'assumons pas ces parties que nous projetons à l'extérieur, nous nous positionnons en tant que victime en accusant toujours les autres, ce qui nous empêche de prendre notre part de responsabilité, et donc de reprendre le contrôle de notre vie. Le risque étant de surcroît de reproduire constamment le même scénario.

En revanche, si nous choisissons de nous responsabiliser en nous demandant quelle est la part qui nous appartient, notre vie pourra alors évoluer.

Se libérer de ses projections

Nous avons enfouis certains aspects il y a tellement longtemps qu'il nous serait bien difficile de les recouvrer si ce n'était grâce à la projection ! Comme l'illustre Debbie Ford, ce serait comme chercher une pièce que nous aurions caché lorsque nous n'étions qu'un enfant. Non seulement, nous risquons d'avoir du mal à nous souvenir de la cachette plusieurs décennies plus tard, mais il est fort probable que nous ne nous souvenions même plus que nous l'avions cachée. La projection nous permet de retrouver cette pièce camouflée ou oubliée. Elle nous permet de voir chez l'autre ce que nous n'arrivons pas à voir chez nous, nos qualités comme nos défauts.

C'est donc là toute l'utilité de la projection : elle est un des meilleurs moyens de voir clair en nous, à condition de bien vouloir être prêt à voir la réalité en face. Puisque nous nous mentons à nous-mêmes au sujet de qui nous sommes vraiment, la seule façon que nous avons de les découvrir est de les voir chez autrui. La projection, et plus particulièrement notre relation aux autres (et plus encore à son partenaire de vie) peut être un extraordinaire outil de connaissance de notre fonctionnement intérieur. C'est l'un des moyens les plus rapides et les plus précis pour dévoiler et mieux connaître notre Ombre.

Pour cela, la première étape consiste donc tout simplement à reconnaître les mécanismes de la projection à l'œuvre. Ce n'est pas toujours facile, car, rappelons-le, le mécanisme de la projection est inconscient au moment où il se déroule ce qui signifie qu'il n'est pas toujours aisé de prendre conscience de ce qui est en train de se passer en nous, ou pourquoi nous réagissons comme nous le faisons. Cependant, avec un petit temps de recul, il devient possible d'analyser une situation avec plus de clarté. Aussi réaliserons-nous certainement que l'autre ne faisait que nous refléter qui nous sommes. Cela demande également une bonne dose d'honnêteté et d'humilité, ainsi que beaucoup d'amour de soi pour ne pas rejeter ce que le miroir nous renvoie.

Une fois que nous avons perçu qu'un effet miroir était à l'œuvre chez nous, la deuxième étape consiste à découvrir quelle est cette part dont nous n'assumons pas encore la responsabilité et que nous avons projeté sur l'autre. Cela peut ne pas être évident car ce qui nous a irrité chez l'autre ne se retrouve pas nécessairement chez nous sous la même forme et dans un même registre. C'est parfois plus subtil. Par exemple, si je suis irrité(e) parce que mes enfants sont bruyants au restaurant, il est possible que ce que mon irritation mette en lumière, ce soit mon manque de confiance en moi, ma difficulté à assumer le regard ou le jugement des autres sur moi et ma famille…

Puis pour finir la dernière étape consiste à se réapproprier cette part d'ombre refoulée. Pour cela, il s'agit dans un premier temps de reconnaître que nous possédons également en nous ces caractéristiques que nous reprochons aux autres, puis dans un deuxième temps, d'accepter ces parties-là comme faisant partie de nous. Nous développerons plus en détails comment se réapproprier notre part d'ombre dans le chapitre 13.

Que se passe-t-il ensuite lorsque nous avons intégré une partie de nous-mêmes ? Eh bien, quelque chose de très curieux se met en place : nous ne réagissons plus du tout de la même manière. Par exemple, si vous reprochiez à votre partenaire d'être trop colérique et que vous avez réussi à réintégrer la part de colère en vous, peut-être découvrirez-vous que son attitude n'a plus vraiment d'effets sur vous. Vous restez calme et serein(e). Lorsqu'on se libère de nos projections en réintégrant la partie de nous-même que nous rejetions, la personne qui partage cet aspect n'a plus vraiment de prise sur nous. Elle continuera certainement de réagir envers nous comme elle le faisait auparavant, mais c'est comme si cela ne pouvait plus réellement nous atteindre. Cela peut être très déstabilisant pour la personne en face de nous.

Ce qui peut être encore plus surprenant, c'est de découvrir que notre partenaire se comporte totalement différemment envers nous. Du fait que nous ayons changé radicalement notre attitude, l'autre en face de nous n'a en quelques sortes plus trop le choix de faire de même. Il ne saura d'ailleurs peut-être même pas expliquer son changement d'attitude envers nous, mais intuitivement il pourra ressentir que quelque chose en nous est différent, sans vraiment être en mesure de préciser ce que cela peut être. En dégageant notre projection d'une relation, nous dégageons également l'autre. C'est pourquoi, en nous reconnectant à notre être authentique, nous permettons à notre entourage de faire de même.

Ainsi, se libérer d'une projection génère de nombreux bienfaits. Nous découvrirons alors probablement en nous un bien être psychique qui se manifeste bien souvent par un soulagement ou un relâchement profond intérieur. Car après tout, cela demande beaucoup d'énergie de maintenir une projection ! Également, nous constaterons certainement que nous sommes dorénavant capable de développer une réelle estime de nous-même qui nous permet de nous affirmer sainement, et d'avancer vers nos objectifs. Car se libérer de nos projections permet de mettre au jour d'immenses potentialités restées enfouies à l'état sauvage dans notre Ombre. Et enfin, nous pourrons avancer vers l'amour et l'acceptation de soi.

EXERCICES :

• Identifier les défauts qui vous agacent chez l'autre

Dès lors que vous vous sentez irrité par une personne, prenez quelques instants pour identifier plus précisément ce qui vous agacent. Faites la liste des défauts que vous avez repéré chez cette personne, que ce soit votre partenaire de vie, vos parents, vos enfants, une célébrité, un(e) ami(e), un(e) collègue ou même un(e) inconnu(e). Pour vous aider, vous pouvez vous référer à la liste de qualificatifs que nous avons mis dans le chapitre 4

• Identifier les qualités que vous admirez chez l'autre

De la même manière, lorsque vous admirez une personne faites la liste de toutes les qualités que vous appréciez chez cette personne. Prenez le temps d'en relever plusieurs.

7.

LES CONFLITS INTÉRIEURS

« Partout où il y a conflit, partout où vous êtes en face d'un opposant, triomphez de lui par l'amour. »
Gandhi

Imaginez que votre psyché soit composée de différentes parties. Il y aurait une partie de vous qui gère vos émotions, une qui gère vos comportements, une autre qui s'occupe de vos souvenirs et ainsi de suite. Chaque partie serait constituée de sous-parties. Par exemple, dans la catégorie « émotion », il pourrait y avoir une sous-partie pour chaque émotion : la joie, la peur, la colère, la tristesse, le dégoût, la culpabilité, la sérénité etc. De la même manière qu'il y aurait des sous-parties pour chacun de nos comportements, de nos souvenirs, ou toute autre catégorie. On pourrait imaginer qu'il existe une partie de nous gourmandc, une partie de nous qui aime manger sainement, une partie de nous ambitieuse, une autre fainéante, une partie égoïste, une autre généreuse, altruiste, une partie de nous qui a confiance, une autre qui doute...Chaque partie aurait sa propre fonction et sa propre façon d'agir. De ce fait, aucune partie n'est bonne ou mauvaise.

Lorsque toutes les parties fonctionnent en harmonie, nous nous sentons en accord avec nous-même, les choses semblent se faire fluidement et nous nous sentons merveilleusement bien. Nous avons la sensation d'être nous-même. Cependant, parfois certaines parties entrent en conflit avec d'autres, provoquant alors des troubles divers.

Comprendre les conflits intérieurs

Qui n'a jamais eu cette sensation d'être tiraillé à l'intérieur ? Lorsque l'on désire ardemment quelque chose mais que quelque chose en nous semble nous empêcher de l'atteindre. Par exemple :

- Une partie de nous peut avoir envie d'évoluer professionnellement, de gravir les échelons, de lancer sa propre entreprise, ou de se réorienter professionnellement mais une autre partie de nous peut être terrifiée à l'idée de franchir ce cap, ou peut-être qu'elle n'a pas envie de fournir les efforts nécessaires pour cela.
- Une partie de nous peut avoir envie de grignoter, de manger tout ce qui lui passe sous la main, ou de goûter à chaque plat par gourmandise, tandis qu'une autre partie souhaite à l'inverse manger plus sainement, perdre quelques kilos et prendre soin d'elle.
- Une partie de nous peut avoir envie de fumer une cigarette, tandis qu'une autre sait très bien que la cigarette est dangereuse pour notre santé.
- Une partie de nous peut avoir envie d'être en couple, de construire une famille et souhaite une relation durable. Mais une autre partie souhaite rester indépendante, libre de ses faits et gestes, et ne rendre de compte à personne.
- Une partie de nous peut avoir envie de sortir s'amuser avec ses amis, mais une autre préférerait rester tranquille dans son canapé à regarder la télé.

Dans ces différents cas de figure, malgré nos efforts, et notre volonté, nous sommes parfois tiraillés entre deux feux. Chacun d'entre nous vit à des degrés divers ce type de désirs contradictoires, et d'ambivalence de sentiments. Une partie de nous veut quelque chose et une autre partie de nous veut autre chose (souvent son contraire) et cela aboutit généralement à l'immobilisme, comme si nous étions cloués sur place : nous sommes face à un conflit intérieur. Lorsque nous avons un comportement qui nous dérange, lorsque nous sentons un mal-être en nous, lorsque nous avons ce qu'on appelle « un problème »... ce n'est que la conséquence d'un conflit intérieur. Voyons justement comment se créer un conflit.

À la naissance, et au tout début de notre enfance, les parties de nous fonctionnaient en parfaite harmonie. Nous nous aimons, et nous acceptons intégralement. C'est ce qui fait qu'enfant nous nous autorisions à vivre chacune de nos émotions, sans retenue. Nous laissions alors libre court à notre colère, notre peur, notre joie, notre tristesse, sans nous culpabiliser. Une partie de nous s'exprimait et les autres l'écoutait. Nous vivions ainsi dans le moment présent et nous nous exprimions sans censures. Puis en grandissant, nous avons appris que certaines parties de nous sont « mauvaises ». Certaines étaient tellement intolérables que nous les avons rejeté dans l'Ombre, sans disparaître pour autant. Toutes ces parties existeront toujours en nous, que nous les acceptions ou non, que ce soit en temps de paix ou en temps de conflits intérieurs. Nous ne pouvons ni les cacher, ni les bannir de notre existence puisqu'elles sont parties intégrantes de notre structure. Alors, certaines parties de nous reniées commencent même à se rebeller car elles savent qu'elles sont importantes. Pour se faire entendre, pour se faire respecter, elles commencent à se rebeller en devenant plus présentes, de manière à ce qu'on ne puisse plus les renier et faire comme si elles n'existaient pas. Mais les autres parties qui, à l'inverse, sont acceptées, commencent à s'agacer d'être perturbées dans leur fonction par des rejetons. C'est alors qu'elles rentrent en conflit les unes avec les autres, jusqu'à qu'une guerre intérieure éclate.

Par définition, un conflit, c'est lorsque deux parties sont en opposition, que ce soit des personnes ou des entités. Mais le fait de ne pas être d'accord ne caractérise pas forcément une situation de conflit. Il y a conflit quand une des parties essaie d'affirmer ses positions sans tenir compte des positions des autres. Elle fonctionne alors en solo et tente d'imposer son point de vue aux autres. Elle ne cherche pas à écouter les autres, et encore moins à essayer de comprendre leurs besoins.

Imaginez que vous soyez face à un orchestre et que chaque musicien n'en fait qu'à sa tête, c'est-à-dire, qu'ils font chacun comme bon leur semble. Le violoniste veut jouer sa propre mélodie avec sa propre partition et aimerait imposer son choix aux autres. Le percussionniste aimerait jouer à un rythme plus soutenu, plus dynamique, et trouve les autres musiciens trop lents. Le trompettiste aimerait être mis plus en avant. Le contrebassiste ne supporte pas le violoniste et souhaiterait le virer du groupe. Dans cette atmosphère si tendue, le flûtiste, quant à lui, fait souvent des erreurs, ce qui ne manque pas de lui attirer les foudres de ses camarades. Et le chef d'orchestre dans l'histoire ? Il n'arrive pas à se faire respecter. Ce n'est pourtant pas faute d'avoir essayer de remettre de l'ordre. Mais il a totalement perdu le contrôle de ses musiciens qu'il se trouve bien démuni et impuissant face au groupe.

Eh bien, il se passe parfois exactement la même chose à l'intérieur de nous. L'entente entre les parties est totalement rompue, et en conséquence, nous sentons que les choses nous échappent, nous perdons le contrôle de nos émotions, de nos comportements et de nos réactions. C'est alors que se développe ce qu'on appelle « un problème ». Face à un conflit intérieur, nous avons tendance à vouloir aider une partie à remporter la victoire, en réprimant l'autre partie. Cependant, cette approche n'est pas judicieuse à long terme. Car, par définition, s'il y a un gagnant, il y a un perdant. Et naturellement, le perdant sera bien mécontent.

Par exemple, les personnes que je reçois en consultation et qui souhaiterait perdre quelques kilos tente bien souvent de supprimer la partie d'elles qui est gourmande, de manière à ce que ce soit la partie qui aimerait perdre du poids en mangeant plus sainement qui ressorte victorieuse. Cependant, cela n'aboutit que très rarement à l'effet escompté. Bien au contraire, la partie gourmande qu'elles tentent de renier, se rebiffe et les incite à manger bien plus que ce qui est nécessaire. L'approche gagnant-perdant s'avère donc souvent vaine et contre-productive.

En réalité, les deux parties ressortent bien souvent perdantes. Car, lorsque la partie gourmande prend les devants et tente de se faire plaisir en mangeant le gâteau appétissant qui l'attend dans le placard, son plaisir est vite gâché par la partie qui veut perdre du poids et qui vient la culpabiliser d'avoir mangé la part de gâteau. Et inversement, lorsque c'est la partie qui veut perdre du poids qui prend le dessus, la partie gourmande ne tarde pas à se faire entendre et les incite fortement à céder à cette merveilleuse part de gâteau. Autrement dit, cela crée une « double contrainte » dans laquelle la personne est damnée si elle grignote, et damnée si elle ne le fait pas. De fait, aucune des deux parties ne peuvent être vraiment satisfaites, car leurs envies, voire même parfois leurs besoins, n'ont pas pu être assouvi correctement. Lorsque les deux parties sont déterminées à ne pas laisser l'autre gagner, il leur est impossible d'atteindre leur objectif. Évidemment, cela n'a pour effet que de venir rajouter de l'huile sur le feu, ce qui vient empirer nos symptômes et nos tensions intérieures. Les deux parties sont donc perdantes.

Pour résoudre un conflit il s'agit de faire en sorte que les deux parties soient gagnantes, qu'elles obtiennent au moins partiellement ce qu'elles veulent, et qu'elles soient satisfaites du résultat des négociations. Peut-être n'auront-elles pas tout ce qu'elles voulaient initialement, mais toutes deux reçoivent quelque chose. Aucune d'elles ne se sent volée, reniée, dénigrée ou dupée. Dans notre exemple, ce serait lorsque les deux parties réalisent qu'elles sont complémentaires et qu'elles peuvent de ce fait collaborer ensemble que la tension entre elles pourra s'apaiser. Plus concrètement, c'est lorsque qu'elles découvriront qu'il est tout à fait possible de perdre du poids, de manger sainement... tout en se faisant plaisir !

Force est de constater qu'il n'est pas toujours si facile de résoudre nos conflits intérieurs. Certaines personnes n'arrivent même jamais à trouver la paix intérieure, et semblent constamment lutter contre des aspects d'elles-mêmes. Elles deviennent alors leur propre ennemi. Si nous souhaitons tendre vers une libération des conflits qui nous habitent, il s'agit pour cela d'aborder avec une certaine neutralité les aspects de soi qui s'opposent.

Le problème bien souvent c'est que nous avons tendance à nous identifier aux parties de nous que nous jugeons acceptables et à rejeter celles que nous jugeons comme étant mauvaises et négatives. La perception et le jugement que nous portons sur les différentes parties nous incite à les catégoriser. Elles ne sont donc pas du tout aborder avec neutralité, certaines partent même avec un fort désavantage. Certains se représentent même certains aspects d'eux-mêmes comme un diable ou un démon, tandis que d'autres parties sont perçues comme un ange, ou un saint.

Pourtant, chaque partie à quelque chose à nous apporter et un rôle bien précis à tenir. C'est pourquoi elles se rebellent lorsque nous tentons de les repousser, de se débarrasser d'elles ou de les renier. Car elles savent qu'elles sont importantes. Toutes les parties de notre esprit agissent dans un but qui est positif pour nous, même si apparemment ce qu'elles provoquent semble négatif. Elles ont ce qu'on appelle une intention positive.

L'intention positive

Derrière un comportement, une habitude, un croyance... il y a ce qu'on appelle une intention positive. L'intention positive est un des présupposés de la PNL (programmation neuro-linguistique) qui explique qu'un comportement sert ou a servi un but positif. Autrement dit, si un problème est là, qu'il soit physique ou émotionnel, ce n'est pas pour rien, surtout s'il perdure dans le temps. D'autant plus que si on continue de faire quelque chose malgré le fait que cela nous dérange ou qu'on ait pris conscience que c'est toxique, invalidant, voire même dangereux pour nous... alors c'est qu'il doit y avoir une bonne raison. Quelque chose doit bien y trouver son compte.

Certains seraient tentés de répondre qu'il s'agit juste d'un problème de volonté. Ne dit-on pas « quand on veut, on peut » ? En réalité, ce n'est pas toujours aussi simple. Une grande majorité des personnes que je reçois en consultation sont sincèrement motivées, elles veulent vraiment changer! Mais de toute évidence la volonté ne suffit pas toujours, car elles ne viendraient pas me voir en consultation sinon. Elles vont même m'expliquer que c'est vraiment important pour elles d'atteindre leur objectif parce que leur vie actuelle ne leur conviennent pas. Dans certains cas, comme pour arrêter de fumer ou pour une perte de poids, elles savent même que c'est urgent pour leur santé de changer. Quand une personne m'expose son objectif, la seule question que je me pose à ce moment-là, c'est « pourquoi est ce qu'elle ne l'a pas déjà atteint ? Pourquoi n'a-t-elle pas déjà changé ? » Cette question peut paraître extrêmement simple au premier abord. Pourtant, en la posant, on se trouve au cœur du problème. Pensez-y quelques instants. Pourquoi est ce qu'une personne n'a pas atteint son objectif alors que c'est vraiment important pour elle? Voilà ce qu'il est important de comprendre et de résoudre si l'on désire aider une personne à évoluer. La réponse à cette question est tout aussi simple : quelque chose l'en empêche. Et si cette chose ne veut pas avancer, c'est qu'elle ne doit pas avoir envie de changer. Et si elle n'a pas envie de changer, c'est qu'elle doit avoir ses raisons.

Toutes les parties de notre esprit agissent dans un but qui est positif pour nous, même si apparemment ce qu'elles provoquent semble négatif. Les intentions positives ne sont pas toujours conscientes ou évidentes aussi est-il parfois difficile de les identifier rapidement derrière ce qu'on appelle « un problème ». De manière générale, nous percevons plus facilement les inconvénients qu'un problème génère. Le fumeur dirait que le fait de fumer ne fait que lui détruire sa santé, en plus de lui voler son argent. La personne stressée raconterait comment le stress l'empêche de mobiliser correctement ses ressources, au point de lui fait perdre ses moyens. La personne qui manque de confiance en elle expliquerait que cela lui empêche de dire ce qu'elle pense, ou de faire ce qu'elle veut vraiment au fond d'elle. La personne qui grignote entre les repas affirmerait que les grignotages ne lui apportent rien d'autre que des kilos en plus. Ces personnes ne voient que la pointe de l'iceberg.

À ces personnes que je reçois en consultation, j'aime bien leur poser la question suivante: « quel pourrait être l'avantage d'avoir ce problème? » Quel pourrait être l'avantage derrière le fait de fumer, de manquer de confiance, de stresser ou de grignoter ? Les réactions de ces personnes sont généralement assez fortes, et leur réponse est bien souvent la même : « il n'y a aucun avantage à avoir ce problème, il n'y a que des inconvénients ! », à laquelle je leur rétorque : « Dans ce cas là, s'il n'y a que des inconvénients, pourquoi est-ce que vous n'avez pas déjà changé? » Qu'elles en aient conscience ou non, une des seules raisons pour laquelle elles continuent d'avoir certains comportements, certaines réactions ou certaines habitudes, c'est parce qu'il y a une intention positive derrière. L'intention positive est la partie immergée de l'iceberg. Celle qui agit dans l'Ombre.

Prenons l'exemple d'une personne qui fume. Une partie d'elle vient à un moment donné sur le devant et provoque l'envie de fumer pour compenser un stress, ou une angoisse. Puis, une deuxième partie vient après et provoque de la culpabilité pour tenter de supprimer ce comportement qu'elle trouve néfaste. Ce qui est négatif, ce ne sont pas les buts que ces parties là cherchent à atteindre, mais la manière qu'elles mettent en œuvre pour y arriver. Le fait de fumer n'est qu'un symptôme, une conséquence de l'intention positive que possède une partie. Dans notre exemple les intentions positives sont : apaiser une angoisse, et prendre soin de sa santé. Autrement dit, la partie qui a incité la personne à prendre une cigarette pensait bien faire, au même titre que celle qui a généré la culpabilité.

Bien évidemment, il pourrait y avoir d'autres intentions positives derrière le fait de fumer : ce pourrait être pour se concentrer, mieux se « réveiller » le matin, faire une pause, pour s'intégrer socialement à un groupe, ou simplement pour le plaisir. Il arrive même parfois qu'une difficulté, un comportement ou un symptôme particulier servent plusieurs intentions positives en même temps. Ainsi une personne pourrait fumer pour toutes les raisons citées précédemment.

Par ailleurs, précisons également que même les symptômes physiques peuvent servir des buts positifs. En plus de signaler à un individu que quelque chose ne fonctionne pas correctement à l'intérieur de lui, et que quelque chose est déséquilibré, les symptômes physiques peuvent par exemple lui permettre d'obtenir l'attention et l'amour de son entourage. Certaines personnes en arrivent d'ailleurs à développer de réelles pathologies physiques.

Une des questions que l'on pourrait se poser, c'est pourquoi certaines personnes font des choses horribles, que ce soit envers elles-mêmes ou les autres, si elles ont des intentions positives ? Comment se fait-il que la souffrance existe encore dans ces cas-là ? Vous connaissez certainement l'adage « l'enfer est pavé de bonnes intentions ». La volonté de bien faire ou de faire le bien aboutit parfois au contraire du résultat espéré. Elle peut même conduire aux pires catastrophes. Qu'est-ce la guerre si ce n'est deux parties qui sont persuadées l'une comme l'autre de faire le bien ? De leur point de vue, donner la mort à une autre personne semble inévitable, et légitime. C'est au nom du bien que les hommes se font du mal.

Dans un autre registre, une maman qui surprotège son enfant en l'empêchant de prendre des risques et de vivre ses propres expériences est persuadée qu'il s'agit d'un des meilleurs moyens de l'aider à grandir. Des parents pourraient cacher à leur enfant qu'il a été adopté, pensant que c'est ce qu'il y a de mieux pour son bien-être. Une mère pourrait décider de faire adopter son enfant afin que celui-ci puisse avoir, imagine-t-elle, un meilleur avenir. Une personne pourrait penser que mettre fin à ses jours est la meilleure solution pour mettre fin à sa souffrance, voire peut-être même à celle de ses proches. Avoir une bonne intention n'est pas la garantie d'un comportement adapté. Par exemple, un agresseur qui vole et tue quelqu'un a une intention positive pour lui-même, mais n'a aucune identification avec sa victime. Ainsi, un individu qui commet sciemment et « à bon escient » quelque chose de nuisible à l'autre, aura souvent une intention positive pour lui, mais cette intention n'inclue pas l'autre.

Tout comportement, peu importe s'il semble « monstrueux », « horrible » « fou » ou « bizarre », est ou a été, à un moment donné, le meilleur choix disponible pour cette personne. Ce qui signifie que tout le comportement est ou a été perçu comme étant nécessaire ou approprié dans le contexte dans lequel il s'est produit. Autrement dit, chacun fait ses choix en fonction des outils et des ressources dont il dispose à l'instant T. Il arrive souvent que l'intention positive pour laquelle le comportement a été initié à l'origine, ne soit plus servie par le comportement. Des comportements qui nous convenaient à un moment donné, peuvent ne plus être adaptés, voire même parfois nous être néfastes, quelques temps plus tard.

Toutefois, il nous est parfois difficile de nous défaire de ces comportements. Si l'on souhaite initier un changement chez un individu, il s'agit de découvrir l'intention positive que le comportement cherche à satisfaire, puis de trouver un moyen plus sain, plus constructif, plus éthique d'atteindre l'objectif lié à l'intention. En prenant conscience des besoins profonds qui se cachent derrière nos comportements, nous pouvons commencer à les assouvir afin de sortir des pièges d'auto-destruction.

La réconciliation des parties

Un jour il y a longtemps, le chef d'un grand village Cherokee décide qu'il est temps d'enseigner la vie à son petit-fils. Il l'emmène dans la forêt, le fait asseoir au pied d'un vieil arbre et se met à lui parler : « Fils il existe une guerre qui se livre au cœur et dans l'esprit de chaque homme qui ait vu le jour. Même si je suis un veux sage, le chef de notre peuple, ce même combat se livre aussi en moi. Si tu n'es pas conscient de ce combat, celui-ci te rendra fou et tu ne connaîtras jamais ton chemin. Parfois tu seras vainqueur, puis soudain, sans même savoir pourquoi, tu te sentiras perdu, confus et effrayé. Tu perdras peut-être alors tout ce pourquoi tu as lutté. Souvent, tu penseras que tu agis avec justesse, pour t'apercevoir ensuite que tu as fait le mauvais choix. Si tu n'as pas la compréhension des forces du bien et du mal, si tu n'as pas la notion de l'individu et de la collectivité, du moi authentique et du moi artificiel, ta vie ne sera qu'agitation et tumulte. »

Le grand-père poursuit : « C'est comme s'il y avait deux grands loups puissants qui vivent en moi. L'un est noir : il est le mal, la colère, l'envie, le chagrin, le regret, la cupidité, l'arrogance, l'apitoiement, la culpabilité, le ressentiment, l'infériorité, le mensonge, la fausse fierté, la supériorité et l'ego. L'autre est blanc : il est le bien, la joie, la paix, l'amour, l'espoir, la sérénité, l'humilité, la gentillesse, la bienveillance, l'empathie, la générosité, la vérité, la compassion et la foi. Le même combat se déroule à l'intérieur de toi et à l'intérieur de tout le monde. »

Le vieux chef reste assis en silence durant quelques minutes, laissant l'histoire des deux loups pénétrer l'esprit de son petit-fils. Puis, lentement, il se penche en avant et pose un regard pénétrant dans celui de l'enfant. C'est alors qu'il confesse : « il est parfois difficile de vivre avec ces deux grands loups en moi, car chacun d'entre eux se donne beaucoup de mal pour dominer mon esprit. » Pétrifié par le récit de son aïeul, le garçon tire sur le pagne de son grand-père et lui demande: « quel est celui des deux loups qui gagne, Grand-père ? »

Vous avez peut-être entendu cette réponse : « Celui que tu nourris. » Cependant, dans le monde des Cherokee, l'histoire se termine ainsi :

Le grand-père, le visage éclairé d'un sourire de sage, lui répond alors d'une voix forte et assurée: « Tous les deux gagnent. » Et l'histoire continue: « Tu vois, si je choisis de nourrir seulement le loup blanc, le loup noir sera sur le qui-vive. Il attendra que je sois décontenancé ou bien trop occupé pour prendre garde à l'une de mes responsabilités et il attaquera le loup blanc, me causant beaucoup de problèmes, à moi et à notre tribu. Il sera toujours en colère et luttera toujours pour que je fasse attention à lui. Mais si au contraire, et parce que je comprends sa nature, j'accorde un peu d'attention au loup noir, si je prends acte de sa présence et de sa puissance, si je lui fais savoir que je le respecte pour ce qu'il est et ferai appel à lui si j'ai besoin d'aide dans une situation où notre peuple est en danger, alors il sera le content, le loup blanc sera content et il s gagneront tous les deux. Nous gagnerons tous. »

Décontenancé, le garçon demande : « Je ne comprends pas, Grand-père. Comment les deux loups peuvent-ils gagner tous les deux ? » Alors le grand chef continue : « Vois-tu, selon les événements, le loup noir possède beaucoup de qualités importantes tel que la ténacité, le courage, l'intrépidité, l'intelligence, la volonté et une grande pensée stratégique, dont j'ai parfois besoin et dont le loup blanc manque. Le loup noir dispose d'un grand nombre de facultés affûtées et évoluées que seuls ceux qui voient avec un regard obscur peuvent apprécier. Au beau milieu d'une attaque, il peut être notre allié le plus précieux. Mais le loup blanc possède également de nombreux atouts : il a de la compassion, de l'attention, de la force et la capacité de reconnaître ce qui est dans l'intérêt de tous.
Tu vois, le loup blanc a besoin du loup noir à ses côtés.

Si tu nourris seulement l'un des deux, l'autre sera affamé et deviendra incontrôlable. Si je décide de les nourrir tous les deux, ils ne se battront plus l'un contre l'autre pour obtenir mon attention, et je peux utiliser l'un ou l'autre selon ce qui se présente. Et puisqu'ils ne se font plus la guerre, je peux mieux entendre la voix de la connaissance et choisir celui qui me sera le plus utile dans toutes les circonstances de la vie.

La paix, mon fils, c'est la mission des Cherokee, le sens ultime de la vie. Un homme ou une femme qui a une paix intérieure a tout. Un homme ou une femme qui est écartelé par un combat intérieur n'a rien. Tu vas devoir choisir, jeune homme, la façon dont tu vas composer avec les forces opposées en toi. Ta décision déterminera la qualité du reste de ta vie. »

Cette histoire nous explique de manière assez juste comment s'y prendre pour résoudre et apaiser nos conflits intérieurs. Toutefois, pour qu'elle soit encore plus représentative, on pourrait imaginer que nous avons tous une meute en nous, ce qui voudrait dire qu'il y aurait de nombreux autres loups différents : un loup bienveillant, un loup jaloux, un loup confiant, un loup égoïste, un loup sage, un loup destructeur, un loup immature, un loup gourmand, un loup colérique, un loup généreux, un loup insouciant, un loup créatif, un loup fainéant, un loup menteur, un loup sincère, un loup ingrat, un loup productif, un loup imbu de lui-même, etc. Aucun de ces loups n'est plus important ou plus mauvais qu'un autre. Ils ont chacun quelque chose à nous apporter.

Chaque loup, chaque aspect de nous-même a une double face. Selon la manière dont nous nous comportons et la façon dont nous la percevons, une partie de nous peut être un puissant allier, ou devenir notre pire ennemi. Lorsque nous la renions, lorsque nous tentons de la supprimer, elle nous est néfaste et nous empêche d'avancer vers nos objectifs tandis que lorsque nous la respectons et l'acceptons, elle devient une force bénéfique et une ressource puissante.

Par exemple, si le fait d'avoir confiance en nous-même peut nous permettre de passer à l'action, et d'avancer vers nos objectifs, lorsqu'elle est en excès, la confiance pourrait nous faire prendre de mauvaises décisions, en plus de nous faire paraître aux yeux des autres comme étant prétentieux. Le doute, qui est une des conséquences du manque de confiance, pourrait nous immobiliser lorsqu'il est démesuré, de par la sur-intellectualisation qu'il engendre. Toutefois, le doute a l'avantage de nous faire nous remettre en question, de ne pas agir impulsivement afin de nous aider à prendre une décision plus sensée, et rationnelle.

Autre exemple. On imagine souvent qu'il existe deux stress : le bon stress et le mauvais stress. En réalité, il s'agit des deux facettes d'une même pièce. C'est pourquoi, dans certains cas le stress nous fait perdre nos moyens, et dans d'autres, il nous permet de nous dépasser et de mieux mobiliser nos ressources.

Si on estime, bien souvent à tort, que certaines parties sont antagonistes, elles sont en réalité complémentaires. C'est pourquoi nous avons autant besoin d'avoir confiance en nous, que d'avoir des doutes. Nous avons autant besoin d'être stressé, que de savoir nous détendre. Nous avons autant besoin d'être productif, que de savoir lâcher prise et ne rien faire. Nous avons autant besoin de nous mettre en colère et de nous affirmer, que de savoir nous détacher de certaines situations.

C'est pourquoi, chaque partie de nous détient un cadeau pour nous. Pour le découvrir, la seule condition est d'avoir un réel désir d'aller à la rencontre de nos aspects reniés, de les écouter et d'apprendre d'eux. Cela nécessite donc de mettre nos jugements et nos croyances de côté afin de pouvoir les aborder avec neutralité. Lorsque nous sommes prêts à aller à leur rencontre, et lorsque nous sommes prêts à les nourrir de manière équitable, nous avançons vers la possibilité de recouvrer notre paix intérieure. Il ne tient donc qu'à nous de décider comment nous allons nous comporter vis à vis de nos loups intérieurs. Allons-nous en ignorer certains, et en bannir d'autres ou bien allons-nous les reconnaître, et les accepter comme faisant partie de la meute ?

EXERCICES

Découvrir l'intention positive derrière un comportement :

1) Pensez à un comportement qui vous pose problème actuellement.

2) Repensez à la dernière situation où ce comportement problématique s'est manifesté, avec le plus de détails possible.
3) Demandez-vous ce qui vous a poussé à agir comme vous l'avez fait ? Quel était votre besoin à cet instant ?
4) Si cela peut vous aider, imaginer que la partie qui génère votre problème soit une personne, et essayez maintenant de vous mettre dans la peau de cette personne. Pourquoi est-ce qu'elle a agit de cette manière ? Qu'est-ce qu'elle cherchait à accomplir ? À obtenir ?

Pour aller plus loin, voici quelques exemples d'intentions positives pour vous donner des pistes de réflexion et de travail :

- Fumer: permet de fuir et en conséquence d'apaiser temporairement des émotions désagréables (stress, ennui, agacement...), permet de se détendre, de se concentrer, de faire une pause, de se motiver, de se réveiller, de se sociabiliser.
- Grignoter: permet de fuir et en conséquence d'apaiser temporairement des émotions désagréables (stress, ennui, agacement, solitude...), gourmandise.
- Être en surpoids : permet de se cacher, de se rendre invisible, de masquer et camoufler les attributs sexuels, permet de se rendre « repoussant », « non-désirable » sexuellement aux yeux du sexe opposé afin de ne pas attirer de prédateur, et donc permet de se protéger et de se sentir en sécurité.
- Le stress: signal qu'il y a un enjeu, quelque chose d'important pour nous, permet de mieux mobiliser nos ressources, de mieux nous concentrer, et de mieux anticiper une situation en imaginant les pires scénarios donnant ainsi une illusion de contrôle, et permet de mieux se préparer à une situation.
- Manquer de confiance : permet de se mettre en retrait, ne pas dire ce qu'on pense réellement d'une personne ou d'une situation, éviter de prendre des risques, éviter des disputes, des conflits, ou de se faire rejeter par l'autre, et donc éviter de souffrir, ne pas prendre de décisions.
- Dépendance à l'alcool: permet d'éviter de penser à certaines choses désagréables et donc éviter de ressentir les émotions

qui y sont associées, permet d'oublier temporairement ce qui ne va pas dans notre vie et de fuir une réalité trop douloureuse, permet d'apaiser une douleur physique, permet de se réchauffer, permet d'avoir confiance en soi, de se sentir plus courageux.

- Tromper son partenaire: permet de combler ce qui manque dans son couple, de se sentir séduisant, attirant, important, de retrouver confiance en soi, de découvrir et expérimenter de nouvelles choses surtout d'un point de vue sexuel, mais parfois aussi d'un point de vue émotionnel, permet de sortir de la routine, de se confier à une autre personne.
- Douter: permet de rester dans sa zone de confort, de ne pas prendre de risques, de ne pas souffrir, d'éviter de prendre des décisions, de se remettre en question, d'analyser une situation.
- S'énerver: permet de défendre notre intégrité, de faire connaître nos limites, de se faire respecter, de se motiver, de passer à l'action, de nous montrer que les choses ne se passent pas comme nous le voudrions, d'informer les autres ce que nous ne tolérons pas, de relâcher une tension.
- Ne pas réussir à avoir une relation amoureuse stable et durable: permet d'éviter de s'engager totalement dans la relation, d'éviter de souffrir, de pouvoir être indépendant.
- Rester célibataire : permet de rester indépendant, d'avoir une certaine liberté, ne pas avoir de comptes à rendre à quiconque, de ne pas modifier ses habitudes, de ne pas se faire abandonner, trahir, ou rejeter, et donc de ne pas souffrir.
- Mentir: permet de se rendre plus intéressant, plus important, de se faire accepter, de ne pas montrer notre moi authentique par peur qu'il soit rejeté par les autres, de ne pas prendre ses responsabilités.
- Dépression : permet de se reconnecter à son corps et à soi en n'ayant plus le choix que de ressentir les émotions désagréables, permet de ne plus faire semblant, de ne plus aller travailler, de s'affirmer, de faire un tri dans sa vie, de nous montrer que notre vie pourrait être mieux, qu'il y a quelque chose à améliorer, de nous reposer, de revenir à l'essentiel,

de se souvenir de ce qui est important pour nous, et de redevenir nous-mêmes.

- Être souvent malade: permet d'obtenir d'avantage d'attention de la part de notre entourage, et permet d'avoir l'impression d'être aimé.

8.

LA FRAGILITÉ DE L'EGO

« La tache principale de l'esprit
est de libérer l'Homme de son ego. »
Albert Einstein

Nous aspirons généralement tous à pouvoir être nous-mêmes, afin de connaître la paix intérieure. Une quête qui peut s'étendre sur la totalité de notre existence, tant il y a d'aspects de nous-mêmes à découvrir. Pour recouvrer la totalité de notre être, il s'agit de partir à la rencontre de nos aspects les plus inacceptables, afin de découvrir les cadeaux qu'ils ont à nous offrir. Pour effectuer cette démarche, il est donc nécessaire d'être animé par un réel désir d'aller à leur rencontre, de les écouter sincèrement, de les aborder avec neutralité bienveillante, et cela implique d'être prêt à se remettre en question et à mettre de côté nos jugements et nos croyances.

Dans le chapitre sur la projection, peut-être avez-vous remarqué qu'il est particulièrement difficile d'admettre que nous possédons en nous certaines caractéristiques, celles-la même que nous reprochons aux autres. À tel point, que pour bon nombre d'entre nous, il est bien souvent très difficile de reconnaître nos torts. Il semblerait que quelque chose nous empêche d'aller à la rencontre de nos zones d'ombre, de nous-même et donc de voir la réalité en face.

Mais quelle est cette chose qui nous bloque ? Il s'agit bien souvent de notre ego.

Comprendre l'ego

L'Ego, un bien grand mot pour de multiples définitions. Ego en latin veut dire « je ». Lorsqu'on utilise le mot « je » pour nous décrire, nous faisons référence à notre ego. Il désigne donc le moi, c'est-à-dire la représentation et la conscience que tout individu a de lui-même. C'est un peu la substance de notre personnalité. Nous avons donc tous un ego.

Ce dernier nous permet de nous sentir séparé de notre mère et du reste du monde, et permet le processus d'individuation. Car il faut le préciser, à la naissance, un bébé ne se pense pas en tant qu'individu. Les nouveau-nés ne se rendent même pas compte que les petites mains et petits pieds qu'ils voient devant eux leur appartiennent. Mais au fil du temps, un bébé développe différentes capacités physiques, mentales et émotionnelles. Il commence alors à découvrir qu'il est une personne à part entière (avec son propre corps, ses propres pensées et sentiments). Nous avons dû apprendre progressivement à faire la différence entre ce qui nous appartenait et ce qui appartenait à l'autre. Nous découvrons alors notre subjectivité, ce que nous aimons et n'aimons pas, et nous en déduisons alors que les autres personnes doivent fonctionner de la même manière que nous. Notre ego se construit donc autour des croyances que l'on a sur nous-mêmes, et sur les autres. Il nous permet donc également de développer notre estime de nous-mêmes.

Lorsque notre ego a connu un développement harmonieux, il nous permet par exemple de ne pas réagir au quart-de-tour lorsqu'une personne ne se comporte pas comme nous l'aurions souhaité. Il nous permet de mieux contrôler nos impulsions, et nos réactions parfois agressives. Lorsqu'une personne réagit parfois avec violence, c'est souvent parce que son ego a été blessé. Elle éprouve alors une détresse, et un sentiment de nullité qui vient générer un sentiment de colère. La colère a ici pour rôle de protéger l'ego de la personne. Notre ego est donc une structure importante de notre personnalité, et sans elle notre rapport aux autres serait compliqué voire peut-être même impossible.

Dans notre société, il est de bon ton d'avoir un ego « fort », puissant, bien construit. Certains disent que ce serait la clef de la réussite et de l'épanouissement. Avoir de la personnalité, ce serait avoir un ego bien développé. Toutefois, un ego trop développé peut également vite devenir problématique car la représentation que l'on a de nous-même peut parfois être faussée.

Mal équilibré, notre ego peut se transformer en individualisme, narcissisme et en manque d'humilité. Lorsque l'on pense d'ailleurs à l'ego, on l'associe souvent au mot égoïste, ou égocentrique. Il est donc rare que le mot ego soit évoqué de façon positive. On lui accole souvent un qualificatif peu flatteur : l'adjectif surdimensionné. Ainsi, lorsqu'on dit de quelqu'un qu'il a de l'ego, on perçoit cette personne comme étant imbue d'elle-même, vaniteuse, et manquant d'empathie. Un ego trop développé se fait beaucoup d'ennemis, rencontre beaucoup de résistances et se sent très souvent menacé.

Notre ego nous conduit vers l'envie de gagner à tout prix, par fierté, par envie de montrer que l'on est le meilleur dans ce que nous entreprenons et que l'on est au dessus du lot. Il correspond à une fixation sur soi souvent représentative d'un manque de confiance en soi et d'une recherche continuelle de domination. Notre ego veut se battre pour gagner, puis pour conserver ce qu'il a gagné. Car, ce que veut notre ego plus que tout, c'est plaire, être le meilleur de tous afin de se savoir aimé et accepté de tous. C'est pourquoi l'ego vit constamment dans la peur : peur du lendemain, peur de ne pas être à la hauteur, de perdre, de ne pas gagner assez. Ainsi, pour avoir moins peur, il va essayer de paraître plus gros que ce qu'il n'est réellement.

La majorité de nos peurs ne sont d'ailleurs alimentées que par notre ego. C'est notre ego qui a peur de souffrir si les choses ne se réalisent pas comme il veut. Dans toute situation qui nous stresse, qui nous fait peur, si nous nous demandions quel serait le pire qui puisse nous arriver, nous réaliserions que la plupart du temps, le pire serait une blessure à notre ego ! Nous avons peur de prendre la parole en public ? Ce qui pourrait arriver de pire n'est rien d'autre qu'une blessure à l'ego. Nous avons peur de nous affirmer ? C'est l'ego qui a peur de ne plus être aimé s'il ose mettre et montrer ses limites. Nous avons peur de faire de la peine à autrui? C'est l'ego qui ne veut pas passer pour le méchant de l'histoire ! Et ce d'autant plus qu'il préfère de loin la posture de victime : « ça n'aurait jamais dû arriver », « c'est injuste », « c'est toujours à moi que ce genre de chose arrive ».

C'est notre ego également qui fait naître la jalousie. C'est cette petite voix qui nous dit : « Qu'est ce qu'il/elle peut bien avoir de plus que moi celui-là/celle-là ? Pourquoi je ne peux pas avoir la même vie que lui/elle ? Comment ça se fait que tout lui réussit, tandis que moi je galère ? ». Peu importe la situation qui génère de la jalousie, cette émotion n'est en réalité que le reflet de nos insécurités, de nos peurs, et de notre manque d'estime que notre ego tente tant bien que mal de masquer. C'est également notre ego blessé qui s'exprime lorsque l'on vient de se faire quitter : « de toute façon, il ne retrouvera jamais quelqu'un qui acceptera de faire tout ce que je faisais pour lui. Personne n'arrivera à le supporter. Il va regretter de m'avoir quitté. » Pour mieux vivre cet événement douloureux, l'ego n'hésite pas à se trouver des excuses et des justifications : « de toute façon j'ai pas besoin de lui. Je vais prendre soin de moi maintenant. Il se rendra compte à quel point je suis intéressante, et de ce qu'il a perdu en se séparant de moi. »

Ainsi, notre ego n'hésite pas à modifier notre expérience de la réalité afin qu'elle soit plus tolérable. Pour cela, il est devenu une magnifique machine à justifications.

La dissonance cognitive

Un des meilleurs moyens de se voiler la face et de se trouver des excuses est ce qu'on appelle la dissonance cognitive. La dissonance cognitive est un concept développé par le psychosociologue américain Léon Festinger dans les années 1950. il explique que chaque individu est à la recherche d'un équilibre cognitif. En d'autres termes, l'être humain cherche à faire en sorte que ses cognitions (croyances, pensées, émotions, actes, comportements) soient en harmonie. Lorsque les cognitions sont en accord les unes avec les autres, on dit alors qu'elles sont consonantes. En revanche, lorsqu'elles ne sont pas cohérentes, on rentre en dissonance cognitive. Cette dissonance génère un état de tension psychique tellement désagréable que la personne sera amenée à mettre en œuvre des stratégies, bien souvent inconscientes, afin de le réduire et de restaurer un équilibre cognitif.

Dans une expérience, Festinger s'était intéressé à un groupe sectaire dirigé par Mme Keech. Cette dernière prétendait avoir reçu de mystérieux messages chez elle sous forme d'écriture automatique provenant d'extraterrestres. Ces messages lui révélèrent que la Terre serait détruite par un déluge effroyable avant l'aube du 21 décembre 1954. Selon elle, seuls les vrais croyants seraient sauvés par une soucoupe volante le 20 décembre à minuit précise. Prenant ces déclarations pour vraies, de nombreux fidèles quittèrent leur travail, leur conjoint(e), leur logement, et donnèrent tous leur biens pour préparer leur départ à bord de la soucoupe volante. Le groupe de croyants s'était donc fortement impliqué dans cette croyance ce qui indiquait un haut degré de conviction.

Festinger était curieux de savoir ce qui se passerait quand la prophétie se révélerait fausse, c'est pourquoi, il infiltra la secte avec quelques collègues pour observer cela de l'intérieur. Festinger prédisait que les membres les moins impliqués dans la communauté seraient plus susceptibles de perdre leur foi dans Mme Keech, tandis que ceux qui avaient tout abandonné pour la suivre verraient leur dévotion et leur croyance augmenter.

Le 20 décembre, les croyants attendaient donc qu'un extraterrestre vienne les sauver a bord de son vaisseau spatial. Minuit passé, il n'y eu cette nuit-là ni apocalypse, ni sauveteur céleste, ce qui plaça comme prévu les membres de la secte dans un trouble profond. La contradiction entre la réalité et les croyances les avait conduit à une forme de sidération. Durant les heures qui suivirent, le désespoir et le désarroi du groupe étaient palpables. Mais à 4h45, Mme Keech reçut un nouveau message par écriture automatique qui lui signifiait que leur action et leur foi avaient sauvé le monde de l'apocalypse, que Dieu avait ainsi décidé de les épargner, et qu'il fallait l'annoncer au monde entier.

On pourrait penser de prime abord, que face à l'échec de la prophétie, les fidèles allaient simplement se détourner de leur chef. Bien au contraire, leur foi envers leur leader s'est considérablement renforcée. De nombreux membres du groupe contactèrent la presse pour les prévenir du miracle et tentèrent de convertir le plus de personnes possibles.

Comment expliquer un tel comportement, contraire à toute logique rationnelle ? Les disciples de Mme Keech s'étaient tellement investis dans leur croyance qu'il était trop difficile pour eux d'en changer. L'être humain, lorsqu'il a des croyances profondément ancrées, préfère faire en sorte de les maintenir, même s'il a devant lui toutes les preuves du contraire. Ce faisant, il va par exemple chercher à minimiser la réalité, à oublier ce qui le dérange, à détourner son attention ou alors il va distordre, transformer, et réinterpréter le réel de manière à ce que ses croyances restent intactes. Léon Festinger nous dit : « pour ne pas se mettre psychiquement en danger, l'individu a besoin de maintenir une certaine cohérence entre ses croyances, ses attentes et ses actes. Quand la dissonance est trop grande, cela provoque une réaction de négation, de rejet, d'évitement ou d'oubli. » En conséquence, pour maintenir un équilibre cognitif et rester cohérent, il va chercher à justifier ses comportements.

Prenons l'exemple d'un fumeur qui sait que la cigarette nuit à sa santé. Il se trouve donc en dissonance entre ses actes (le fait de fumer), et ses pensées (« je sais que fumer tue »). Pour réduire cet état de tension, il devra alors changer l'une des deux cognitions : soit il devra modifier son comportement, soit il devra changer ses pensées. Le fumeur tentera alors probablement d'arrêter de fumer. S'il y arrive, la dissonance se verra réduite. Mais si sa tentative fut vaine, la dissonance sera toujours présente. De ce fait, pour retrouver un équilibre cognitif, il ne lui reste plus comme solution que de changer ses pensées par rapport à la cigarette. Pour cela, il aura tendance à justifier son addiction en se disant par exemple « c'est pas une petite cigarette qui va me tuer », « il faut bien mourir de quelque chose », ou encore « la pollution, c'est bien pire que la cigarette ». Par ce biais, le fumeur réduit alors la dissonance, ce qui lui permet de fumer sans trop se contredire.

Évidemment, il n'y a pas que les fumeurs qui sont confrontés à la dissonance cognitive. C'est le cas également de la personne qui cherche à faire un régime pour perdre du poids. Si elle relâche les efforts ou si elle se met à grignoter, pour justifier son comportement, elle se dira probablement « après tous ses efforts, j'ai bien le droit de me faire plaisir aussi », ou encore « c'est pas grave, demain je ferai une séance de sport plus intensive, et je mangerai juste une salade ».

Ou encore, la personne qui a conscience de la crise écologique actuelle et qui justifie son mode de consommation de la manière suivante : « les autres ne font pas d'efforts, je ne vois pas pourquoi je serai le seul à en faire », « que représente mon billet d'avion dans la balance de la pollution industrielle mondiale ? En plus, j'ai peu de vacances alors j'essaye d'en profiter un maximum », « j'ai acheté un produit en plastique mais je l'ai jeté dans la poubelle. C'est toujours mieux que si je l'avais jeté dans la nature. »

Bref, les excuses sont nombreuses pour justifier nos actions. En résumé, lorsque nous sommes face à une dissonance cognitive, deux solutions s'offrent à nous: soit nous changeons notre comportement, soit nous nous mentons à nous-mêmes. Modifier notre comportement serait un des meilleurs moyens de réduire la dissonance cognitive, mais c'est de toute évidence la solution qui nécessite le plus d'efforts. De ce fait, malgré le malaise que cela crée en nous, nous préférons nous raconter des histoires, continuer de nous voiler la face, plutôt que d'avancer vers le changement. Au travers de la dissonance cognitive, l'ego a un moyen de se déresponsabiliser en rejetant la faute sur les autres.

La difficulté à reconnaître nos faiblesses

Certaines personnes arrivent à admettre assez aisément leurs faiblesses, à reconnaître lorsqu'elles ont commis une erreur ou lorsqu'elles sont en tort. Mais pour d'autres, ce n'est vraiment pas aussi simple... Évidemment, il est possible qu'une personne ne soit même pas consciente qu'elle a tort, aussi lui est-il impossible de le reconnaître. En revanche, dans d'autres cas, la personne en est pleinement consciente mais elle n'arrive pas à l'avouer aux autres ou à se l'avouer à elle-même, et ce même parfois face à des preuves accablantes. En d'autres termes, dire: « Je me suis trompé(e) et je suis désolé(e) » est tellement terrifiant pour elles, que cela leur semble impossible. En cause : leur ego.

Pour ces personnes, leur ego et leur estime d'elles-mêmes sont si fragiles qu'admettre qu'elles ont fait une erreur ou qu'elles ont eu tort est fondamentalement trop menaçant pour que leur ego le tolère. En effet, admettre qu'elles sont faillibles peut provoquer une profonde anxiété psychologique à cause des risques ou des conséquences associés à la perte ou à l'échec. Ainsi, elles clament et insistent sur le fait qu'elles ont raison, ou qu'elles ne sont pas comme les autres les perçoivent, démontrant ainsi une certaine « rigidité psychologique ». Accepter qu'elles ont tort, qu'elles ne sont pas parfaites, absorber cette réalité serait si douloureux psychologiquement, que leur ego met en place des mécanismes de défense pour éviter de le faire : il déforme littéralement leur perception de la réalité pour la rendre moins menaçante. Leurs mécanismes de défense protègent leur ego fragile en changeant les faits dans leur esprit, de manière à ne pas ressentir la gêne, la honte, ou la culpabilité, ou toute autre émotion désagréable. En niant leur faute, cela leur permet de protéger leur image d'elles-mêmes.

En restant buter dans leurs idées, elles pensent pouvoir se protéger des conséquences qui pourraient provenir de leur imperfection et de leur faillibilité. Pour ces personnes, reconnaître leurs torts et présenter leurs excuses serait un aveux de faiblesse, et cela leur est intolérable. Mais bien évidemment, ce qui se cache derrière leur réticence à faire amende honorable, et à admettre leurs faillibilité, c'est la peur de ne plus être aimé. Qui, enfant (et certainement plus tard adulte), n'a pas déjà menti à ses parents pour ne pas les décevoir ? La logique qu'il y a bien souvent derrière est la suivante : « Je vous ai blessé, mais si j'admets mes faiblesses et mes erreurs, cela vous fera encore plus de mal. » Avouer nos faiblesses nous fait craindre de perdre le respect et l'amour de la ou des personnes que nous aimons le plus.

Ce faisant, l'ego nous incite à nous mentir à nous-même, et n'hésite pas, dans certains cas, à rejeter la faute sur les autres. Les disputes ne sont finalement essentiellement que des blessures de l'ego qui préfère accuser l'autre personne de sa souffrance. Comme le dit

Eckhart Tollé, « l'ego adore donner tort, puisque cela lui donne le droit d'avoir raison. Autrement dit, vous devez donner tort aux autres pour acquérir un sens plus fort d'identité. » Il nous empêche ainsi de nous remettre en question, de pardonner l'autre et de nous pardonner nous-mêmes, d'accepter notre faillibilité, et donc par extension, il nous dissimule la réalité telle qu'elle est. Dans le domaine de la spiritualité il est d'ailleurs perçu comme celui qui nous empêche d'atteindre une forme de vérité, de profondeur. Ce serait l'obstacle au bonheur, et à la liberté, et la seule solution serait de s'en détacher voire même de le faire disparaître.

Mais ce que redoute le plus notre ego, c'est justement de disparaître, car cela signifie pour lui, mourir. Aussi ne supporte-t-il pas de perdre le contrôle. Et s'il perdait tout en relâchant sa pression ? Pour survivre et se protéger, il met alors en place des mécanismes de défense. Pour cela, il va par exemple ignorer et réprimer certaines expériences douloureuses, renier certains aspects de notre personnalité, et de la réalité qui serait en contradiction avec la représentation que nous avons de nous-mêmes. Si par exemple, je suis persuadée d'être quelqu'un d'ouvert d'esprit, je vais juger ceux qui, à mon sens, ne le sont pas (mécanisme de projection). Mais je risque également de ne pas percevoir quand moi-même je manque d'ouverture d'esprit (mécanisme de répression), créant ainsi une sorte de blind spot (point aveugle) afin d'éviter l'inconfort d'avoir à accepter la réalité. Notre ego relègue alors l'aspect de nous-même qui est « fermé d'esprit » dans notre Ombre qui deviendra donc inconscient par la suite. Il nous empêche donc de voir la profondeur et la grandeur de notre être, réduisant ainsi notre champ de conscience. Par là même, nous perdons contact avec notre moi authentique.

Nous pensons bien souvent que l'ego est une extension de nous-même, alors qu'en réalité, il est essentiellement une illusion. Dans le livre tibétain de la vie et de la mort, Sogyal Rinpoche décrit l'ego de la manière suivante : « l'ego est notre fausse identité, adoptée par l'ignorance. Ainsi, l'ego se définit par l'absence d'une connaissance véritable de ce que nous sommes réellement, et par la conséquence même de cette ignorance : la tentative vouée à l'échec, de nous raccrocher désespérément à une image de nous-mêmes fabriquée de toutes pièces, une image de fortune, un moi inévitablement charlatan et caméléon, contraint de changer sans cesse, pour garder vivante la fiction de son existence. »

C'est pourquoi il n'est pas toujours simple de recouvrer notre part d'ombre, car notre ego a érigé une sorte de carapace qui enveloppe notre moi authentique, qui nous empêche d'être honnête envers nous-mêmes. Lorsque nous prenons conscience de tous les aspects de nous-mêmes que nous avons reniés, les « positifs » comme les « négatifs », notre ego sent qu'il perd son pouvoir. De fait, pour nous décourager d'aller plus loin, il nous crie d'arrêter, qu'il ne vaut mieux pas aller voir ce qu'il se cache dans notre ombre car cela risquerait d'être trop douloureux. Mais ce n'est que notre ego qui redoute sa propre mort. Notre ego nous manipule en tordant la réalité et en l'analysant avec des raisonnements irrationnels et illogiques. En nous empêchant de voir la réalité telle qu'elle est, il nous facilite la tâche, mais nous fait évoluer dans un monde d'illusions. Pour pouvoir se libérer du voile de l'illusion, il faut se libérer du piège de l'ego.

Le but n'est évidemment pas de se débarrasser de l'ego. Faisant partie intégrante de notre psyché, nous ne pouvons tout simplement pas le supprimer. Plutôt que de vouloir l'éliminer, nous devrions chercher au contraire à l'adoucir. Ne dit-on pas « mettre de côté son ego » ? Cela signifie simplement de le déplacer afin de ne plus y être autant identifié. L'idée serait donc d'avantage de se détacher de son ego, de voir à travers et au-delà de cette construction mentale, afin de nous libérer des histoires qu'il nous raconte sur nous-mêmes.

Ce à quoi nous faisons référence lorsque nous disons « je » n'est pas qui nous sommes. Notre ego s'identifie à certains traits de caractère, à certaines pensées, à notre corps, à un rôle (notre persona), à une profession, à une religion, et parfois même à certains objets en leur attribuant un sens de soi, ce qui donne l'impression que cela fait parti de notre identité. Ce n'est en réalité qu'une construction mentale à partir de laquelle nous en tirons le sens de notre identité. Selon Eckhart Tollé, « dans l'usage quotidien normal, le « je » incarne l'erreur primordiale, une perception erronée de qui vous êtes, un sens illusoire de votre identité. » Cela donne naissance à un moi illusoire, un faux moi, qui nous sert de fondement à notre interprétation de la réalité. Cette dernière n'est donc que le reflet de notre illusion.

Dans le monde de la spiritualité, il s'agit de transcender l'ego. La transcendance de l'ego consiste en quelques sortes à voir à travers l'illusion, car lorsqu'on la perçoit comme telle, elle se dissout. Tollé précise qu'« en voyant ce que vous n'êtes pas, la réalité de ce que vous êtes émerge toute seule ». Lorsqu'on ne s'identifie plus à notre faux moi, la conscience s'éveille en nous et laisse place à un état de paix et de sérénité profonde. On s'apercevra alors qu'il n'y a pas réellement de séparation entre nous et les autres : nous réalisons que nous ne sommes qu'Un.

Pour résumer, la première partie de notre vie consiste à fortifier notre ego, afin de construire notre identité, tandis que la deuxième partie consiste à l'adoucir. Prendre conscience de l'influence de l'ego sur nos vies est un premier pas vers l'expansion de notre conscience, ainsi que vers la reconnexion à notre être profond. Ce faisant, nous pourrons enfin nous libérer de notre souffrance, tout en nous rapprochant de la vie que nous désirons.

EXERCICE

Voici quelques questions pour vous aider :

- De quelle manière votre ego influence votre vie ?
- Qu'est-ce qu'il vous pousse à faire ? À dire ?
- Ou au contraire, qu'est-ce qu'il vous empêche de faire ? De dire ? D'accepter ?
- Quelles sont les justifications que vous vous trouvez pour ne pas changer ?
- Comment sera votre vie une fois l'ego transcendé ? Quel genre de personne serez-vous ?

9.

LES BLESSURES INTÉRIEURES

« C'est important les blessures pour comprendre un individu. Chacune d'entre elles entaille l'âme jusqu'à la modeler, lui donner une forme propre. Il suffit alors d'effleurer ces cicatrices pour tout comprendre d'elle. »
Thierry Cohen.

Toutes les expériences que nous avons vécues depuis notre enfance, celles agréables comme celles désagréables, viennent se stocker dans notre inconscient. Ainsi chaque chose de l'existence que nous avons perçue, à tort ou à raison, se retrouve dans ce grand réservoir des mémoires de notre vie qu'est l'inconscient. Bien sûr, il est fort probable que nous ayons enregistré des souvenirs erronés, distordus ou incomplets quand nous étions enfant car notre cerveau n'était pas suffisamment mature pour tout comprendre, c'est-à-dire que nos capacités d'analyse et de jugement n'étaient pas encore totalement développées. Les informations sont donc enregistrées de manière très brutes, et se retrouvent telles qu'elles dans notre inconscient. Celles-ci serviront ensuite de fondements à nos pensées, nos réactions et nos comportements. Nous sommes donc en quelques sortes le résultat des impressions que nous avons perçues et des événements que nous avons vécus.

Selon l'intensité de l'expérience, cela peut laisser une trace, une empreinte en nous. Ainsi, les événements que nous avons vécu comme des drames plus jeunes, laissent une blessure sur notre être psychique, de la même manière qu'une plaie pourrait le faire sur notre être physique. C'est alors que se créent nos blessures intérieures.

Nos blessures intérieures

Une blessure intérieure est un traumatisme plus ou moins ancien inscrit au tréfonds de notre être. Elle prend souvent racine durant l'enfance, par manque d'amour, de reconnaissance, de sécurité affective, voire suite à des maltraitances physiques ou psychologiques. Elle se crée donc en fonction du comportement de nos parents et donne naissance à une blessure dite principale. Même si nos parents font de leur mieux, ce sont le vécu individuel, l'interprétation personnelle et la compréhension des faits, propres à chacun, qui créent les blessures de l'être. Par la suite, certaines expériences au cours de notre vie qui engendrent des émotions douloureuses et des traumatismes, tel qu'un deuil, une séparation, une maladie, une crise existentielle ou se retrouver au chômage, etc...peuvent se rajouter à notre blessure, et la renforcer.

Cette blessure du passé est alors stockée dans notre inconscient (notre Ombre). Le problème, c'est que celle-ci disparaît juste de notre conscience mais elle reste toujours présente en nous. La blessure intérieure peut être comparée à une blessure physique qu'on aurait sur la main depuis longtemps, qu'on ignore et qu'on néglige de soigner. Si nous tentons de dissimuler une blessure physique en y mettant simplement un pansement, ou un gant pour ne plus la voir, sans la soigner correctement, la plaie risque de s'infecter, et les conséquences peuvent devenir dramatiques. C'est la même chose pour nos blessures intérieures. Si elles ne sont pas traitées, elles risquent de s'aggraver et d'avoir des effets néfastes dans notre vie.

En effet, lorsque nos blessures restent béantes, elles nous empêchent d'être vraiment nous-mêmes, et nous conduisent à des réactions disproportionnées, inadéquates, et des comportements répétitifs et indésirables, dont nous nous sentons parfois victimes. Aussitôt qu'une blessure est activée, nous réagissons de manière automatique, exactement comme nous pourrions le faire lorsqu'un quelqu'un vient toucher une plaie ouverte sur notre corps. La réaction que nous allons avoir dépend de la gravité de la plaie : plus elle fait mal et plus la réaction est forte, rapide, et difficilement maîtrisable. Ainsi, chaque fois qu'une réaction est disproportionnée, telle une violente colère après une petite contrariété, une tristesse profonde après une simple remarque, nous avons l'indice qu'une de ces vieilles blessures est ouverte (ou qu'elle vient de se rouvrir). Ces blessures intérieures qui n'auraient pas été soignées peuvent avoir des répercussions autant sur le plan mental (anxiété, peurs, culpabilités, émotions, colères, dépression, sentiment d'injustice, tristesse, etc.) que sur le plan physique (maladies, accidents, etc.). Ainsi, ce qui nous arrive de désagréable, de difficile, de stressant peut être relié à une de nos blessures intérieures.

Dans son livre *Psychothérapie*, Patricia D'angeli explique que pour nous protéger de la douleur de nos blessures, nous pouvons avoir plusieurs réactions face à celles-ci : nous pouvons la banaliser, la nier, ou la projeter.

Nous banalisons notre blessure lorsque nous la minimisons, en la réduisant à une toute petite chose qui n'est pas importante. « Ce n'est pas très grave », « il y en a qui ont des réactions pires que les miennes, alors tu ne vas quand même pas te plaindre », ou encore « d'autres personnes réagissent comme moi, alors il n'y a pas de quoi en faire un drame » sont des manières d'exprimer la banalisation.

Nous nions notre blessure lorsque nous tentons de nous persuader qu'elle n'existe pas. Dans ces cas-là, nous faisons tout ce qui est en notre pouvoir pour la masquer aux yeux des autres, mais également aux nôtres. Nous arrivons parfois tellement bien à la dissimuler, qu'on en arrive à oublier sa présence.

Et enfin nous projetons notre blessure, lorsque nous accusons les autres de notre malheur pour essayer de nous en débarrasser ou pour tenter de montrer que nous sommes pas les seuls à souffrir (cf le chapitre sur la projection).

Selon Lise Bourbeau cette fois-ci, auteure du fameux livre *Les 5 blessures qui empêchent d'être soi-même,* l'esprit met en place des masques pour nous protéger. Ce sont des compensations, des béquilles nécessaires pour maintenir un bien-être en soi. Ce masque nous aide donc à survivre, et à nous adapter à notre environnement. Malgré les masques que nous mettons pour tenter de les cacher, nos blessures finissent toujours par transparaître. Particulièrement dans nos relations amoureuses car il est difficile et épuisant de garder un masque à longueur de journée.

Du fait que nos blessures soient inconscientes, il n'est pas toujours simple de découvrir celles que l'on pourrait porter en nous. D'autant plus, que notre ego fait tout pour que nous ne les voyions pas. Il est convaincu, qu'en y touchant nous ne saurons pas gérer la douleur reliée a ces blessures. Aussi nous incite-t-il à porter un masque pour tenter de colmater, en surface, les dégâts. Par ailleurs, notre ego n'a pas vraiment envie que l'on devienne conscient de nos masques, car il est persuadé que si nous devenons conscient de nos masques et qu'on les élimine, on se sera plus protégé et on risque de souffrir puisque nous découvririons alors la blessure qu'il tentait de masquer.

Alors, notre ego aime croire que quelqu'un d'autre est à blâmer pour notre souffrance. Pour autant, l'autre n'est pas responsable de celle-ci. Car si nous souffrons lorsqu'il appuie sur notre blessure, c'est parce que nous avons décidé de ne pas nous occuper de notre blessure. Nous ne sommes pas responsables des blessures que nous subissons. En ce sens, nous sommes des victimes. Cependant, nous sommes responsables de la façon dont nous allons les gérer. Nous sommes responsables de nos actes, de nos comportements, de nos décisions, de nos réactions, et de nos interactions avec les autres. Si nous avons eu une réaction disproportionnée, nous en sommes responsables, et ce malgré le fait qu'elle soit survenue malgré nous. Car c'est nous qui portons notre blessure et c'est bien nous qui n'avons pas fait le nécessaire pour l'apaiser.

Selon Patricia D'angeli, il existe trois façons de vivre nos blessures :

- soit nous les rejouons
- soit nous les refoulons
- soit nous les sublimons.

Les deux premières sont dites négatives, tandis que la dernière est dite positive. S'il est vrai que nos blessures sont souvent destructrices (lorsque nous avons des comportements désagréables), elles peuvent également nous stimuler à devenir une meilleure personne. En effet, lorsque nous sublimons une blessure, elle peut nous faire gagner la passion, nous pousser à aller au delà de nos propres limitations, et à œuvrer pour le bien commun.

Pour mieux comprendre, je vais maintenant vous faire la liste ainsi que le descriptif des blessures les plus courantes, et pour chacune d'entre elles, je vous montrerai comment elles pourront influencer notre vie selon la façon que nous avons de la vivre lorsque nous la rejouons, la refoulons, ou la sublimons. Ce que je m'apprête à vous partager est un condensé des travaux de Lise Bourbeau et de Patricia D'angeli.

Peut-être allez-vous vous reconnaître dans la description des blessures. Prenez le temps d'observer ce que cette lecture pourrait générer comme réactions en vous.

La blessure du rejet

Le rejet est une blessure très profonde (cf chapitre 2) car celui qui en souffre se sent rejeté dans son être et surtout dans son droit d'exister. Ainsi, la personne qui souffre de la blessure du rejet se sent transparente, invisible, et inintéressante. Elle en arrive à se demander ce qu'elle fait sur cette planète, tant elle se considère comme nulle et sans valeur. Enfant, elle avait l'impression de ne pas être écoutée, ou d'être incomprise. Aussi tente-t-elle d'attirer l'attention de ses parents mais ces derniers sont bien souvent trop occupés pour s'occuper d'elle. Alors, elle n'a pas le choix de se taire, et de rester invisible afin de ne pas les déranger, au risque de se faire punir parfois sévèrement.

La personne qui se sent rejetée se coupe facilement du monde extérieur en fuyant dans son monde imaginaire. Pour cela, elle trouve de nombreux moyens de fuir : le sommeil, les livres, les études, l'alcool, la drogue et autres addictions etc. Elle a tendance à s'isoler même si elle est en présence des autres. De toute façon, elle prend tellement peu de place que les autres ne la remarquent même pas. C'est pourquoi elle se sent souvent seule. Mais d'un autre côté, elle recherche la solitude.

Tellement convaincue que ce qu'elle fait ou dit n'a pas de valeur, elle a tendance à se dévaloriser. Elle se compare constamment aux autres, et si une personne s'intéresse un tant soit peu à elle, elle ne comprend pas pourquoi. C'est pourquoi, sans se rendre compte, elle a tendance à repousser les autres dès qu'il s'approche un peu trop. Voilà le paradoxe : elle qui a tellement peur d'être rejetée par les autres ne s'aperçoit pas qu'elle les rejette également. Mais ce qu'elle ne réalise probablement pas, c'est qu'elle se rejette elle-même également en se dévalorisant ! Cela crée alors ce cercle vicieux : plus elle se rejette, plus elle rejette les autres, plus les autres la rejette.

Si la personne rejoue sa blessure de rejet : elle continuera d'être transparente aux yeux du monde. Elle passera certainement son temps à s'isoler, à se sentir seule, et à se plaindre que personne ne la remarque et ne lui prête attention.

Si la personne refoule sa blessure de rejet : elle deviendra hyperactive. Elle deviendra en quelques sortes le contraire de ce qu'on lui a imposé plus jeune : elle fera en sorte qu'on la remarque, en bougeant tout le temps, en parlant fort, en prenant le plus de place possible au sein de sa famille ou même au travail, jusqu'à en devenir étouffant.

Si la personne sublime sa blessure de rejet : adulte, elle deviendra une rassembleuse. Elle travaillera dans des groupes de parole, des associations contre le racisme, l'homophobie ou toute autre forme d'exclusion.

<u>Donc en résumé</u> :
Rejeter est le fait de repousser quelqu'un ou une situation afin de nc plus l'avoir dans sa vie ou à ses côtés.

- **Vécu :** « Je ne me suis pas senti(e) accepté(e), désiré(e), choyé(e) et aimé(e)… »

- **Croyances limitantes :** « Je n'ai pas le droit de vivre ma vie. Le bien-être et le plaisir sont impossibles et interdits. Je n'ai pas vraiment de buts dans ma vie. Personne ne m'aime. »
- **Émotions récurrentes :** peur et tristesse
- **Masque :** la fuite = « Je m'isole, j'aime être ailleurs, plongé(e) dans mes pensées, je crois que je n'ai pas le droit d'exister. Je suis perfectionniste et idéaliste. »

La blessure d'abandon

Commençons déjà par faire la distinction entre la notion d'abandon et de rejet, qui sont souvent confondues. Selon Bourbeau, « abandonner quelqu'un, c'est s'éloigner de lui pour autre chose ou pour quelqu'un d'autre alors que rejeter quelqu'un, c'est le repousser, ne pas vouloir l'avoir à ses côtés ou dans sa vie.

Ceux qui souffrent d'abandon, ne se sentent pas assez nourris affectivement. Ils seront prêts à tout pour être aimés, pour qu'on ne les laisse pas. Ils cherchent à attirer l'attention par divers moyens, afin de se sentir assez importants pour recevoir du soutien de son entourage. Ils se positionnent souvent en victimes, qui est, pour eux, un des meilleurs moyens de recevoir de l'attention. Ils peuvent même développer certaines maladies pour en obtenir.

Ils ont tendance a devenir dépendants des autres. Ils demandent souvent l'opinion ou l'approbation des autres pour prendre des décisions, car ils ont besoin de se sentir soutenu. Ils ne se pensent pas capables d'arriver à faire les choses seuls. Ils ont beaucoup de difficultés à accepter des refus. Ils ont du mal a accepter la mort de qui que ce soit car ils vivent le décès d'une personne comme un abandon.

Comme pour la blessure du rejet, la personne qui souffre de la blessure de l'abandon ne se rend pas forcément compte qu'elle s'abandonne également elle-même.

Si la personne rejoue sa blessure d'abandon : elle rencontrera des difficultés à maintenir des relations durables. Son comportement inconscient incitera les personnes avec qui elle vit à la fuir, pour une raison ou pour une autre. Cela lui causera beaucoup de douleurs et de tristesse.

Si la personne refoule sa blessure d'abandon : elle trouvera toujours une bonne raison pour abandonner sa famille, ses amis. Elle s'engagera avec passion et rapidité dans une aventure et s'en lassera tout aussi vite.

Si la personne sublime sa blessure : elle deviendra une excellente médiatrice, conciliatrice. Elle aura a cœur de réunir les opposés : les couples en crise, les équipes et pourquoi pas les pays. Elle rêve d'un monde où tout le monde se tient par la main.

En résumé :
L'abandon est le fait de ne pas vouloir s'occuper de quelqu'un ou d'une situation. Généralement vécu avec le parent du sexe opposé.

- **Vécu :** « Je ne me suis pas vraiment senti(e) écouté(e), soutenu(e), compris(e) ou entouré(e) sur le plan affectif… »
- **Croyances limitantes :** « J'ai besoin des autres pour exister ! Je ne suis pas intéressant(e). Je n'arrive à rien tout(e) seul(e). »
- **Émotions récurrentes :** tristesse et vide intérieur
- **Masque :** la dépendance affective = « J'existe à travers les autres car je n'aime pas la solitude. J'ai besoin d'attention et de soutien perpétuel venant des autres. ». Son rôle principal sera celui de la victime.

La blessure de trahison

La personne qui souffre de la blessure de trahison vivait enfant dans un environnement non fiable, incertain, qui ne lui apporte pas la sécurité. Sensation qu'il ne peut pas compter sur ses propres parents. Ce peut être par exemple parce qu'il avait un jour confié un secret à l'un de scs parents qui s'est empressé de le raconter à tout le monde au repas de famille. Il apprend que son parent est un lâche, incapable de la protéger, menteur, qui ne tient pas ses promesses.

En grandissant, elle rencontrera certainement de grosses difficultés à faire confiance aux autres. Se confier sera également quelque chose de compliqué car elle craint que ses confidences soient utilisées contre elle. Elle aura peur de s'engager et encore plus de se désengager, car elle croit que ne pas tenir sa parole et se désengager sont synonymes de trahison. Ses relations seront donc bien souvent peu durables.

Comme elle ne supporte pas la trahison, elle fera tout pour être une personne responsable, forte, spéciale et importante. Elle sera d'ailleurs très exigeantes envers elle-même. Tout acte de lâcheté, de manque de courage, est vécu comme une trahison. Aussi s'en voudra-t-elle de ne pas aller au bout d'un projet.

Si elle rejoue sa blessure de trahison : elle aura tendance à croire tout ce qu'on lui raconte, et à donner trop rapidement sa confiance aux autres. Elle fera preuve de naïveté. Mal entourée, elle pourra être exploitée et rejettera la faute sur les autres.

Si elle refoule sa blessure de trahison : elle sera au contraire très méfiante, au point d'en devenir presque paranoïaque. Elle se sentira extrêmement seule, avec personne sur qui compter.

Si elle sublime sa blessure de trahison : elle travaillera dans des espaces où les gens sont vrais et expriment la vérité : souvent ce sera le milieu de la petite enfance. Elle peut également chercher à se retirer, loin du contact du monde humain, fait de menteurs et lâches, pour se rapprocher du monde animal et de la nature.

<u>En résumé</u> :

La trahison est le fait d'arrêter d'être fidèle à quelqu'un ou une cause. Elle peut apparaître avec la naissance d'un autre enfant, un inceste, le complexe d'œdipe ou une promesse non tenue.

- **Vécu :** « On n'a pas répondu à mes attentes, on m'a menti, on a trahi ma confiance, on s'est servi de moi… »
- **Croyances limitantes :** « Je ne peux pas faire confiance. L'attachement fait trop mal. L'ouverture aux autres est trop risquée. Le mensonge est partout. Il y a toujours anguille sous roche. »

- **Émotions récurrentes :** colère, mépris, méfiance, état d'alerte, impatience
- **Masque :** le contrôle = « J'aime me sentir spécial(e), ce qui me donne le droit de contrôler les autres. Je n'aime pas vraiment l'engagement. Je peux être impatient(e). Je suis responsable et fort(e). ». Ses rôles seront tantôt le sauveur, tantôt le bourreau.

La blessure de l'humiliation

La personne qui souffre de la blessure de l'humiliation n'a jamais, ou pas assez, été admirée ou félicitée. Ses parents étaient très critiques envers elle, et se targuaient de lui rappeler qu'elle leur fait honte, ou que ce qu'elle fait n'est jamais assez bien. Peu importe tout ce qu'elle pourra faire, réussir, ce ne sera jamais suffisant pour satisfaire son entourage.

En grandissant, elle devient très serviable et s'occupe des besoins de ses proches avant les siens. Souvent dégoûtée d'elle-même, elle se traite de sans-cœur, de cochonne, d'indigne. Attire constamment des situations en public pour se faire humilier.

Si elle rejoue sa blessure d'humiliation : elle porte un sentiment d'infériorité, l'impression d'être moins que rien, peu importe ce qu'elle va accomplir. Se dévalorise sans cesse.

Si elle refoule sa blessure d'humiliation : elle développera au contraire un complexe de supériorité. Elle ne cessera de se vanter de tout ce qu'elle a réussi.

Si elle sublime sa blessure d'humiliation : elle aimera être la sauveuse des personnes humiliées.

<u>En résumé</u> :
L'humiliation est le fait d'abaisser, de ridiculiser et de soumettre quelqu'un.

- **Vécu :** « Je me suis senti(e) brimé(e) dans mes envies et limité(e) dans mes besoins de liberté. Je n'ai pas le droit d'avoir du plaisir… »

- **Croyances limitantes :** « Je ne suis pas digne. Je ne suis pas une belle personne. Je n'ai pas le droit au bonheur. Je suis obligé et contraint d'être malheureux(se). »
- **Émotions récurrentes :** dégoût, mépris, culpabilité et honte
- **Masque :** le masochiste = « Je cherche le plaisir, mais j'en ai peur, j'en suis indigne. Je préfère me sacrifier pour les autres. Mais je le vis très mal à l'intérieur de moi. ». Son rôle principal sera celui du sauveur.

La blessure de l'injustice

La blessure de l'injustice est souvent en lien avec la relation que la personne a entretenue avec ses frères et sœurs. La blessure se crée par exemple lorsque ses parents lui font porter toutes les fautes et les erreurs de sa fratrie. Elle est donc accusée à tort pour quelque chose qu'elle n'a pas commis.

En grandissant, elle cherchera la justice à tout prix. Pour cela, elle deviendra perfectionniste car elle pense que si ce qu'elle fait ou dit est parfait, ce sera nécessairement juste. Elle pourra avoir tendance à être envieuse des autres qui ont plus qu'elle, surtout si elle estime qu'ils ne le méritent pas. Le mérite est quelque chose de très important pour elle.

Si elle rejoue sa blessure d'injustice : elle ne verra que le côté sombre (et donc injuste) des choses. Provoquera des situations contre son gré où elle vivra l'injustice au quotidien. Il perdra les procès qu'il intentera, surtout s'il est dans son bon droit. Se verra peut-être même accuser de crimes qu'il n'a pas commis.

Si elle refoule sa blessure : elle cherchera à imposer sa propre justice. Elle imposera ses idées comme étant les seules valables, et pourra devenir un véritable despote.

Si elle sublime sa blessure d'injustice : elle se lance dans des carrières où règnent l'ordre et la discipline, où il existe des règles et des codes. Elle participera avec plaisir à faire régner l'ordre et la justice, et sera digne de confiance.

En résumé :
L'injustice est le fait de se sentir sous-estimé, non apprécié et non respecté à sa juste valeur. Qui ne croit pas recevoir ce qu'il mérite.

- **Vécu :** « J'ai manqué de tout sur le plan affectif. Mes parents sont insensibles et froids. Ce n'est pas juste ! »
- **Croyances limitantes :** « Je dois être parfait pour être aimé(e). Les émotions sont mauvaises. Ce n'est pas ma faute. Je ne suis pas à ma place. Je ne peux pas être moi-même. »
- **Émotions récurrentes :** colère, mépris, dégoût, critique et jalousie
- **Masque :** la rigidité = « Je suis exigeant(e) envers moi-même et les autres ! Je passe pour quelqu'un de froid(e) et insensible. Je suis très optimiste en surface, mais, au fond, je pense que je ne mérite pas d'être aimé(e) et d'aimer. »

Pour conclure

À la lecture, vous avez peut-être eu la sensation de vous reconnaître dans les différents descriptifs vous laissant certainement l'impression que vous possédez toutes les blessures. Il est fort probable que nous ayons subie toutes ces blessures de manière ponctuelle, sur de courtes périodes. Nous pourrions certainement tous nous remémorer des situations où nous avons souffert de rejet, d'abandon, de trahison, d'humiliation et d'injustice. Cependant, toutes ne nous ont pas marqué au point de modifier totalement le cours de notre vie. C'est pourquoi, nous avons généralement une blessure principale, et les autres sont secondaires. Rappelons que notre blessure principale nous est transmise dès notre petite enfance. Pour cette raison, il n'est pas toujours simple de l'identifier, car elle nous a été infligée tellement tôt que nous avons forgé notre identité autour de celle-ci.

Rappelons également encore une fois, que même si une blessure peut impacter fortement notre vie, cela n'est pas toujours une mauvaise chose. Grâce à nos blessures, nous pouvons transformer notre vie mais parfois également celle des autres pour le meilleur. Il est

donc toujours intéressant dans un premier temps d'observer l'influence qu'une blessure a pu avoir dans notre vie.
Si nous constatons que notre blessure a des effets négatifs il est donc nécessaire de la soigner ou de la sublimer. Selon Patricia D'Angeli, si nous choisissons la voie de la guérison, nous gagnerons la paix intérieure ; si nous choisissons la sublimation, nous gagnerons la passion. C'est pourquoi elle invite ses patients à se demander ce qu'ils souhaitent faire de leurs blessures : en faire un moteur de vie ou aller vers la paix et l'harmonie. Le choix nous appartient toujours.

En revanche, tant quc nos blessures sont inconscientes, tant qu'elles ne sont pas guéries, elles vont nous pousser à attirer les mêmes situations et à reproduire systématiquement les mêmes attitudes et les mêmes schémas de comportement, remuant ainsi le couteau dans la plaie… On attire alors des personnes qui appuient sur des boutons dont on ne soupçonnait même pas l'existence...

EXERCICE

• Identifier votre blessure principale

Relisez bien le descriptif de chaque blessure, et prenez bien le temps d'analyser ce que la lecture procure en vous. Vous reconnaissez-vous dans un descriptif plus qu'un autre ? Quel genre de scénario avez-vous tendance à reproduire ou à attirer dans votre vie ? Plutôt du rejet, de l'abandon, de l'humiliation, de l'injustice, de la trahison ?

Si vous n'arrivez pas à identifier votre blessure principale, rassurez-vous cela n'empêchera pas de pouvoir aller mieux. Nous verrons dans le dernier chapitre que peu importe la blessure que nous possédons, la solution pour la guérir est toujours la même : tout ce dont nos blessures ont besoin, c'est que nous les reconnaissions, que nous les acceptons, et que nous les aimons.

10.

ATTRACTION ET RÉPÉTITION DE SCÉNARIOS DE VIE

« Ceux qui n'apprennent rien des faits désagréables de leurs vies, forcent la conscience cosmique à les reproduire autant de fois que nécessaire, pour apprendre ce qu'enseigne le drame de ce qui est arrivé. Ce que tu nies te soumet. Ce que tu acceptes te transforme. »
Carl Gustav Jung

Ne vous est-il jamais arrivé d'avoir l'impression de reproduire les mêmes schémas dans votre vie, de tourner en rond ? D'attirer toujours le même type de personne ou des situations qui se présentent et se terminent immanquablement de la même manière ? Bien malgré nous, nous reproduisons souvent des scénarios de vie qui ne nous conviennent pas en tombant par exemple toujours amoureux(se) de la mauvaise personne, en nous obstinant dans une voie qui n'est pas la nôtre, en enchaînant les déceptions et les événements malheureux, en multipliant les conflits, ou les conduites à risques, ou en reproduisant des comportements néfastes pour nous.

Nous allons ici nous intéresser à l'attraction dans nos relations sociales et plus particulièrement dans nos relations amoureuses. Car finalement, qu'est-ce qui nous attire chez quelqu'un ? C'est souvent un regard particulier, la forme d'une bouche, un certain sens de l'humour, ou rien de tout cela. Parfois, on ne saurait même pas dire précisément ce qui nous captive chez l'autre. C'est juste un ressenti. Nous avons tous aussi nos « types » préférés : l'allure sportive, l'intello aux lunettes, le/la bon(ne) vivant(e), le style chic etc. Certaines personnes nous attirent, d'autres pas du tout... Mais pourquoi cela ? Cette question intéresse très sérieusement les scientifiques, qui trouvent que nos choix n'ont rien d'innocent et ne doivent rien au hasard.

Qui se ressemble s'assemble

Ne vous est-il pas déjà arrivé de remarquer que les partenaires d'un couple se ressemble physiquement ? Peut-être que vous vous êtes fait cette réflexion en croisant deux amoureux dans la rue, ou peut-être que dans votre entourage vous connaissez un couple qui se rassemble. La ressemblance est parfois tellement troublante qu'on se demande s'ils ne sont pas frères et sœurs. Peut-être même vous a-t-on déjà dit que vous-mêmes ressembliez à votre conjoint(e). Vous connaissez très certainement l'adage « qui se ressemble s'assemble », mais s'agit-il simplement d'une expression dénuée de sens, ou y a-t-il un fond de vérité ? Autrement dit, est-ce notre cœur ou notre cerveau qui choisit celui ou celle dont nous allons tomber amoureux(se) ? Sommes-nous véritablement libres de choisir notre partenaire ? Les réponses sont parfois surprenantes et il semblerait sur un plan strictement scientifique que nous soyons moins libres qu'on l'imagine au moment où Cupidon bande son arc. De plus en plus, les résultats d'études scientifiques semblent indiquer que le libre arbitre relève d'avantage d'une illusion dans le domaine de l'amour.

On se rapproche souvent d'une personne sur des points communs. Quand les points communs sont nombreux, on a le sentiment d'avoir trouvé son âme sœur : on se comprend sans effort et la communication est facile quand on a la même structure de pensée et qu'on partage les mêmes valeurs et les mêmes centres d'intérêt. Mais au delà des ressemblances sur le plan culturel, et social, on remarque également chez les couples une tendance à choisir un(e) partenaire qui a des similitudes physiques.

En effet, Karl Pearson, mathématicien célèbre pour avoir développé le coefficient de corrélation est également un des premiers a avoir signalé en 1903 qu'il existe de fortes corrélations dans la taille, la portée des bras et la longueur de l'avant-bras gauche entre mari et femme dans 1000 couples. À ce titre, de nombreux médecins ont déjà pu constater que bon nombre de couples présentaient des mêmes symptômes et se plaignaient des mêmes maladies. Ainsi, différentes études menées dans plusieurs pays ont comparé chez les individus d'un même couple des paramètres comme la taille des parties du corps, le métabolisme, la personnalité, les facteurs de susceptibilité à certaines maladies psychiques, l'intelligence et le nombre d'années passées à l'école. Les résultats ont alors montré que la ressemblance se retrouve chez les deux partenaires du couple pour pratiquement tous les paramètres mesurés.

De fait, les études tendent donc à montrer que les couples se ressemblent bien plus physiquement que deux personnes prises au hasard dans la rue. Deux individus présentant des traits similaires se mettent plus souvent en couple que dans le cas d'un modèle d'accouplement aléatoire. En langage scientifique, on parle d'accouplement assortatif, et il en existe deux sortes :

– l'accouplement génétique assortatif : accouplement assortatif avec choix de partenaire basé sur le type génétique et l'expression phénotypique. En effet, il semblerait que nous soyons attirés par des partenaires de vie ayant un ADN similaire, dans le but de perpétuer inconsciemment nos propres gènes.
– et l'accouplement assortatif social : accouplement assortatif avec le choix du partenaire basé sur des facteurs sociaux, culturels et d'autres facteurs sociétaux.

Mais les travaux dans ce domaine vont encore plus loin. Vous ne le savez peut-être pas, mais lorsque vous regardez dans les yeux de votre partenaire, il y a de fortes chances que vous regardiez un reflet modifié de vous-même. En effet, la recherche suggère que lorsque deux personnes se mettent en couple, elles ont déjà tendance à partager quelques traits physiques, et plus particulièrement au niveau des traits du visage. Cela signifie que nous chercherions un(e) partenaire qui nous ressemble physiquement et que cela semble se décider dès le stade de l'attirance pour le potentiel partenaire.

En matière d'attraction, nous sommes un peu plus narcissiques que nous aimerions l'admettre. Dans une étude de 2010 publiée dans le Bulletin de la personnalité et de la psychologie sociale, les participants de l'étude devaient simplement dire quelles personnes ils trouvaient attirantes parmi plusieurs photos présentées. Mais certaines photos avaient été retouchées (jusqu'à 45%) de manière à ressembler aux participants. Résultats ? Les sujets désignaient très souvent la photographie retouchée avec leur propre visage comme étant la plus attrayante de toutes.

Dans une autre étude, les participants étaient exposés à une image de leur parent de sexe opposé juste avant la photographie d'un étranger, sans qu'ils soient conscients de cette exposition. En conséquence, ils étaient plus susceptibles d'attribuer des notes d'attrait plus élevées à la personne de l'image cible. En conclusion, il semblerait donc que les personnes qui nous rappellent nous-mêmes ou nos parents sont plus attirantes pour nous (mais seulement si cette ressemblance est inconsciente)

Mais alors, pourquoi sommes-nous attirés par les personnes qui nous ressemblent ? Plusieurs facteurs pourraient expliquer cette attraction. Selon les nombreuses études en psychologie sociale, nous apprécions les gens qui nous ressemblent, parce qu'ils nous renforcent dans ce que nous sommes, dans ce que nous faisons et pensons. En somme, une personne qui nous ressemble nous renvoie un miroir de nous-même, que nous apprécions. Elle nous récompense d'être ce que nous sommes. Le fait d'être avec une personne qui approuve ce que nous disons, aime ce que nous aimons, fréquente les lieux que nous fréquentons, a un puissant pouvoir de renforcement. Et le fait de se sentir renforcé systématiquement par une autre personne nous amène à nous dire : « Une personne qui me ressemble à ce point ne peut pas être mauvaise ! » Cela nous incite donc plus facilement à accorder notre confiance a quelqu'un qui nous ressemble.

Un autre facteur qui pourrait expliquer notre attirance pour des gens qui ont des caractéristiques semblables aux nôtres, c'est tout simplement parce que c'est ce type de personnes que nous avons le plus de chances de rencontrer dans notre vie de tous les jours. En fonction des endroits que nous fréquentons, nous attirons des personnes qui partagent les mêmes centres d'intérêt, le même niveau socio-économique, et qui habitent dans la même ville que nous.

À ce titre, la proximité est une caractéristiquc qui cst bien souvent nécessaire à l'établissement d'une relation quelconque avec une personne. Plusieurs recherches ont démontré que les individus choisissent leurs amis et leurs partenaires parmi ceux qui sont à proximité. En effet, le fait d'habiter dans la même ville, dans le même quartier, voire même dans un même immeuble a tendance à créer plus facilement des relations amicales, car cette proximité physique permet tout simplement aux individus de se croiser et de se parler davantage. Le psychologue américain Robert Zajonc et ses collègues ont constaté que la proximité crée également un effet de familiarité, et conclue que le contact répété avec une personne engendre des sentiments positifs, comme l'affection.

Et enfin, les similitudes entre individus permettraient d'entretenir des relations plus équilibrées avec autrui. Une relation sera plus harmonieuse si les individus partagent les mêmes intérêts, et le même mode de vie. De plus, les études semblent indiquer que les conjoints ayant des personnalités similaires sont plus heureux que ceux ayant des personnalités dissemblables, car les différences de personnalité pourraient rendre plus difficile la relation en amenant plus fréquemment des frictions et des conflits.

Ainsi, la littérature et les nombreuses études scientifiques mettent en évidence que la similitude est un puissant prédicteur et facteur d'attraction. Nous sommes attirés par les gens qui nous ressemblent – ou du moins ceux dont nous avons l'impression qu'ils nous rcssemblent, que ce soit dans nos relations amicales ou nos relations amoureuses. C'est ce qu'on appelle « le principe d'appariement ». De fait, les amis et les époux ont tendance à se ressembler autant physiquement que socialement.

Pour autant, sommes-nous vraiment toujours attirés par les personnes qui nous ressemblent ? Ne sommes-nous pas parfois attirés par des personnes avec qui nous n'avons pas ou peu de points en commun ?

Quand les opposés s'attirent

Dire « qui se ressemble s'assemble », c'est inévitablement y opposer l'autre adage qui dit plutôt « les opposés s'attirent ». Alors lequel des deux proverbes croire ? Ceux qui soutiennent que les contraires s'attirent ont-ils entièrement tort ? Il semblerait qu'en matière d'amour, les 2 proverbes ne soient pas inconciliables. Au contraire !

Le psychologue Arthur Aron estime que, bien que la similitude soit importante, il peut y avoir des situations dans lesquelles elle peut en fait saper l'attraction. Il a fait valoir que les gens ont également besoin de grandir et de se développer. Une des raisons pour lesquelles nous formons des relations avec les autres est que nous pouvons assimiler certaines des qualités de nos partenaires, ce qui favorise une telle croissance. Nous serions attirés par d'autres qui offrent le plus grand potentiel d'expansion personnelle. Et quelqu'un qui a des traits similaires offre beaucoup moins de potentiel de croissance que quelqu'un qui est différent. Ainsi, la dissemblance peut parfois être attrayante, surtout si vous pensez qu'il y a une bonne possibilité qu'une relation se développe.

De même, trop de similitudes entre deux êtres permettent l'entente et l'attachement… mais peuvent parfois empêcher le désir et l'amour. Au milieu des années 1950, le sociologue Robert Francis Winch affirmait déjà également que, lorsqu'il s'agit de nos relations et de nos personnalités, ce qui compte, ce n'est pas la similitude mais la complémentarité, car nous aspirons tous à redevenir nous-même, et à retrouver cet état de complétude. Sur la base de ses études sur les conjoints, il a suggéré que les individus seraient attirés par des personnes qui possèdent des traits de personnalité qui leur manquent. Ce que l'on désire, c'est ce qui nous manque, et non ce qu'on a déjà en soi ! C'est donc bien souvent la différence qui nourrit le désir, mais elle est également ce qui provoque l'admiration, autre ingrédient important pour qu'un couple dure.

Mais les différences doivent concerner des points qui n'affectent pas les valeurs partagées ou les choix de vie fondamentaux (comme fonder une famille ou pas par exemple) car dans ce cas-là, pour que le couple fonctionne malgré tout, il faudra que l'un des deux individus fasse des concessions énormes qui l'amèneront à renier ce qu'il est et à nourrir des regrets qui finiront vraisemblablement par désunir le couple tôt ou tard. Un couple qui fonctionne relie deux êtres sur des valeurs communes, qui sont profondément stimulés par la spécificité de l'être qu'ils aiment pour tout ce qui le rend unique et différent. Ainsi, vous pouvez tout à fait avoir deux personnalités radicalement opposées, des centres d'intérêts très différents et pourtant avoir des valeurs communes. Donc, en résumé, un minimum de différences peut être nécessaire pour entretenir le désir, et nous permettre d'évoluer. Mais trop de différences, surtout au niveau des valeurs, peut conduire à la séparation.

Ainsi, il arrive en effet que nous recherchions chez nos amoureux des caractéristiques que nous n'avons pas. Mais plus encore, nous sommes particulièrement attirés par une personne qui assume les aspects de nous-mêmes que nous n'arrivons pas accepter. Autrement dit, tout ce qui se retrouve dans notre Ombre possède un fort pouvoir d'attraction. Cela signifie que s'il existe un aspect de nous-même que nous renions, nous serons particulièrement attirés par des personnes qui manifesteront cet aspect.

Prenons l'exemple d'une personne timide. Imaginons qu'elle ait l'impression de ne pas être intéressante, et que pour cette raison, elle a tendance à se mettre en retrait. Par projection, elle sera certainement très attirée par une personne qui, au contraire, aura une aisance sociale, et qui osera s'exprimer et s'affirmer sans gênes. Il est donc fréquent que les opposés s'attirent, comme nous le dit si simplement le fameux adage. Ainsi, on retrouve l'introverti(e) avec l'extraverti(e), le/la routinier(e) avec l'aventurier(e) l'artiste avec l'intellectuel(le), le/la sportif(ve) avec le/la paresseux(se), le/la bordélique avec le/la maniaque etc. Dans ces exemples, ce sont justement ces différences radicales avec l'autre qui les ont séduit en premier lieu. La force de ces amoureux que tout oppose c'est qu'ils se complètent. Ainsi, la personne anxieuse sera apaisée par la simplicité d'un(e) partenaire qui ne se pose pas trop de questions avant de passer à l'action, et inversement. Car les deux partenaires peuvent avoir des choses à apprendre de l'autre. Celui qui agit sans trop réfléchir aurait certainement parfois besoin de prendre le temps d'analyser une situation avant de s'y aventurer. Mais la contrepartie, c'est qu'ils risquent également de se faire souffrir mutuellement, parce que l'autre leur rappelle sans cesse l'aspect renié d'eux-mêmes.

Pour mieux comprendre, voici un dessin pour illustrer ce principe :

Le blanc représente les aspects d'eux-mêmes qu'ils acceptent et dont ils sont conscients tandis que le noir représente les aspects inconscients d'eux-mêmes qu'ils rejettent. Vous remarquerez que les deux cercles sont polarisés : ce qui est blanc chez l'un, est noir chez l'autre. Autrement dit, nous sommes attirés par les aspects conscients de l'autre, qui sont inconscients et latents en nous.

Une fois réunies, ces deux personnes forment un tout. Le symbole du yin et du yang représente cela également très bien. Précisons que cela fonctionne de la même façon pour les couples homosexuels. C'est une manière de compenser le fait que nous ne sommes pas encore nous-mêmes. Ainsi, chaque personne renvoie à l'autre ce qu'elle n'accepte pas. Nous sommes alors attirés par le reflet des aspects de nous-mêmes que nous avons reniés. C'est pourquoi nos partenaires, ou les personnes qui sont les plus proches de nous, semblent être notre miroir opposé. Ils reflètent l'aspect que nous avons rejeté, et nous leur reflétons l'aspect qu'ils ont rejeté.

Notons que nous arrivons à observer chez l'autre les choses que nous n'arrivons pas à voir chez nous. C'est l'essence même de la projection. Nous projetons sans cesse sur l'autre nos attentes et nos besoins non comblés depuis notre enfance. On va alors avoir tendance à rechercher certaines qualités chez l'autre, de façon consciente ou non, afin de combler certains manques, de pallier à certaines blessures.

Lorsque nous découvrons ces aspects « négatifs » de nous-mêmes chez l'autre, cela déclenche une réaction en nous. La même que nous avons eu il y a fort longtemps : nous les détestons alors nous voulons les supprimer, les rejeter et les éviter à tout prix. Toutefois lorsque nous voyons les aspects « positifs » de nous-mêmes que nous avons reniés, nous tombons amoureux de la personne qui ose les assumer. Voilà notre opportunité de redevenir complet !

Nous admirons la personne en face de nous, nous la glorifions en la mettant sur un piédestal et en l'idolâtrant. D'une certaine manière, nous ne tombons pas amoureux d'une personne. Nous tombons amoureux des aspects de nous-mêmes que nous avons reniés.

La force d'attraction de nos blessures

Ne vous est-il pas déjà arrivé de répéter des schémas relationnels dysfonctionnels, alors même que vous vous étiez promis de ne pas les reproduire ? Pourquoi une personne ayant eu une mère autoritaire fait-elle la même chose à ses enfants ? Pourquoi les enfants de toxicomanes épousent-ils des toxicomanes? Pourquoi une personne ayant eu des parents émotionnellement distants devient-elle tout aussi froide et déconnectée de ses propres enfants? Pourquoi certaines personnes enchaînent les relations malsaines, les unes après les autres, que ce soit dans le domaine sentimental, amical ou même professionnel ?

Il m'arrive fréquemment de recevoir des personnes qui me disent : « Je ne comprends, j'attire toujours le même type de personnes et quoi que je fasse, les histoires se finissent toujours de la même manière ! ». Cela vous est-il déjà arrivé ? Ou peut-être reconnaissez-vous une personne de votre entourage ? Certaines personnes ont conscience qu'elles reproduisent inlassablement le même schéma, mais elles ne savent pas comment faire pour sortir de ce cercle vicieux. D'autres encore ne se rendent même pas compte qu'elles répètent constamment le même scénario ! Mais alors...pourquoi rejouons-nous les mêmes schémas, alors que ceux-ci nous font souffrir ?

Quand il s'agit de relations interpersonnelles, qu'il s'agisse de sortir avec la « mauvaise » personne ou de s'engager dans des comportements de sabotage des relations, ce phénomène peut être mieux compris lorsqu'on examine notre enfance, et plus particulièrement nos blessures intérieures. En effet, ce que nous avons vécu dans notre enfance, la manière dont nous avons été aimés et les blessures psychiques qui nous ont été infligées, vont être les vecteurs de nos choix de vie. En fonction du type de comportement répétitif que nous avons subi enfant : abandon, négligence, critique, méfiance, manque affectif, surprotection, assujettissements, agression, rejet, trahison, humiliation… des blessures peuvent se créer en nous. Et ces blessures intérieures sont dotées d'un fort pouvoir d'attraction.

Prenons un exemple pour mieux comprendre. Je me souviens de cette jeune femme d'une trentaine d'années qui vint me consulter car elle venait d'entamer une nouvelle relation sentimentale et elle avait peur que celle-ci se termine comme ses relations précédentes. Elle me confia que la première relation sérieuse qu'elle eut, son partenaire l'avait trompé au bout d'un an et demi de relation. Passionnément amoureuse, cette tromperie fut un véritable choc émotionnel, dont elle eut du mal à se remettre. Quelques temps plus tard, elle rencontre un nouvel homme auprès de qui elle hésite à s'engager, encore marquée par sa précédente relation. Toutefois, elle décide de « lui laisser une chance », puis elle finit « par baisser sa garde ». Tout se passait bien, jusqu'au moment où son nouveau conjoint l'a trompa également, après un peu plus de deux ans. Complètement anéantie, elle fit une dépression.

Lorsque je la reçus pour la première fois dans mon cabinet, elle venait donc de rencontrer un nouvel homme et elle voulait tout faire pour que cette nouvelle relation puisse vraiment fonctionner, et surtout ne pas reproduire le même schéma que ses deux précédentes relations. En la questionnant, elle me révéla qu'elle avait vécu ces deux tromperies comme une véritable trahison. Elle avait l'impression qu'elle ne pouvait plus faire confiance à personne, même pas à ses quelques amis, qui, d'ailleurs, n'ont pas du tout été présents pour elle pour la soutenir lors de ces périodes difficiles. Cette sensation de trahison, elle l'avait expérimenté de nombreuses fois au cours de sa vie, et plus particulièrement dans son enfance. Son père s'est suicidé lorsqu'elle avait 6 ans. Quant à sa mère, dévastée par la disparition de son mari, elle a sombré dans la dépression. Ma consultante a alors développé à ce moment-là la croyance qu'elle ne pouvait compter sur personne, et que, dès lors qu'elle commençait à s'attacher à quelqu'un, celui-ci finirait immanquablement par la blesser d'une manière ou d'une autre.

Cet exemple nous illustre parfaitement comment nos blessures non guéries attirent à nous des personnes qui viennent appuyer précisément sur nos zones douloureuses, et nous faire revivre ce que nous cherchions à tout prix à éviter. Par exemple, ma consultante, qui comme vous vous en doutez certainement souffre d'une blessure de trahison, a attiré des hommes qui finissaient toujours par la trahir en la trompant. Même ses amis n'étaient pas des personnes sur qui elles pouvaient réellement compter. De part la croyance qu'elle avait développé plus jeune comme quoi elle ne pouvait faire confiance à personne car elle finirait toujours par être trahie, les personnes qu'elle a rencontré au cours de sa vie, et les situations qu'elle a vécu n'ont été que le reflet de ses croyances.

Par ailleurs, nous attirons à nous ce que nous pensons de nous. Ainsi, la personne qui est persuadée ne pas être importante attire des personnes ou des situations qui lui donnent la sensation d'être invisible et inutile ; la personne empathique ne fait qu'attirer des pervers narcissiques ; la personne qui a peur de l'abandon ne fait qu'attirer à elle des personnes qui l'abandonnent ; ou encore la personne qui a une mauvaise estime d'elle-même ne fait qu'attirer des personnes qui vont encore plus dégrader l'image qu'elle a d'elle-même. C'est pourquoi les bourreaux ne choisissent jamais leur proie par hasard : ils « sentent » bien souvent inconsciemment la blessure et donc la vulnérabilité de leur victime.

Les croyances que nous avons forgé enfant jouent un rôle essentiel dans les situations et les personnes que nous attirons à nous. Si vous portez le poids émotionnel de la honte, du blâme, de la culpabilité, des sentiments d'insécurité ou d'indignité, vous avez certainement développé la croyance que vous méritez de souffrir, d'être laissé de côté, ignoré, blessé, honteux ou blâmé. Vous pouvez pourtant très bien penser consciemment que vous méritez de l'amour, des soins doux et de l'attention, mais si inconsciemment vous croyez le contraire, vous risquez de répéter des scénarios dans lesquels vous finirez par souffrir. Car nous attirons à nous des personnes et des expériences qui sont le reflet de nos pensées, de nos croyances, des perceptions que nous avons de nous-mêmes, et de nos conditionnements.

Mais alors, qu'en est-il des personnes qui ont justement l'impression de n'attirer personne ? Eh bien, il est fort probable qu'une blessure soit également responsable. Bien souvent, sans même qu'elles en aient conscience, ces personnes dégagent quelque chose dans leur attitude qui ne donne pas vraiment envie de les approcher. Je pense cette fois-ci à un jeune homme de 24 ans qui avait du mal à faire de nouvelle rencontre, que ce soit sur le plan amical ou sentimental. Il avait passé une bonne partie de son adolescence à se sentir rejeté : il avait la sensation d'être toujours un peu à l'écart. En conséquence, il n'arrivait pas à aller vers les autres, tellement il avait peur du rejet. Lors de notre deuxième séance ensemble, il se souvint que quelques personnes lui avaient déjà confié qu'elles n'osaient pas l'approcher. En les questionnant, elles lui précisèrent qu'il avait une attitude un peu hautaine et que quand elles l'avaient vu pour la première fois, elles avaient l'impression d'être jugées. Elles insistèrent principalement sur son regard, qui leur était apparu comme étant froid et méprisant. Quand il entendit ces remarques pour la première fois, il fut déconcerté. Notre séance ensemble lui permit de prendre conscience que son attitude n'était pas du tout celle qu'il voulait renvoyer, et cela lui permit de mieux comprendre pourquoi les autres semblaient constamment le rejeter : sans le vouloir, il rejetait lui aussi les autres par son attitude. Ses gestes, ses mimiques, son regard... tout semblait crier aux autres : « attention, ne m'approchez pas ». Il reprochait aux autres de ne pas s'intéresser à lui, mais lui ne s'était jamais intéressé aux autres. Tout comme l'exemple précédent, c'était lui aussi sa blessure – et dans son cas, c'était la blessure du rejet – qui attirait des expériences de rejet dans sa vie. Et il semblerait que plus nos blessures sont douloureuses, plus on attire inconsciemment des situations compliquées. Ainsi, tant que nous n'avons pas guéri nos blessures, nous allons nous attirer sans cesse les circonstances et les personnes qui nous feront revivre cette expérience douloureuse.

Pourquoi attirons-nous toujours les mêmes scénarios ?

La vie a une drôle de façon de nous enseigner des leçons... Lorsqu'il y a quelque chose que nous devons apprendre, quelque chose sur lequel nous devons travailler, il arrive fréquemment que nous soyons amenés à répéter un même scénario jusqu'à ce que nous apprenions notre leçon ou que nous trouvions une façon saine de traiter ce problème particulier. Ainsi, comme dans un jeu, tant que nous ne réussissons pas un niveau, nous devons le recommencer. Ce qui veut dire que nous devons comprendre quelque chose avant de pouvoir passer au niveau supérieur. Si nous attirons le même type de personne ou le même type de scénario, c'est qu'il y a quelque chose à comprendre sur nous. Mais alors que devenons-nous comprendre ?

Bien souvent, tous les scénarios que nous rejouons sont là pour nous faire prendre conscience de nos blessures non guéries. C'est ce que nous n'avons pas réglé et qui nous a blessés quand nous étions jeunes que nous continuons encore d'attirer dans notre vie. En rendant notre blessure consciente à notre esprit d'adulte, nous avons alors une opportunité de guérir celle-ci et de nous rapprocher de qui nous sommes vraiment. Si nous ne pouvions pas le faire étant petits, nous pouvons le faire maintenant, car nous avons dorénavant les ressources nécessaires pour y faire face. Aussi devrions-nous remercier les personnes qui appuient sur nos blessures, car elles nous permettent de voir qu'elles ne sont pas encore guéries.

Redevenir conscient est la première étape pour démystifier ce qui se passe et nous permettre de mieux nous connaître, et ce n'est qu'en en devenant pleinement conscients que nous pourrons y changer quelque chose. Ainsi, lorsque nous attirons des personnes ou des situations conflictuelles, en réalité, nous attirons un changement et une évolution personnelle.

Ces situations ou ces personnes que nous attirons nous montrent également que nous devons réintégrer les parties de nous reniées, afin de redevenir unifiés. Les difficultés et les conflits que nous rencontrons dans nos vies nous poussent ainsi à nous affirmer et à respecter ce que nous sommes vraiment. Plus nous avons de l'estime pour nous-même, plus nous nous respectons, et moins nous nous dirigerons inconsciemment (ou consciemment) vers des situations irrespectueuses de nous-même. Ces situations que nous attirons nous incitent à nous accepter tel que nous sommes.

La Vie nous offre constamment l'opportunité de redevenir nous-mêmes. Il ne tient qu'à nous de décider si nous souhaitons nous en saisir, ou si nous souhaitons continuer de nous voiler la face. Dans le premier cas, nous avons là la possibilité de nous libérer de notre souffrance. Dans le deuxième cas, nous allons très certainement rejouer notre souffrance encore et encore.

Ainsi, tant que nous n'assumerons pas qui nous sommes, tant que nous ne nous respecterons pas, nous risquons d'attirer des événements de plus en plus douloureux. Jusqu'au moment où nous réaliserons enfin que nous n'avons pas le choix de redevenir nous-mêmes.

PARTIE 3 :

REDEVENIR SOI-MÊME : LES SOLUTIONS

11.

REPRENDRE LE CONTRÔLE DE SON INCONSCIENT

Pour beaucoup, l'inconscient n'est qu'un dieu obscur qui cherche à nous rendre malade ou malheureux, ou, à l'inverse, une divinité généreuse dont il suffit de s'attirer les bonnes grâces pour réussir dans sa vie. C'est pourquoi bon nombre de personnes pensent qu'en contrôlant leur inconscient, elles pourront reprendre le contrôle de leur vie. Malheureusement, en réalité, ce n'est pas aussi simple. Nous avons tous déjà essayé de contrôler un comportement, une émotion, ou même une pensée, pour découvrir que nos tentatives de maîtrise sont bien souvent totalement vaines et induisent même parfois une aggravation du problème.

Le paradoxe, c'est que pour pouvoir avoir un semblant de contrôle sur son inconscient, il s'agit justement d'arrêter de vouloir le contrôler. Pour cette raison, les techniques présentées dans ce chapitre auront pour objectif de laisser faire l'inconscient, mais tout en redevenant acteur de ce qu'il se passe. Le but étant avant tout de ne plus subir nos comportements ou nos émotions inconscient(e)s, en se libérant de la souffrance qui y est associée.

Découvrir les stratégies mises en place pour créer son problème

Lorsque nous souffrons d'un problème – peu importe sa nature – nous avons tendance à mettre en place certaines stratégies pour essayer de nous en libérer, bien souvent sans forcément nous en rendre compte. Ironiquement, ces stratégies que nous mettons en place sont bien souvent précisément celles qui ont crée le problème. De ce fait, les tentatives de solution mises en œuvre pour tenter de résoudre le problème se soldent généralement par un échec. Et si la personne réitère cette même stratégie inefficace, elle verra très certainement son problème persister dans le temps.

Prenons le cas d'une personne qui a peur de s'exprimer en public. Bien souvent, une personne souffrant de cette peur tentera, dans un premier temps, d'éviter de s'exposer devant un public. Lorsqu'elle ne pourra pas faire autrement, elle commencera probablement par anticiper la situation en imaginant que celle-ci va mal se dérouler, puis une fois le moment venu, elle cherchera très certainement à contrôler ses réactions en essayant de ne pas bégayer, de calmer sa respiration, son rythme cardiaque, ou ses tremblements, tout en se concentrant sur celles-ci. Malheureusement, ces stratégies auront des effets bien pires que si elle n'avait rien chercher à faire. Car si l'évitement permet en effet de se sentir en sécurité lorsqu'on esquive une situation que l'on craint, il renforce toutefois la croyance que nous ne sommes pas capables de parler en public, ce qui engendre un manque de confiance, et une accentuation de la peur. L'anticipation de l'événement produit de l'anxiété qui conditionnera la personne à expérimenter exactement ce qu'elle cherchait à éviter. Quant à la tentative de contrôle de ses réactions, elle suscite un effet paradoxal : plus la personne cherche à se calmer, plus elle va s'agiter, plus elle va chercher à contrôler ses réactions, plus elles vont lui échapper.

Ce sont donc précisément les tentatives de solution mises en œuvre par la personne qui alimentent le problème au lieu de le résoudre. Une fois que l'on découvre les stratégies inefficaces que l'on a mises en place, il s'agit ensuite simplement de ne plus les reproduire. Comme le dit Einstein, « la folie, c'est se comporter de la même manière et attendre un résultat différent. » Ainsi, si l'on souhaite se libérer d'un problème, il faut faire quelque chose de différent. Quelque chose que nous n'avons encore jamais testé.

J'explique souvent aux personnes que je reçois que si elles continuent de faire toujours la même chose, c'est comme si elles empruntaient toujours le même chemin, qui les conduisent droit au mur. Il n'est donc pas surprenant qu'elles se prennent constamment le même mur, si elles arpentent toujours le même chemin. D'autant plus, que le mur n'a pas l'air de vouloir bouger malgré tous leurs efforts. Maintenant, si elles souhaitent réellement ne plus se prendre le mur de plein fouet, il va falloir prendre un autre chemin. Plus le chemin sera à l'opposé du mur, plus il y aura de chance de s'en éloigner et de ne plus retomber sur lui. Cela nécessite donc qu'elles acceptent de tester quelque chose qui sorte de leur routine, et qui soit même totalement à l'inverse de ce qu'elles faisaient jusqu'à présent. C'est pourquoi les solutions à nos problèmes sont souvent étranges et paradoxales.

Ainsi la première étape pour reprendre le contrôle de soi même consiste déjà à identifier les tentatives de solutions qui se soldent par un échec. Cela permettra de remettre de la conscience sur nos comportements inconscients afin qu'ils n'agissent plus dans l'ombre. À l'inverse, il peut être tout aussi intéressant d'identifier les stratégies qui fonctionnent. Attention, toutefois à ne pas tomber dans le piège de certaines stratégies qui donnent l'illusion de se sentir mieux, car leurs effets, en plus d'être éphémères, sont en réalité aggravants. Si l'on reprend l'exemple de la prise de parole en public, essayer de calmer sa respiration peut effectivement apaiser sur le moment, mais très rapidement, le problème empire et peut conduire dans certains cas, à une crise de panique. Une solution efficace serait peut-être la pratique d'un sport, ou d'une activité comme le théâtre pour apprendre à mieux s'exprimer par exemple.

Une fois les stratégies identifiées, il s'agit ensuite de chercher des solutions alternatives et de les appliquer afin de tester leurs effets. Et si nécessaire, ne pas hésiter à faire des ajustements afin qu'elles soient pleinement efficaces. Donc en résumé, il s'agit de :

- Identifier le problème, le comportement qui vous échappe.
- Analyser les tentatives de solution mises en œuvre pour résoudre le problème afin de discerner celles qui sont effi-

caces de celles qui aggravent.

- Rechercher des solutions alternatives, puis les appliquer.
- Évaluer leurs effets, et effectuer des ajustements si nécessaire.

Si vous n'arrivez pas totalement à identifier les stratégies que vous avez mises en place, demandez-vous comment vous vous y prendriez pour apprendre à une autre personne à avoir exactement le même problème que vous. Par exemple, si je veux apprendre à quelqu'un d'autre comment être angoissé, je lui conseillerai déjà de commencer par avoir des doutes sur ses propres capacités à faire face à certaines situations. Ne pas hésiter à se comparer aux autres pour accentuer les doutes et le manque de confiance. Ensuite, il s'agit d'imaginer les pires scénarios et se persuader que ce serait terrible s'ils devenaient réalité. Se mettre la pression en se disant qu'on a surtout pas le droit à l'erreur et qu'il faut à tout prix que tout se passe bien. Pour cela, se fixer des attentes inatteignables pour renforcer d'avantage notre manque de confiance. S'épuiser à chercher à contrôler des choses qu'on ne peut en aucun cas maîtriser : la vie, les autres, nos pensées, nos émotions. Une fois l'événement passé, ne pas oublier de ruminer la situation, en s'arrêtant constamment sur tout ce qu'on n'a pas réussi à faire aussi bien que nos attentes impossibles. Ressentir de la honte peut aider aussi. Puis continuer de reproduire ces stratégies, voire même intensifier leur fréquence, même si l'on sait que cela provoquent l'effet inverse que celui recherché. Je pense qu'avec cet exemple, vous aurez compris l'idée.

Si vous avez maintenant de la difficulté à trouver des solutions alternatives, rassurez-vous, cela est tout à fait normal. Beaucoup de personnes ont l'impression d'avoir tout essayé, mais rien n'a jamais été réellement concluant. C'est pourquoi je vais maintenant vous parler d'une stratégie que je trouve particulièrement efficace à mettre en œuvre pour retrouver sa liberté en reprenant le contrôle de sa vie.

Choisir volontairement d'avoir son problème

Ce qui nous fait dire que nous avons un problème, c'est lorsque nous nous rendons compte que nous n'arrivons pas à maîtriser certains comportements, certaines réactions, ou certaines émotions. Malgré tous nos efforts, nous avons perdu le contrôle de nous-mêmes, car notre inconscient a pris le dessus. Nous avons alors la sensation de devenir son pantin, comme si il pouvait faire ce qu'il voulait de nous. Il y a un décalage entre ce qu'on aimerait faire, et ce qu'on fait réellement. Plus le décalage est grand, plus on souffre, et plus on perd le contrôle.

Je me souviens avoir ressenti cette impuissance face à mon inconscient qui semblait diriger ma vie lorsque j'étais en proie à mes angoisses. Quel était l'intérêt de vivre, si je ne pouvais pas faire ce que je voulais et désirais au plus profond de moi-même ? Esclave de la peur, je me sentais enfermée dans mon propre corps, et dans ma propre vie. J'avais la sensation d'avoir tout essayé, aussi commençais-je à être désespérée. Plus j'essayais de contrôler mes angoisses, plus elles m'envahissaient. J'avais beau essayer de les apaiser, celles-ci revenaient systématiquement, tel un boomerang. Toutes mes tentatives semblaient vaines, parfois même totalement contre-productives. Comment pouvais-je reprendre le contrôle de ma vie, de mes émotions, pour enfin retrouver ma liberté ?

Je me suis alors recentrée sur les faits : la réalité c'est que je ne pouvais pas me débarrasser de mes peurs, ces dernières finissaient toujours par revenir, quoi que je fasse. J'allais devoir apprendre à vivre avec. C'était la seule solution. La réalité était dure à accepter, mais je venais de comprendre que je n'avais que deux possibilités et que j'allais devoir faire un choix : soit je décidais de continuer de subir mes angoisses, soit j'apprenais à avancer avec elles. J'avais passé une bonne partie de ma vie à être la victime de mes peurs, c'est pourquoi j'ai réalisé qu'il était préférable que je change de stratégie en tentant quelque chose de nouveau, de différent. Quelque chose que je n'avais encore jamais osé essayer car l'idée me paraissait, au premier abord, insensée : et si pour une fois, je choisissais volontairement d'avoir mes peurs... que se passerait-il alors ?

Bien qu'allant à l'encontre de la logique, quelque chose en moi me disait que je n'avais plus grand chose à perdre en essayant cette nouvelle approche. J'ai donc commencé à la mettre en pratique : chaque matin, et plusieurs fois dans la journée, je me répétais inlassablement : « aujourd'hui, je choisis d'être stressée. » Ce n'était pas juste une pensée en l'air. J'étais vraiment prête à ressentir la peur, et cette fois-ci j'étais déterminée à le faire en pleine conscience. Une drôle de sensation naquit alors en moi. Je me sentais étonnamment... beaucoup plus forte. J'avais la sensation que je pouvais enfin commencer à diriger un peu plus ma vie. Ce n'était plus mon corps, ou une quelconque force invisible qui décidait à ma place. Je reprenais le contrôle de moi-même. Aussi, dès lors que l'angoisse commençait à se manifester en moi, je ne la ressentais et ne la percevais plus du tout de la même manière. Elle me paraissait soudainement bien plus intéressante, et étrangement, je me surpris à la trouver belle. De fait, elle ne me faisait plus autant souffrir.

Au fil des jours, j'ai alors réalisé qu'une bonne partie de ma vie, je m'étais convaincue que j'étais prisonnière de mes peurs (et par extension de ma vie), alors que cette prison n'avait jamais vraiment existé. En réalité, j'avais toujours été libre. J'avais juste oublié que je l'étais. J'étais libre parce que j'avais le pouvoir de choisir, et c'est dans le choix que réside notre pouvoir intérieur. La possibilité de choisir avait toujours été là en moi, je ne m'en étais juste pas saisie auparavant. Comme le dit si bien le célèbre psychiatre Viktor Frankl qui a survécu aux camps de concentration d'Auschwitz, « il peut tout être retiré à l'homme sauf une chose : la dernière des libertés humaines – le choix de l'attitude personnelle face à un ensemble de circonstances – pour décider de son propre chemin. » Ainsi, en changeant mon attitude face à la peur, ma vie s'est transformée.

Plus tard, au fil de mes lectures et des formations auxquelles j'ai assisté, j'appris que cette stratégie était ce qu'on appelle en psychothérapie, la prescription du symptôme, ou le principe de l'intention paradoxale, comme le nommait Viktor Frankl. Vous l'aurez compris, il s'agit donc de proposer à une personne en souffrance de reproduire volontairement son problème. L'objectif est que la personne mette en place des comportements qu'elle cherche normalement à éviter, et qui sont le nœud de son mal-être. En effet, les tentatives de fuite du problème sont bien souvent infructueuses. Pire encore, en plus de maintenir le problème, cela risque d'avantage de l'aggraver. C'est pourquoi nous attirons dans nos vies précisément ce que nous cherchions à éviter.

Cette approche paradoxale a donc pour but d'aider la personne à renoncer à avoir le contrôle sur les réponses autonomiques ou spontanées, afin de favoriser ainsi le fameux lâcher prise. Curieusement lorsqu'on demande à la personne d'essayer de faire apparaître le symptôme dans des situations différentes de celles de d'habitude, elle découvrira qu'elle en est incapable. Par exemple, si une personne souffrant d'anxiété cherchait volontairement à avoir une crise d'anxiété très intense, avec des pleurs, des tremblements et une perte totale de contrôle, elle serait probablement très surprise de constater qu'il ne se passe rien. Faites le test par vous-même. Essayez là tout de suite d'être stressé au maximum. Vous constaterez probablement que ce n'est pas aussi simple de ressentir du stress lorsqu'on le désire. Cela peut s'expliquer par le fait que lorsque l'on demande à la personne de mettre en marche son comportement problématique, on lui demande de le provoquer dans un contexte totalement différent de celui où il apparaît généralement. Le symptôme perd alors son sens car il a été décontextualisé. Ainsi, cela renverse l'attitude de la personne et vient transformer la peur de son problème en un désir paradoxal.

Plus concrètement, voyons maintenant comment mettre cette astuce en pratique.

La première étape consiste bien évidemment à identifier le comportement, ou l'émotion que vous n'arrivez pas à contrôler, et qui génère de la souffrance en vous. Vous devriez réussir à le découvrir assez facilement puisqu'il suffit de penser à ce qui vous pose problème actuellement dans votre vie.

La deuxième étape consiste maintenant à choisir volontairement d'avoir votre problème. Prenez simplement la décision de reproduire consciemment le comportement problématique. Pour vous aider, voyons quelques exemples :

- Vous êtes stressé ? Choisissez volontairement d'être stressé.

- Vous faites des crises d'angoisses ? Choisissez volontairement de faire des crises d'angoisses.
- Vous avez tendance à grignoter ? Choisissez volontairement de grignoter.
- Vous fumez ? Choisissez volontairement de fumer.
- Vous manquez de confiance ? Choisissez volontairement de manquer de confiance.
- Vous avez des tocs ? Choisissez volontairement d'avoir des tocs.
- Vous n'arrivez pas à vous endormir ? Choisissez de ne pas vous endormir.
- Vous êtes déprimé ? Choisissez volontairement d'être déprimé.
- Vous rougissez en public ? Choisissez volontairement de rougir.

La troisième étape consiste à mettre ce choix réellement en pratique. Il ne s'agit pas juste d'avoir la pensée, mais bien d'être prêt à expérimenter le problème en question. Choisir volontairement d'avoir son problème, c'est symboliquement montrer à notre problème que l'on n'a plus peur de lui. C'est souvent là que cela coince. Beaucoup de personnes sont terrifiées à l'idée que leurs symptômes s'aggravent si elles acceptent de les vivre pleinement. Si vous êtes dans ce cas-là, voilà ce que je vous suggérerai : choisissez volontairement d'aggraver vos symptômes. Prenez cette décision avant que votre problème ne le fasse pour vous, c'est à mon sens une des meilleures façons de le désarmer.

Choisir volontairement d'avoir son problème permet de remettre de la conscience sur un comportement qui avait lieu inconsciemment. Dit autrement, il s'agit de mettre de la lumière sur de l'obscurité, de manière à ce que la noirceur puisse disparaître. L'obscurité n'est que l'absence de lumière. Si l'on remet de la lumière, il ne peut plus y avoir d'obscurité. Si l'on choisit de faire un comportement en toute conscience, il ne peut plus être inconscient. De fait, ce comportement ne peut plus nous contrôler.

Changer ses associations souffrance-plaisir

Choisir volontairement d'avoir mes angoisses était la porte de sortie que j'avais cherché une bonne partie de ma vie. Passée la colère de ne pas y avoir pensé plus tôt, j'ai réalisé que je pouvais pousser cette nouvelle logique encore plus loin. Quitte à faire les choses différemment, autant y aller à fond ! C'est alors que j'ai eu l'idée... : et si je choisissais maintenant de prendre plaisir à avoir mon problème ? Ne serait-ce pas là le meilleur moyen d'annihiler toute souffrance ? Vous pensez probablement que je suis folle. Figurez-vous que j'ai bien cru que je l'étais. Mais laissez-moi vous expliquer d'avantage mon raisonnement, qui encore aujourd'hui, me paraît être un des plus sensé qui soit.

Commençons déjà par rappeler que, dans le premier chapitre, nous avons abordé en détails comment le plaisir et la souffrance dirigent notre vie. Nous avons également expliqué comment un comportement, lorsqu'il est à la fois associé à du plaisir et à de la souffrance, devient alors problématique, car les signaux ne sont pas suffisamment clairs pour notre cerveau : le comportement en question est-il agréable ou désagréable ? En conséquence, notre cerveau estime bien souvent qu'il est préférable de garder le comportement problématique, du simple fait qu'il procure du plaisir, et ce, même s'il présente de nombreux inconvénients.

Comment faire alors pour que notre cerveau nous aide à nous libérer de ces comportements problématiques ? La réponse est assez simple : nous pouvons changer notre perception de manière à changer les associations souffrance-plaisir que nous avons effectuées. Souvenez-vous que ces associations que nous faisons sont en grande partie subjectives et dépendent avant tout de notre perception. Notre manière de percevoir les choses va influencer notre manière de les ressentir, et donc permet, par extension, de changer nos associations. Et rappelons à nouveau qu'une des rares choses que nous pouvons contrôler, et donc changer, est notre perception.

Ainsi pour se libérer d'un comportement problématique, deux possibilités s'offrent à nous : soit nous choisissons de percevoir le comportement comme étant négatif (source de souffrance), soit nous choisissons de le percevoir comme étant positif (source de plaisir). Autrement dit, soit on augmente la douleur, soit on augmente le plaisir. Mais le message doit être clair pour le cerveau : il ne doit être que source de souffrance, ou que source de plaisir et non pas un mélange des deux. Car si un comportement nous fait uniquement souffrir, tout notre corps nous incitera à nous en détourner. Ainsi nous serons libérés du problème. À l'inverse, s'il est source de plaisir, il ne sera plus perçu ni vécu comme un problème, ce qui nous permettra également de nous en délivrer.

Dans certains cas, la première possibilité, c'est-à-dire associer uniquement de la douleur à un comportement, sera la plus pertinente. Par exemple, si on réapprenait à une personne qui fume à ne ressentir uniquement que les effets désagréables de la cigarette, voire même en les amplifiant, elle pourrait certainement se libérer de son addiction plus facilement. Toutefois cette stratégie ne me paraissait pas être la plus appropriée pour mes angoisses. Pourquoi me direz-vous ? Et bien tout d'abord, parce que c'était précisément parce que j'associais la peur à une douleur extrême que je n'arrivais pas à m'en libérer, et que mes symptômes s'aggravaient. Il fallait donc que je change radicalement ma stratégie, et cela passait dans un premier temps par changer ma perception de la peur.

Le deuxième point qui me faisait penser que ce n'était pas très judicieux de vouloir augmenter la douleur associée à la peur c'est que je savais pertinemment que la peur fait partie intégrante de la vie, et que je ne pourrais donc jamais véritablement l'éviter. De fait, je n'avais pas envie de souffrir à chaque fois que la peur allait se manifester dans ma vie. Cela ne ferait que me ramener à la case départ.

La deuxième possibilité, éprouver du plaisir à ressentir la peur, était donc celle qui me paraissait être la plus logique. Il me parut évident que c'était un des meilleurs moyens de court-circuiter la peur. Ce qui faisait qu'elle avait de l'emprise sur moi, c'était parce que j'avais peur d'elle. Aussi s'en servait-elle pour me manipuler. Mais si je prenais plaisir à la ressentir, je la déposséderais de sa force et cela me permettrait alors de reprendre le dessus sur elle. En éprouvant du plaisir à la ressentir, je lui montrais que je n'avais plus peur d'elle.

Au début, ce n'était évidemment pas facile. J'ai donc mis en pratique le fameux « Fake it, till you make it » de nos amis les américains (« faites semblant jusqu'à ce que vous y arriviez »). Très rapidement, j'ai commencé à en ressentir les bénéfices. Quelle ne fut ma surprise de découvrir que je commençais sincèrement à trouver le ressenti de la peur.... agréable ! Je me sentais à présent attirée par la peur. Je me suis mise à la rechercher activement. Quand elle n'était pas là, je m'ennuyais. Je me disais que s'il n'y avait pas de peur dans ce que j'entreprenais, c'est qu'il n'y avait pas vraiment d'enjeux, de difficultés et de challenges. Je n'étais alors pas stimulée, je n'avais pas envie de me dépasser. Je sentais que s'il n'y avait pas au moins un peu de peur, je n'allais pas réellement pouvoir évolucr. Et je n'allais pas pouvoir vivre la vie que je voulais vraiment, car la peur est celle qui nous empêche d'aller vers ce que l'on désire au plus profond de nous-même. Ma manière de percevoir la peur se transformait à grande vitesse. Dorénavant, je la percevais comme la meilleure guide qui soit. Elle me servait de boussole. Elle me montrait là où je m'étais imposée des limites et me faisait ressentir que si j'étais prête à aller au-delà, j'y trouverais tout ce que je désirais vraiment. La peur me permettait de me sentir vivante.

C'est pourquoi, si nous ressentons uniquement du plaisir, il ne peut plus y avoir de souffrance. Et s'il n'y a plus de souffrance, ce que nous percevions comme un problème n'en est plus un. Si le plaisir est l'opposé de la souffrance, il est également son antidote. En thérapie, ce qui permet le changement, c'est lorsque la personne expérimente l'inverse de ce qu'elle vivait jusqu'à présent. Ainsi, ce n'est que lorsque la personne qui manque d'assurance en ses capacités, expérimente le fait qu'elle peut avoir confiance en elle, qu'elle peut, de ce fait, le devenir. Ce n'est que lorsqu'une personne crispée expérimente la détente, qu'elle pourra enfin se détendre. Et donc de manière plus large, lorsqu'une personne éprouve du plaisir à la place de la souffrance, elle pourra enfin se libérer de cette dernière et reprendre ainsi le contrôle de sa vie.

Certains penseront probablement que ce que je décris ici n'est que du masochisme. En réalité, cela permet de donner un nouveau sens à l'expérience. En éprouvant du plaisir à ressentir la peur, je ne souffrais plus de sa présence. Dorénavant, elle était source de joie et d'excitation. J'ai vécu ce qu'on appelle en psychothérapie une expérience émotionnelle correctrice. Il s'agit en outre d'une expérience dont l'émotion et les sensations vécues viennent changer notre perception de la réalité. Cela vient ainsi créer une nouvelle référence positive qui va remplacer l'ancienne, inadéquate, et permettre de ce fait la disparition du symptôme. En d'autres termes, il s'agit en fin de compte de revivre la même expérience, mais de la terminer autrement.

Vous aimeriez peut-être maintenant savoir comment faire pour associer du plaisir à un problème. Une des meilleures façons que j'ai trouvé pour cela est de faire un jeu de son problème.

Faire un jeu de son problème

L'être humain, lorsqu'il n'est qu'un enfant, s'émerveille si facilement devant un animal, une petite fleur, un flocon de neige…Mais devenu adulte, il devient si occupé et si préoccupé qu'il a souvent relégué aux oubliettes sa joie de vivre. Il devient alors beaucoup trop sérieux, et chaque événement qui ne se déroule pas comme il l'avait anticipé lui semble dramatique. Tellement submergé par la routine, et les nombreuses responsabilités qui lui incombent, il en oublie de prendre du temps pour s'amuser. Si le jeu est une part importante de la vie enfantine, en grandissant, les choses se compliquent. Dorénavant, il faut travailler.

Stuart Brown, médecin psychiatre et pionnier dans la recherche sur le jeu, explique qu'« apprendre comment continuer de s'amuser et de jouer d'une manière qui soit plus approprié à son âge, tout en devenant responsable, est l'une des tâches les plus importantes ». Brown poursuit en expliquant que l'adulte a tendance à considérer le jeu comme un plaisir coupable, comme une distraction du « vrai travail » ou une fuite de ses responsabilités. Ainsi, les occasions de jouer chez l'adulte, deviennent rares voire quasi inexistantes. Et s'il arrive parfois à s'autoriser à jouer, il culpabilise bien souvent très rapidement d'avoir « perdu son temps » à cela. Pourtant, on oublie trop souvent que, tout au long de l'histoire de l'humanité, jouer a été considéré comme une activité si sérieuse qu'elle était réservée aux adultes : courses de chars, compétitions sportives, théâtre chez les Grecs et les Romains... les enfants n'avaient pas le droit de participer.

Pour Brown, le jeu est bien loin d'être une activité triviale et inutile comme semblent le penser bon nombre d'adultes. Bien au contraire, il conçoit le jeu comme étant un besoin biologique aussi important pour notre santé que peuvent l'être le sommeil ou l'alimentation, et ce, quel que soit notre âge. Un besoin que l'on retrouve d'ailleurs également dans le royaume animal.

Dans son livre *Play*, Brown décrit comment un ours polaire, affamé depuis plusieurs jours, a accepté de jouer avec un chien de traîneau, sans le blesser, et sans montrer aucun signe de violence. Les deux animaux se sont roulés dans la neige, et, à un moment donné, l'ours a même enlacé le chien avec ses énormes pattes. Mais ce qui était encore plus curieux pour Brown, c'était de voir que les deux animaux ont effectué une nouvelle session de jeu le lendemain, mais également les quelques jours suivants. Ainsi, pendant une semaine environ, les deux animaux se sont retrouvés avec pour seul objectif de jouer, jusqu'à que ce que l'ours décide de repartir à la chasse aux phoques. L'auteur s'est alors demandé ce qui faisait que le jeu chez l'animal était plus fort que l'instinct de survie, et surtout, pourquoi ces deux espèces animales ont pu interagir ensemble de cette manière alors qu'en temps normal, il y aurait très certainement eu une confrontation entre les deux, dont l'issue aurait pu être dramatique. Selon lui, le jeu est une force puissante de la nature trop peu étudiée, et encore bien méconnue, à laquelle l'Homme est bien évidemment soumis.

Dans sa quête de mieux comprendre le jeu, il en est arrivé à certaines conclusions très intéressantes.

La première est que la capacité à jouer pendant notre enfance, mais surtout en tant qu'adulte, se révèle être un facteur significatif pour déterminer notre succès ou notre bien-être. Après avoir étudié différents types de profils de personnes, il s'est aperçu notamment qu'un des points communs entre de nombreux meurtriers était l'absence de jeux au cours de leur enfance.

La deuxième, c'est que selon lui, l'inverse du jeu n'est pas le travail comme on pourrait le penser au premier abord, mais la dépression. Une observation que j'ai également pu faire dans mon cabinet. Les personnes en grande souffrance ont bien souvent complètement arrêter de s'amuser. Lorsque je leur demande quelles sont les passions qui les animent, ou si elles ont une quelconque activité créative à laquelle elles s'adonnent, nombreuses sont celles qui se retrouvent bien en peine pour me répondre. Et si tant est qu'elles en aient une, elle me confient ne plus vraiment prendre le temps de s'y consacrer. Comme si leur mal-être avait complètement pris le dessus sur tout le reste. Lorsque le jeu devient absent dans la vie d'un adulte, il semblerait que son esprit se mécanise et que ses émotions s'assèchent.

Après tout, dans notre société, il faut avoir l'air sérieux. Cela passe par ne pas jouer, et ne pas éprouver d'émotions... En conséquence, ces personnes si sérieuses sont bien souvent déprimées : les événements de la vie leur semblent alors constamment dramatiques. En prenant l'existence trop au sérieux, elles se privent du pouvoir de la modifier. À l'inverse, une personne créative, qui sourit, et qui s'amuse prend plaisir à jouer avec la réalité ce qui lui permet de la recréer. C'est donc là tout l'intérêt de ré-inclure le jeu dans nos quotidiens d'adultes. En plus de ses nombreux bienfaits, le jeu permet surtout d'introduire une notion de plaisir. Et le plaisir rend plus facile ce qui est difficile, de ce fait, cela nous permet de mieux vivre certains événements du quotidien.

Prenons l'exemple du travail. Pour beaucoup le travail est bien souvent synonyme d'efforts et de contraintes. Il peut même être vécu comme une véritable souffrance. Rien de surprenant lorsqu'on s'intéresse à l'étymologie latine du mot travail qui vient de trepalium, qui était un instrument de torture. Il suffit de regarder les statistiques concernant le burn-out (connu également sous le nom d'épuisement au travail) pour constater que les chiffres sont alarmants, et en constante progression.

Une personne en proie au burn-out n'hésitera pas à avouer que son travail ne lui procure plus de plaisir, ce qui a résulté en une grosse perte de motivation avant d'aboutir sur une dépression, des troubles anxieux, voire même dans certains cas des manifestations somatiques.

Pour résoudre ce problème, certaines entreprises ont développé une nouvelle approche avec leurs employés : la gamification, que l'on pourrait traduire en français par ludification. En quoi cela consiste ? C'est le fait de transposer les mécanismes de jeu dans un domaine qui n'a rien à voir avec un aspect ludique. Dans le cadre du travail, c'est le fait d'introduire la pratique du jeu au sein d'une organisation de travail. La gamification permet de rendre un processus plus attrayant, un modèle plus efficace, de trouver des solutions innovantes, de favoriser les apprentissages, de renforcer les liens sociaux et de réduire la difficulté de n'importe quelle tâche quelle que soit sa complexité. Elle crée une situation de défi qui vient accroître la motivation, car lorsque nous atteignons nos buts, lorsque nous sommes récompensés et que nous interagissons avec d'autres personnes, notre cerveau libère de la dopamine, une substance chimique qui nous motive. Les études récentes sur ce sujet semblent montrer que les employés deviennent alors beaucoup plus productifs, mais surtout beaucoup plus épanouis dans leur travail. « Choisis un travail que tu aimes et tu n'auras pas à travailler un seul jour de ta vie » nous suggérait déjà Confucius.

Et si nous « gamifions » davantage notre vie ? Peut-être que vous l'avez déjà fait, sans savoir réellement ce que vous faisiez. Qui n'a pas déjà transformé une activité ennuyeuse et lassante en jeu pour que le temps passe plus vite ? Peut-être était-ce lorsque vous vous êtes défié de faire votre ménage en un temps record, ou pour aller au travail le plus rapidement possible. La tache devenait alors beaucoup plus agréable à effectuer. Les sportifs « gamifient » naturellement leurs entraînements afin de se motiver, et d'améliorer leurs performances. Imaginez maintenant si vous faisiez un jeu de votre problème.

Lorsque j'ai commencé à choisir d'avoir mes angoisses, et à prendre plaisir à les ressentir, je me suis également lancée comme défi d'angoisser le plus possible dans une journée. Ainsi, dès lors que les angoisses commençaient à grandir en moi, je me disais intérieurement : « super, j'ai réussi à stresser ! » et à la fin de la journée je faisais mes comptes. Le lendemain, je me fixais comme objectif de dépasser mon score précédent. Mais très rapidement, non seulement je n'arrivais pas à faire mieux que la veille, mais je n'arrivais presque plus à stresser ! Plus je voulais stresser, moins j'y arrivais. Je me suis alors dit que le challenge n'était peut-être pas assez élevé c'est pourquoi je me suis alors défiée de faire une crise d'angoisse. Mais je n'ai jamais réussi, et depuis, je n'ai jamais refait une seule crise d'angoisse. J'étais dorénavant libre.

Par la suite, j'ai fait la même chose en « gamifiant » mes habitudes alimentaires. Je venais de perdre quelques kilos mais je sentais que je n'étais pas encore totalement libérée de mon problème car la nourriture occupait constamment mon esprit, et il m'arrivait de grignoter entre les repas. J'avais peur de reprendre les quelques kilos que j'avais réussi à perdre. Je me suis donc fixée comme objectif de manger tout ce que je voulais sans aucune restriction, et ce, peu importe l'heure. Un jour, j'avais une envie folle de manger un hamburger. Mais au lieu de n'en manger qu'un seul, j'ai décidé d'en manger pendant plusieurs jours à chaque repas, pour voir combien de temps je pourrais tenir. J'avais acheté environ une dizaine de pain à hamburger. J'étais toute contente de manger les trois ou quatre premiers, mais les derniers étaient beaucoup moins appétissants. Mais je n'ai pas lâché, je suis allée au bout de mon envie. À l'issue de mon défi, mon corps me criait de ne manger dorénavant que des fruits et des légumes. Je n'ai pas pris un seul kilo, mes pensées obsédantes autour de la nourriture se sont dissipées, et encore aujourd'hui lorsque je mange trop en excès, ou lorsque je mange « mal », tout mon corps me pousse à remanger sainement. Cela m'a appris à écouter mon corps. Il m'arrive encore de grignoter de temps en temps, mais ce n'est plus du tout un problème pour moi car je ne juge plus les envies de mon corps. Je peux donc manger ce que je veux, quand je veux, sans aucune culpabilité. Et c'est pourquoi mon poids s'est stabilisé.

Depuis, j'aime me lancer des défis. Cela m'aura permis de développer mon entreprise, de faire des choses que je n'aurai jamais osé faire auparavant, d'avoir de nouvelles opportunités, d'évoluer sur le plan personnel, et simplement d'être heureuse.

Pour vous aider, voici quelques idées pour « gamifier » votre problème :

- Pour le stress : essayez de stresser le plus possible dans une journée
- Pour les grignotages : essayez de grignoter le plus possible dans une journée.
- Pour la peur du rejet : essayez d'être rejeté le plus de fois dans une journée
- Pour la peur de l'échec : essayez de faire le plus d'erreurs possibles dans une journée.

- Pour les rougissements : essayez de rougir le plus de fois possible dans une journée.
- Pour les insomnies : essayez de rester le plus longtemps possible éveillé.

Et le lendemain, cherchez à battre votre record de la veille.

12.

REVENIR À LA RÉALITÉ

« Ce n'est pas la réalité qui nous fait souffrir,
mais nos pensées sur la réalité. »
Byron Katie

Il y a des moments où le temps semble suspendu. Ils s'accompagnent généralement de cette impression d'être totalement absorbé(e) par ce que l'on est en train de faire qu'on en oublie tout le reste. Peut-être était-ce lorsque vous étiez en train de regarder un film, d'écouter une musique, de faire une balade dans la nature, de discuter avec une personne, de faire du sport, ou toute autre activité que vous affectionnez particulièrement (du dessin, du jardinage, de la couture, de la musique …), ou encore lorsque vous travaillez sur un projet qui vous tient à cœur, etc...Vous êtes alors tellement immergé dans l'activité que rien d'autre ne semble avoir d'importance. Vous n'êtes pas déconcentré(e) par l'extérieur (à moins qu'il y ait un événement exceptionnel qui nécessite votre attention immédiate) ou par votre intérieur : vous n'avez pas de pensées parasites. Vous en oubliez vos problèmes, l'image que vous pouvez renvoyer, ou le regard de l'autre et si vous ressentiez la moindre gêne avant de débuter l'activité (fatigue, envie de faire pipi, maux de têtes, rhume...), elle semble totalement disparaître.

Votre perception du temps se modifie : le temps semble s'accélérer à certains moments, et ralentir à d'autres. Peut-être avez-vous également l'impression que les choses se font d'elles-mêmes, avec une certaine fluidité et précision, comme s'il n'y avait pas d'efforts à fournir. Et puis, il y a cette sensation d'avoir fait ce qu'il y avait à faire, du devoir accompli ou du travail bien fait, qui vous procure une forme de plaisir et vous apporte une certaine sérénité d'esprit.

Malheureusement, vite rattrapé par les tracas du quotidien, cette paix intérieure ne dure pas toujours aussi longtemps que ce que vous espériez. C'est pourquoi, aussitôt l'activité terminée que vous songez déjà à y retourner. Peut-être même n'aviez-vous pas envie qu'elle se termine, et avez cherché à la faire durer le plus longtemps possible. Mais lorsque vous sortez réellement de cet état d'absorption, vous vous dites alors « c'était un super film/musique/livre », « c'était un beau match, ou une belle séance de sport » ou encore « c'était un bon moment en famille ». Cela vous dit quelque chose ?

Au travers de ces expériences, vous avez découvert ce que cela signifie d'être dans le moment présent. Il y aurait diverses manières de qualifier ces moments. Le psychologue Mihály Csíkszentmihályi a nommé ce concept le « flow ». En français, nous appelons cela « être dans sa bulle », « l'expérience optimale », ou encore « être en transe ». Tous ces concepts signifient plus ou moins la même chose : être là, maintenant, dans le moment présent. Ces moments surviennent lorsque nous nous trouvons dans un état maximal de concentration, de plein engagement et de satisfaction dans l'accomplissement de l'activité que nous sommes en train d'effectuer.

Eckhart Tollé, dans son livre *Le pouvoir du moment présent* explique que nous avons pris l'habitude de vivre constamment ailleurs que dans le présent: soit dans le futur à la recherche du bonheur ou d'un sens d'accomplissement qui nous échappe, soit nous vivons dans le passé, prisonniers de nos souvenirs et nos remords que nous n'arrivons pas à laisser derrière nous. Dans les deux cas, nous négligeons et délaissons le moment présent en ne profitant pas pleinement de l'instant. Nous sommes là physiquement, mais notre esprit est ailleurs : soit dans une forme d'anticipation, soit dans une forme de nostalgie. Nos pensées se dispersent et c'est à cet instant précis que nous commençons bien souvent à nous sentir mal.

L'idéal serait d'être toujours dans le moment présent. Malheureusement, je ne pense pas que cela soit réellement possible. Certains, comme les moines bouddhistes, apprennent à vivre dans le moment présent pendant plus longtemps quc la majorité d'entre nous. Néanmoins il y aura toujours des moments où nous serons inquiets à propos du futur, ou en train de penser au passé, et où nous oublierons d'être dans le moment présent.

Vous avez certainement déjà constaté à quel point il est difficile de rester focaliser sur une seule chose pendant un certain temps. Notre attention se disperse rapidement. Nous sommes bien souvent très peu conscients de nos actions, de nos mouvements, et de nos pensées au quotidien: nous fonctionnons en mode « pilote automatique ». Mais la fonction « pilote automatique » ne permet que d'exister et non de profiter pleinement de chaque instant. Il suffit d'observer une personne marcher dans la rue pour constater qu'elle n'est pas vraiment là, et cela peut la rendre un peu plus imprudente. Absorbée dans ses pensées, par ses tracas du quotidien, elle ne voit pas la voiture au moment de traverser, ou le poteau qui se trouve juste sur son chemin par exemple. De la même manière, nous essayons bien souvent d'être hyper-opérationnel en effectuant plusieurs tâches simultanément, mais cela s'avère bien souvent contre-productif. C'est alors que nous faisons des erreurs, ou nous ne faisons pas les choses aussi bien que nous aurions pu le faire si nous nous étions exclusivement consacrés à celles-ci. Nous faisons les choses machinalement, par habitude. Et bien trop souvent, nous nous surprenons en position de spectateur : nous regardons notre vie au lieu de la vivre.

Les jeunes enfants sont maîtres dans l'art de vivre l'instant présent, tout simplement parce qu'ils n'ont pas la conscience du temps comme un adulte pourrait l'avoir. Si vous observez un enfant, très vite vous constaterez que ce qui compte le plus pour lui c'est l'instant présent. C'est ce qui lui permet de s'émerveiller avec un enthousiasme sincère des petites choses de la vie. Quand il joue, il joue. Quand il est triste, ils est triste. Quand il est heureux, ils est heureux. Quand il découvre une nouvelle chose, il découvre une nouvelle chose. Mais en grandissant, ce n'est plus aussi facile. Nous apprenons à fuir le moment présent et à résister à la réalité.

La résistance à la réalité

Parfois la réalité est très douloureuse à accepter. Tellement douloureuse qu'on va mettre en place des mécanismes de défense pour essayer de s'en protéger comme on peut. De part notre propension à fuir la douleur, cette réaction, comme nous l'avons vu, est tout ce qu'il y a de plus sain. Mais nous avons également pu montrer comment lorsqu'un comportement, utilisé comme un mécanisme de défense, peut devenir une source de souffrance car il nous déconnecte de la réalité. S'il est vrai qu'il est important de s'en déconnecter dans un premier temps, il l'est encore plus de savoir s'y reconnecter dans un deuxième temps.

Car ce qui nous fait véritablement souffrir c'est lorsque nous luttons contre la réalité, ou plus précisément lorsque nous croyons une pensée qui se trouve être en désaccord avec la réalité. Si nous prêtons attention à nos pensées, nous découvrirons que nous avons constamment des pensées qui sont en opposition à la réalité : « les gens devraient être moins égoïstes », « les enfants devraient être mieux éduqués », « Maurice devrait arrêter de travailler pour cette entreprise », « ma femme devrait m'écouter plus souvent », « si seulement il faisait beau aujourd'hui », « je ne devrais pas avoir ces kilos en trop ». Toutes ces pensées sont en lutte avec la réalité puisqu'elles montrent que nous voudrions que la réalité soit différente. Mais, la réalité est ce qu'elle est, qu'elle nous plaise ou non.

Comme le dit Byron Katie dans un de mes livres favoris Aimer ce qui est, vouloir que la réalité soit autre que ce qu'elle est, ce serait comme vouloir faire aboyer un chat. Vous pourrez y mettre toute votre énergie, et toute votre bonne volonté... le chat finira toujours par miauler. C'est pourquoi, vouloir que la réalité soit différente est totalement vain et aura pour seul résultat de nous faire souffrir. Certaines personnes passent même toute leur vie à essayer de faire aboyer un chat mais la réalité finira toujours par gagner. Car la réalité c'est que:

- il y a des personnes égoïstes
- il y a des enfants « mal éduqués », (quoi que cela veuille dire)
- Maurice continue de travailler pour cette entreprise
- votre femme ne vous écoute pas toujours
- il ne fait pas beau aujourd'hui, car parfois il fait « mauvais temps »
- vous avez ces kilos en trop

Byron Katie nous révèle que toutes ces choses qui pensons-nous n'auraient jamais dû nous arriver, devaient nous arriver. Pourquoi ? Pour la simple et bonne raison que la réalité c'est que cela nous est arrivé et qu'aucune pensée ne peut changer cela. Résister à la réalité apparaît alors comme de la folie. Michael Singer dans son livre acclamé L'Âme délivrée nous dit: « La seule solution permanente à vos problèmes est d'aller à l'intérieur et de lâcher la partie de vous qui semble avoir tant de problèmes avec la réalité. » Parce que votre résistance signifie votre opposition à la vie. C'est votre résistance à ce qui est qui est la source de la souffrance, pas la douleur elle-même. Souvenez-vous de cette équation : Souffrance = Douleur x Résistance. C'est le fait de résister à la douleur qui génère la souffrance. Car « tout ce à quoi l'on résiste, persiste », nous dit Jung.

Bien souvent ce qui fait qu'une personne résiste à la réalité, c'est qu'il y a eu un événement qui est venu créer inévitablement un changement que ce soit dans sa routine, dans ses habitudes, dans son quotidien, qu'elle n'arrive pas à accepter. Elle concentre alors toute son énergie sur le pourquoi : « pourquoi telle chose a changé ? », « pourquoi cela n'arrive toujours qu'à moi ? », « pourquoi est-ce que je n'ai pas réagi autrement ? », « Si seulement j'avais fait telle chose ou telle chose à la place, j'aurai pu éviter tout ça ». Elle imagine alors toutes les choses qu'elle aurait dû faire pour ne pas que cet événement survienne. Elle repense à comment était sa vie avant tout cela, et elle aimerait retourner dans le passé, juste avant que tout soit chamboulé. Elle pense alors que si elle comprend le pourquoi tout cela est arrivé, elle se sentira mieux mais malheureusement ce n'est pas toujours le cas. Parce qu'en se posant toutes ces questions, elle ne fait que résister à la réalité. La résistance au changement accompagne très souvent la résistance à la réalité, et est très souvent – pour ne pas dire toujours – une caractéristique des personnes qui ont du mal à lâcher prise.

Prenons un exemple. Si vous venez de perdre l'un de vos proches, vous posez toutes ces questions sur le « pourquoi », ne le fera malheureusement pas revenir. Même en ayant conscience de cette réalité, il arrive bien souvent que notre cerveau ne soit pas prêt à passer à autre chose, et il semble même parfois complètement obsédé par ces questions. Cela n'a rien de surprenant puisque dans notre exemple, accepter la réalité est bien plus douloureux que de la nier. C'est pour cette raison que dans un premier temps, notre réaction première consiste à être dans du déni, du rejet, et dans une forme de résistance. Et le déni, la résistance, sont les opposés de l'acceptation.

Le problème c'est que lorsque nous sommes dans du déni, nous ne pouvons pas modifier la réalité puisque nous ne voulons pas reconnaître ce qui est. Par exemple, si je ne veux pas voir et accepter qu'il y a une embûche sur mon chemin, et bien je ne pourrais pas la déplacer, la contourner ou trouver une solution puisque j'ai déclaré qu'elle n'existait pas ! Si je veux pouvoir trouver une solution il faut d'abord que je reconnaisse sa présence. Et seulement à ce moment-là, je pourrais trouver des solutions pour avancer. On doit d'abord reconnaître une chose comme étant valide et réelle pour pouvoir digérer l'information, et passer à autre chose. Naturellement, c'est très souvent douloureux, et cela demande beaucoup de courage.

Pour beaucoup de personnes, l'acceptation est synonyme de résignation, d'abandon et signifie pour elles « baisser les bras ». C'est ce qui fait qu'elles ne veulent surtout pas accepter ce qui est. Pourtant c'est loin d'être le cas. Accepter la réalité c'est juste accepter les choses comme elles sont, sans jugements pour pouvoir prendre des décisions et réagir de la manière qui soit la plus adaptée pour résoudre le problème.

Prenons un autre exemple. Admettons que vous rentrez après une journée de travail et votre chien ne se trouve plus chez vous. Pour pouvoir le retrouver, vous devez d'abord reconnaître et accepter le fait qu'il ne soit plus là. Le « pourquoi il n'est plus là » n'a pas vraiment d'importance à ce moment précis. La réalité c'est qu'il n'est plus là. Seulement une fois que vous aurez accepté cette réalité, vous pourrez passer à l'action pour pouvoir le retrouver : en faisant des recherches, en mettant des affiches, ou en mettant une annonce sur les réseaux sociaux. Accepter la réalité ne veut pas dire, « bon, maintenant je ne fais plus rien, et j'attends. » Même s'il est vrai quc parfois, il s'agit malheureusement de la seule chose que l'on puisse faire. Mais l'acceptation n'empêche en aucun cas le passage à l'action. Et pour cela, il faut donc déjà commencer par voir les choses comme elles sont, là tout de suite, dans l'instant présent.

Mais c'est aussi accepter le fait que les choses ne soient ni bonnes ni mauvaises, elles sont juste comme elles sont. Qu'on le veuille ou non, c'est la réalité pour l'instant. Si je dis pour l'instant, c'est parce qu'heureusement les choses ne sont pas figées. Si l'on reprend l'exemple du chien, ce n'est pas parce que vous acceptez que votre chien ne soit plus là que cela veut dire que vous ne le retrouverez pas pour autant. Ou encore, autre exemple, ce n'est pas parce que vous acceptez qu'aujourd'hui vous ne vous sentez pas en forme, que cela veut forcément dire que ce sera tout le temps le cas. Bien au contraire. C'est juste être dans le moment présent, être dans la réalité du moment, reconnaître que là tout de suite votre chien n'est pas là et que vous vous sentez mal. C'est tout.

D'autres personnes encore pensent que l'acceptation de quelque chose signifie qu'on approuve cette chose en question ou que l'on est d'accord avec cela. Toujours dans notre exemple du chien, ce n'est pas parce qu'on accepte le fait qu'il ne soit plus là que cela signifie que ce soit okay qu'il ne soit plus là. Ou encore ce n'est pas parce que vous acceptez que votre partenaire vous ait trompé que vous êtes okay avec le fait qu'il vous ait trompé. Encore une fois, cela veut juste dire qu'on voit la réalité comme elle est.

La réalité est parfois tellement douloureuse qu'on va tout faire pour essayer de lui résister. Dans l'exemple du chien, ce qui pourrait arriver c'est que la personne s'accroche désespérément à l'idée que son chien puisse revenir, alors que cela fait peut-être plusieurs semaines qu'il n'est plus là. Et elle ne veut pas accepter qu'il ne reviendra peut-être jamais, parce qu'elle ne voudrait pas imaginer le pire, à savoir dans cet exemple, que son chien soit mort. Pourtant la réalité du moment présent c'est qu'il n'est plus là. Ceci dit, on ne sait pas toujours ce que la vie nous réserve, et elle peut parfois nous faire de belles surprises. Mais il faut bien reconnaître que plus le temps passe, plus les probabilités qu'il revienne sont faibles. Entretenir de faux espoirs est une forme de déni, qui peut devenir néfaste pour la personne.

Si nous désirons réparer quelque chose, nous devons déjà commencer par accepter que cette chose en question soit cassée ou tout du moins qu'elle fonctionne mal. Et parfois, il faut aussi savoir accepter que nous ne pouvons pas la réparer, malgré toute notre bonne volonté. Évidemment, cela s'applique également à nos relations.

Donc en résumé, le lâcher prise consiste à voir la réalité en face, à voir les choses comme elles sont réellement, sans porter de jugements. Juste observer et être dans le moment présent. C'est arrêter de fuir la réalité, de chercher à se distraire, ou de faire comme si tout allait bien. Être dans le moment présent c'est savoir observer et écouter ce qui se passe en nous, ce qui veut dire savoir reconnaître qu'à certains moments nous nous sentons mal, nous sommes tristes, nous sommes en colère, nous nous sentons jaloux, ou nous avons des pensées désagréables, etc. Voilà ce que signifie « être dans le moment présent ».

Voyons maintenant concrètement comment faire pour revenir à la réalité, et comment faire pour apprendre à l'accepter.

La méditation

Être pleinement conscient de ses pensées, de ses émotions, de ses comportements, voilà l'objectif visé par la méditation pleine conscience (ou mindfullness en Anglais). Son principe est simple : il s'agit de ramener son attention sur l'instant présent, en observant ce qui se présente à l'esprit et au corps de manière calme, lucide et objective. Elle consiste à accepter ce qui vient, sans jugement et sans attente. La méditation suscite de plus en plus l'intérêt des neuro-scientifiques et des psychologues de par les nombreux avantages qu'elle présente: elle réduit l'anxiété, augmente les capacités de mémorisation et de concentration, favorise la créativité, entraîne une amélioration des relations sociales, etc.

Un des exercices le plus simple pour s'entraîner à la méditation consiste à placer toute son attention sur sa respiration : Commencez par vous asseoir confortablement. Posez vos mains sur vos cuisses. Vous pouvez fermer les yeux si vous le désirez. Concentrez-vous uniquement sur votre respiration. Respirez calmement, sans forcer les inspirations ou les expirations pour autant. Et observez attentivement le parcours de l'air à l'intérieur de vous, sentez-le littéralement passer en vous. Une fois que l'air s'engouffre en vous, ressentez comment la poitrine se soulève, et le frottement des vêtements qu'il peut y avoir sur elle. Ne retenez pas l'air, laissez-le s'échapper. En vous concentrant, vous pouvez peut-être ressentir les battements de votre cœur. Observez-les eux aussi, voyez comment le rythme de votre respiration influe sur eux. Observez chaque sensation avec l'esprit et avec le corps. Il ne s'agit jamais d'émettre un jugement sur ce que vous observez. Regardez chaque chose comme elle est, c'est tout. Vous pouvez pratiquer ainsi avec tout ce que vous souhaitez. À chaque fois, soyez pleinement éveillé et ouvert aux sensations qui se présentent. Voyez-les une par une, voyez la manière dont elles sont intriquées. Laissez venir les pensées, et laissez-vous porter par celles-ci. Ne cherchez pas à les couper, ne cherchez pas à les supprimer ou à les chasser. Pour débuter, vous n'avez pas besoin de méditer pendant des heures; quelques minutes par jour suffisent.

Dans son livre *Le Miracle de la pleine conscience,* Thich Nhat Hanh, moine bouddhiste vietnamien résidant en France, explique que la pratique de la pleine conscience se découvre dans l'attention que l'on porte à des moments très simples dans la vie de tous les jours. Pour cela, il vous suffit de vous concentrer pleinement sur l'activité que vous êtes en train de faire. Que ce soit manger, faire la vaisselle, téléphoner, marcher, regarder la télévision, discuter avec une personne... Lorsque vous faites une activité, faites cette activité. C'est tout. Rien d'autre que de simplement faire l'activité.

- Vous lavez la vaisselle ? Soyez conscient que vous êtes en train de laver la vaisselle. Vous êtes debout, vous respirez, vous ressentez l'eau sur vos mains, sa température, les odeurs du savon qui se dégagent, les mouvements que vous faites, la texture de l'éponge entre vos doigts, son poids. Prêtez attention à chaque petits détails.
- Vous êtes en train de manger ? Prenez le temps de manger. Tout d'abord, parce que vous ferez du bien à votre corps, et ensuite pour prendre plus de plaisir à manger. Au quotidien, manger devient parfois une corvée. Nous engloutissons nos repas pour nous rassasier, sans vraiment le savourer. Commencez par humer les odeurs qui s'en dégagent, observez et ressentez les différentes textures, mâchez lentement vos aliments pour laisser les saveurs se répandre dans votre bouche, sentez ensuite les aliments descendre le long de votre œsophage, puis recommencez le même procédé à chaque bouchée. Ne regardez pas la télé, ou ne lisez pas le journal en même temps, mais ne faites rien d'autre que manger.
- Vous passez un moment avec une personne ? Concentrez-vous uniquement sur elle. Écoutez-la, regardez-la, intéressez à vous elle comme si rien d'autre n'avait d'importance. Ne regardez pas votre téléphone. Ne soyez pas distrait par une mouche, ou d'autres personnes autour de vous. Soyez juste là avec elle.

Cela peut être aussi simple que cela! Il y a des opportunités partout autour de vous pour vous entraîner à être pleinement présent.

Le travail de Byron Katie

Une des meilleures méthodes pour apprendre à revenir à la réalité du moment présent est selon moi celle de Byron Katie qu'elle a nommé « Le Travail ». Cette méthode qu'elle décrit en détails dans son livre Aimer ce qui est, est assez simple à mettre en pratique.

La première étape consiste à identifier les pensées qui sont sources de souffrance et de les écrire sur une feuille. Ce peut être des pensées en lien avec une situation du passé, du présent ou du futur, à propos d'une personne que vous n'appréciez pas, qui vous a blessé, pour qui vous vous inquiétez, ou bien encore par rapport à la vie de manière générale. Notez tous les jugements que vous pouvez avoir sans vous censurer, et en utilisant des phrases simples et concises.

Pour vous aider, complétez simplement cette phrase :

> **Je suis** ... (*....triste / en colère / stressée / jalouse / etc...*)
> **parce que** ....

L'utilisation de la conjonction de subordination « parce que » permet de mettre en évidence les jugements que nous portons, en révélant les croyances qu'ils sous-tendent. Vous pouvez bien évidemment remplacer les adjectifs en italiques par n'importe quel autre qui permettrait de caractériser une émotion désagréable que vous ressentez. Vous pouvez noter plusieurs phrases à la suite pour une émotion. Et vous pouvez bien évidemment effectuer ce travail sur plusieurs émotions. Il n'est pas toujours simple d'exprimer réellement ce que nous ressentons car l'on nous a bien souvent enseigné que « ce n'est pas bien de juger. » Mais en réalité nous le faisons constamment. Vous serez peut-être surpris de constater qu'une fois lancé, vous aurez probablement de la difficulté à vous arrêter, comme si votre stylo écrivait de lui-même. En faisant ce Travail, vous avez au contraire ici la permission de noter toutes vos pensées même les plus viles.

Dès lors que vous avez identifié quelques jugements, vous pourrez passer à la deuxième étape qui consiste simplement à se poser 4 questions, que nous allons voir maintenant. Commençons déjà par préciser qu'il n'y a pas de bonnes ou de mauvaises réponses à ces questions. Tout ce qui importe c'est que vous répondiez de la manière la plus sincère possible.

Prenons un exemple qui nous servira de fil conducteur. Imaginons que vous ayez noté comme jugement : « Je suis en colère parce que mon mari ne m'écoute pas. »

La première question à se poser est la suivante :

• Question 1 : Est-ce vrai ?

Demandez-vous maintenant si c'est vrai que votre mari ne vous écoute pas. Soyez honnête. Fermez les yeux quelques instants et méditez sur cette question : est-ce vrai que mon mari ne m'écoute pas ? La réponse est soit oui, soit non. Ne cherchez pas à élaborer plus votre réponse en expliquant le pourquoi du comment. Vous n'avez qu'un mot d'une syllabe à donner : oui ou non.

Voici quelques pistes pour vous aider à répondre à cette question. Demandez-vous maintenant : quelle est la réalité ? Que vous dit votre expérience ? Selon vous, votre mari vous écoute-t-il ? Avec tous les éléments que vous avez dû récolter, vous devriez en avoir conclu que la réponse semble être oui puisque de votre point de vue, il ne vous écoute pas.

Selon votre jugement de départ, il y a deux réponses possibles : oui ou non. Si la réponse est non, vous pourrez passer directement à la question 3. Si vous répondez oui, comme dans notre exemple, alors voici la question 2.

• Question 2 : Est-ce vraiment vrai ?

Bien souvent notre ego s'est tellement identifié à une croyance qu'il n'arrive pas à voir la réalité en face. Nous restons alors encore attaché à notre jugement, persuadé que nous détenons la vérité. C'est pourquoi Byron Katie nous invite à nous poser la question suivante : est-ce vraiment vrai ? Dans cette situation, est-ce que je peux véritablement être sûre que mon mari ne m'écoute pas ? Peut-on être véritablement certain qu'une personne nous écoute vraiment ou non ? Après tout, n'y a-t-il pas des moments où j'écoute une personne alors qu'on pourrait penser que ce n'est pas le cas ? Si vous prenez le temps de bien méditer sur cette question, vous réaliserez alors certainement que la réponse ne semble plus être aussi évidente. Et si vous prenez le temps d'être sincère et d'écouter la vraie réponse en vous, vous entendrez sûrement non. On ne peut jamais être sûre à 100% qu'une personne nous entende, et encore moins qu'elle nous comprenne.

Si vous êtes convaincu(e) que la réponse est oui, cherchez les preuves. Par exemple, vous pourriez noter « il ne m'écoute pas.... » :

- parce qu'il continue de faire ce qu'il veut
- parce qu'il prétend être d'accord avec ce que je dis mais je peux voir qu'il n'est pas sincère
- parce que parfois il ne répond même pas, etc.

Ensuite pour chacune de ces affirmations, demandez-vous « est-ce vrai ? » :

→ *« il ne vous écoute pas parce qu'il continue de faire ce qu'il veut »,* est-ce vraiment vrai ? En quoi le fait qu'il continue de faire ce qu'il veut signifie qu'il ne vous écoute pas ?

→ *« il prétend être d'accord avec ce que je dis mais je peux voir qu'il n'est pas sincère »,* est-ce vraiment vrai ? Qu'est-ce qui vous fait dire qu'il prétend être d'accord ? Comment pouvez-vous être sûr qu'il n'est pas sincère ? En quoi le fait qu'il prétende être d'accord signifie qu'il ne vous écoute pas ?

→ *« il ne répond même pas »*, est-ce vraiment vrai ? En quoi le fait qu'il ne vous réponde pas signifie qu'il ne vous écoute pas ?

Normalement, toutes ces questions ont dû vous faire prendre conscience que la réponse est en réalité non, puisque dans notre exemple, on ne peut vraiment pas être sûr qu'une personne nous écoute ou non. De même que les soi-disant preuves qu'on pense avoir ne servent qu'à renforcer notre croyance que l'on a sur la réalité, mais elles ne représentent pas forcément pour autant la réalité.

Ce sont des conclusions un peu trop hâtives que nous avons déduites, biaisées par nos filtres personnels et plus particulièrement nos peurs.

Selon votre phrase de départ, il est évidemment possible que la réponse à la question « est-ce vraiment vrai ? » soit oui. Quelle que soit votre réponse, vous pouvez maintenant passer à la question 3.

• Question 3 : comment vous sentez-vous lorsque vous croyez à cette pensée ?

Cette question vous invite à analyser vos ressentis. Lorsque vous croyez à la pensée comme quoi votre mari ne vous écoute pas, comment vous sentez vous ? Quelles émotions naissent en vous ? Vous constaterez très probablement que lorsque vous croyez à cette pensée, cela génère une certaine tension, un mal-être pouvant aller du léger inconfort, à la colère, ou à la peur.

Fermez les yeux, et observez maintenant comment cette pensée influence votre manière d'agir ? Lorsque vous croyez au fait que votre mari ne vous écoute pas, comment vous comportez-vous par rapport à lui ? Par rapport à vous même ? Peut-être que vous avez tendance à être un peu agressive avec lui, à l'interrompre, à l'ignorer, à être sur les nerfs, à vous renfermer sur vous-même, à vous isoler, à manger compulsivement, à fumer une cigarette...Observer tous les effets que le fait de croire à cette pensée peut avoir dans votre vie.

Vous êtes maintenant prêts pour la troisième et dernière question.

• Question 4 : Qui seriez-vous sans cette pensée ?

Imaginez votre vie si vous ne croyez plus cette pensée comme quoi votre mari ne vous écoute pas. Qu'est-ce que cela changerait dans votre manière d'agir et de vous comporter ? Comment vous sentiriez-vous ? Pour notre exemple, comment serait votre relation avec votre mari ?

Vous réaliserez certainement que vos comportements seraient totalement différents. Vous vous sentiriez probablement plus serein(e), plus libre, et plus heureux(se). Cette question permet d'apprendre à nous désidentifier de nos pensées qui nous font souffrir, et de retrouver la paix intérieure. La réponse qui revient souvent à la question « qui seriez-vous sans cette pensée ? » est la paix ou l'amour.

Pour vous aider ensuite à lâcher prise, souvenez-vous que comme nous l'avons déjà vu dans le chapitre 3, il y a 3 types d'affaires : les vôtres, celles des autres, et celle de la vie. Lorsque vous pensez au fait que votre mari devrait vous écouter, est-ce vos affaires, ou les siennes ? Le fait qu'il vous écoute ou non dépend-il de vous ? La réponse est assez simple : lorsque vous pensez au fait qu'une personne devrait réagir, se comporter, ou être autre que ce qu'elle est, vous vous occupez des affaires des autres. Il n'y a que votre mari qui puisse décider de vous écouter, ou non. Vous ne pourrez pas le forcer, aussi frustrant que cela puisse être pour vous. La seule chose que vous pouvez réellement faire, c'est vous occuper de vos propres affaires.

Nous avons tellement pris l'habitude de nous raconter des histoires sur qui nous sommes, ce qui nous est arrivé, ou comment devraient être les autres ou la vie. Des histoires auxquelles on croit et on s'accroche parfois désespérément. Certaines sont utiles, motivantes, inspirantes, rassurantes, ou agréables. D'autres sont déprimantes, stressantes, douloureuses, inconfortables et désagréables. Lorsque nous arrêtons de croire à ces histoires, qui n'ont parfois aucun fondement, nous pouvons revenir à la réalité et nous reconnecter à notre véritable essence, notre moi authentique. En investiguant nos pensées, et en les questionnant, nous pouvons lever le voile de l'inconscience qui obstruait notre vision.

Cette méthode est à mon sens l'une des plus simples et l'une des plus efficaces à mettre en pratique.

Comment lâcher prise

Comme bien souvent, il est difficile de pouvoir expliquer concrètement comment faire pour lâcher prise, car il n'existe pas réellement de méthodes pour cela. Néanmoins, je vais vous partager maintenant ma façon de procéder, qui je l'espère pourra vous aider.

• Étape 1 : Trouver ce à quoi vous résistez

Tout d'abord, la première étape consiste à trouver ce à quoi vous résistez, ce qui ne devrait pas être trop difficile puisqu'il suffit de penser à ce qui vous fait souffrir actuellement. Cela peut être quelque chose auquel vous résistez depuis plusieurs semaines, plusieurs mois voire plusieurs années pour certaines personnes.

Par exemple : cela pourrait être quelque chose que vous voudriez absolument changer, comme une peur que vous pourriez avoir, ou le fait d'avoir quelques kilos en plus. Ou cela pourrait être un événement qui vous est arrivé à un moment donné et qui vous fait encore beaucoup souffrir, que vous n'avez pas encore réussi à digérer et auquel vous n'arrêtez pas de repenser : peut-être que c'était le décès d'un de vos proches, une grosse dispute avec votre conjoint, un membre de votre famille, un ami ou un collègue, ce pourrait être un accident quelconque que vous auriez pu avoir, ce peut être un moment de honte, un « échec » que vous auriez subit, ou encore un acte ou une parole d'un de vos proches qui vous aurait blessé(e).

• Étape 2 : Revenir aux faits

Une fois que vous avez trouvé ce à quoi vous résistez, observez votre résistance sans porter de jugements, et revenez-en aux faits, revenez à la réalité. Voyons tout de suite quelques exemples pour mieux comprendre.

Admettons que vous ayez une peur dont vous cherchez désespérément à vous débarrasser. Prenons la peur de parler en public. L'observer de manière factuelle reviendrait à se dire que pour l'instant la réalité c'est que vous avez cette peur. Que vous le vouliez ou non, une partie de vous est totalement terrorisée à l'idée de parler en public. Vous pourriez aussi vous dire que la réalité c'est que vous avez probablement essayé plein de techniques pour vous en débarrasser, pour tenter de l'apaiser ou de la calmer mais aucune n'ont fonctionné, sinon elle ne serait déjà plus là. La réalité c'est que plus vous essayez de vous en débarrasser, et plus elle devient puissante. La réalité c'est que vous n'avez probablement plus aucune idée de ce que vous pourriez faire pour enfin vous en libérer. La réalité c'est que vous commencez probablement à être désespéré(e) et vous êtes terrifié(e) à l'idée de ne jamais réussir à vous en défaire, qu'elle vous accompagne toute votre vie et qu'elle vous empêche d'être bien et d'être heureux(se). La réalité c'est que la peur de parler en public n'est qu'une peur superficielle qui cache des peurs plus profondes comme la peur du rejet et de ne plus être aimé(e).

Autre exemple. Imaginons que votre conjoint vous ait quitté parce qu'il vous a trompé avec une autre personne, sans vous donner de véritables explications, et refusant même toute communication. La réalité c'est que vous n'êtes plus en couple. La réalité c'est que cette séparation vous fait toujours souffrir. La réalité c'est que vous n'arrêtez pas de repenser au fait qu'il vous ait trompé parce que vous essayez probablement de comprendre pourquoi il vous a trompé. La réalité c'est peut-être que vous culpabilisez et vous cherchez ce que vous auriez pu faire pour qu'il ne passe pas à l'acte. La réalité c'est qu'il y a probablement quelque chose en vous qui se dit que vous avez forcément dû faire – ou ne pas faire – quelque chose pour qu'il vous trompe. La réalité c'est que vous vous sentez probablement aussi importante qu'un sac poubelle. La réalité c'est que vous êtes probablement en colère par rapport à cette personne, et très probablement par rapport à vous. La réalité c'est que vous n'êtes peut-être pas encore prête à lui pardonner. La réalité c'est que vous avez peut-être encore des sentiments pour cette personne, et vous vous en voulez certainement d'en avoir encore après tout ce qu'il vous a fait subir.

Ce ne sont que quelques exemples. Tout ce qui importe ici c'est d'être honnête envers vous mêmes et vos ressentis.

• Étape 3 : Imaginez les pires scénarios

Je vais vous proposer un petit exercice d'imagination qui sera très probablement désagréable à faire pour la plupart d'entre vous, puisqu'il s'agit d'imaginer les pires scénarios par rapport à la situation qui vous fait souffrir. Reprenons les exemples cités à l'étape 2 pour que ce soit plus clair.

Pour la peur de parler en public : l'idée serait donc d'imaginer que vous allez parler en public et que cela se passe vraiment mal. L'idée serait d'y aller progressivement en commençant par les petites peurs pour aller jusqu'aux plus grosses peurs. Ce serait par exemple imaginer que :

- juste avant votre prestation, vous commencez déjà à vous sentir mal : votre rythme cardiaque s'accélère, vous avez les mains moites, etc.
- vous bafouillez devant votre auditoire.
- vous avez un blanc et vous ne savez plus quoi dire.
- quelqu'un vous fait une critique.

Et ainsi de suite, en allant a chaque fois de pire en pire.

Pour le conjoint qui quitte sa partenaire sans explications : c'est imaginer que :

- que vous vous sentiez mal dans les prochains jours, les prochaines semaines voire même les prochains mois.
- que vous ayez encore pleins de pensées désagréables, de culpabilité, ou de colère par rapport à cette personne.
- que vous ayez des difficultés à vous mettre avec quelqu'un d'autre à cause des sentiments vous avez encore pour votre ex.
- que votre ex fasse sa vie avec quelqu'un d'autre.

Je sais que c'est un exercice très difficile à faire. Si vous le faites sincèrement, il y a de fortes chances que vous fondiez en larmes. C'est normal. Cela signifie que vous êtes précisément en train de libérer les émotions associées à l'événement.

• Étape 4 : Accepter que cela puisse devenir la réalité.

Cette dernière étape est la plus difficile à effectuer. Malheureusement, beaucoup de personnes n'arrivent jamais à la dépasser, et s'arrêtent à l'étape 3. Mais cette dernière étape est à mon sens essentielle, puisque c'est grâce à celle-ci que l'on peut réellement lâcher prise. Alors en quoi consiste-t-elle ? Il s'agit maintenant d'accepter que tous les pires scénarios que vous avez imaginé à l'étape précédente puissent devenir la réalité. Et comment faire pour les accepter ? Eh bien, il s'agit simplement d'apprendre à être plus bienveillants envers vous-mêmes en réalisant que vous faites toujours de votre mieux. Reprenons chacun des pires scénarios de nos exemples.

Pour la peur de parler en public :

- juste avant votre prestation, vous vous sentez mal ? → C'est normal de se sentir mal.
- vous bafouillez devant votre auditoire ? → Cela arrive à tout le monde de bafouiller.
- vous avez un blanc et vous ne savez plus quoi dire ? → Cela arrive à tout le monde ! Il n'y a rien de mal à cela.
- quelqu'un vous fait une critique ? → personne n'a vraiment envie d'être critiqué, ce serait donc tout à fait normal d'être blessé. Toutefois, vous n'êtes pas obligé de prendre pour vérité absolue la remarque que l'on vient de vous faire, et vous n'êtes encore moins obligé de vous auto-flageller en vous dénigrant par la suite.

Pour le conjoint qui quitte sa partenaire :

- depuis la rupture, vous vous sentez mal ? → C'est totalement normal ! Vous n'êtes pas un robot.
- Vous avez des pensées désagréables, de culpabilité, ou de colère par rapport à cette personne ? → après une rupture amoureuse, c'est une étape normale du processus de deuil. Vos émotions sont légitimes.
- Vous avez des difficultés pour vous mettre en couple avec quelqu'un d'autre à cause des sentiments vous avez encore pour votre ex ? → c'est normal que cela soit compliqué, surtout si la rupture est récente. Prenez le temps de faire le deuil de votre relation. Certains y arriveront plus rapidement que d'autres, mais cela n'a pas d'importance. Avancez à votre rythme.
- votre ex refait sa vie avec quelqu'un d'autre ? → Cela est une possibilité qui ne dépend pas de vous. Mais vous avez le droit de vous sentir mal.

Pour lâcher prise, il s'agit également – et surtout – de réaliser que la survenue de la majorité de ces scénarios ne dépend pas de vous ! C'est accepter que vous n'avez pas le contrôle sur ces événements. Même nos émotions, il est difficile voire quasiment impossible de les contrôler. C'est notre besoin de contrôle qui nous empêche de lâcher prise.

En résumé, cet exercice consiste à imaginer toutes les choses que nous n'avons surtout pas envie d'imaginer, et surtout pas envie de vivre. Et c'est précisément pour cette raison qu'il est important de s'autoriser à les imaginer. Parce que si vous n'avez pas envie de les expérimenter, c'est qu'il y a une résistance. Par contre il ne s'agirait pas non plus de se faire violence. Parfois il faut savoir accepter cette résistance et reconnaître que l'on est pas capable de faire cet exercice là tout de suite. En acceptant cette résistance vous ne ferez que voir la réalité en face et c'est précisément le but de cet exercice. Dans ce cas-là il s'agirait de simplement imaginer que vous n'arrivez pas à faire cet exercice et que vous avez beaucoup de mal à lâcher prise et vous dire que vous avez le droit de ne pas y arriver.

Il est vraiment important d'avancer progressivement. Si vous ne vous sentez pas de faire cet exercice sur des grosses choses qui vous font souffrir, commencez alors par des petites choses qui vous tracassent habituellement et qui n'ont peut-être même pas de liens avec ce qui vous fait souffrir, juste pour vous entraîner.

Par exemple, au tout début de ma pratique de praticienne en hypnose, j'avais, comme beaucoup je pense, très peur de mal faire. J'avais peur que mes consultations se passent mal, peur que les gens disent du mal de moi, peur de ne pas réussir à hypnotiser les personnes, etc... Bref, j'avais pas mal de peurs. Et cet exercice que je vous ai décrit précédemment je n'ai pas commencé à l'appliquer par rapport à ces peurs que je viens de citer. J'ai commencé par imaginer des petites choses du quotidien un peu embêtantes, que je savais que je pourrais surmonter et qui donc, n'avaient pas de lien direct avec ces peurs. Par exemple, j'imaginais des conditions météorologiques mauvaises : une canicule, de violents orages, de la grêle, une tempête de neige etc. Et après avoir imaginé chaque scénario météorologique je me disais que si cela devait arriver, je ne pourrais malheureusement pas faire grand chose face à dame nature, si ce n'est m'adapter en prenant une bouteille d'eau ou en m'habillant en tenue légère s'il fait trop chaud, en prenant une veste avec une capuche s'il se mettait à pleuvoir, à m'habillant chaudement s'il fait froid, ou tout simplement en évitant de sortir de chez moi. Bref, il existe toujours des solutions. Mais pour pouvoir les découvrir, il faut d'abord commencer par accepter la réalité.

Ensuite, une fois que je commençais à être à l'aise avec le fait d'imaginer ce genre de scénarios, je passais aux suivants. J'imaginais alors des imprévus qui pourraient survenir dans ma journée : une facture qui tombe, être coincée dans des bouchons, ma voiture qui tombe en panne, attraper un rhume etc. Et puis je terminais toujours mon exercice en imaginant qu'il y aurait peut-être même encore d'autres choses imprévues qui pourraient m'arriver, et que je n'aurai pas su ou pas pu anticiper et imaginer. Et je me disais que si un imprévu devait survenir ce serait normal de ne pas avoir su l'anticiper, car je ne suis pas Dieu. À force de faire cet exercice, et à force de le faire vraiment sincèrement, je me suis aperçue que je commençais de moins en moins à être déstabilisée par l'imprévu. Dans le pire des cas, si les choses que j'avais imaginé se réalisaient dans la réalité, le fait que je les ai réellement accepté au préalable avant même que ce soit arrivé, faisait que je m'en remettais beaucoup plus rapidement. Je ne luttais plus contre les événements ou mes émotions, mais au contraire j'allais dans leur sens.

Et enfin, j'ai imaginé des choses plus difficiles comme toutes les peurs que je pouvais avoir par rapport à mon cabinet. Je m'imaginais arriver en retard, que le courant ne passe pas avec une personne, qu'une séance se déroule mal, que je ne sache pas comment faire pour aider une personne, ou qu'une personne me dise que je ne suis qu'une incompétente et que j'ai rien à faire dans ce métier là. J'ai même imaginé que mon cabinet prenait feu. Plus je faisais cet exercice, plus je commençais à en faire un jeu en imaginant des choses farfelues et très certainement improbables : mon cabinet qui serait inondé alors qu'il n'y a pas réellement de risques vu son emplacement ou encore un astéroïde qui s'abattrait précisément sur lui. En plus de faire travailler ma créativité, cela me permettait de dédramatiser les autres scénarios.

En apparence cet exercice peut paraître très pessimiste mais c'est loin d'être le cas. Selon moi, c'est simplement du pragmatisme. C'est voir la réalité comme elle est, c'est-à-dire comme quelque chose qui ne se passe rarement comme prévu. On aura beau faire tout ce qu'on veut, parfois il n'y a absolument rien qu'on puisse faire à part accepter le changement. Et paradoxalement le fait d'accepter qu'on ne peut pas tout contrôler, nous redonne le contrôle de notre vie.

Mais le plus important dans cet exercice, c'est qu'il permet de décharger toutes nos émotions. En imaginant les pires scénarios c'est comme si l'on disait à la partie de nous qui est terrorisée, qui est triste ou qui est en colère qu'on lui laisse la place de s'exprimer. On lui laisse carte blanche. On ne cherche plus à la censurer, à la rejeter ou à la dénigrer mais au contraire on lui donne toute notre attention, sans la juger, ce qui est, rappelons-le, précisément ce qu'elle désirait plus que tout. Cela permet de montrer à cette partie que ce qu'elle ressent n'est pas ridicule, mais qu'au contraire ce qu'elle ressent est totalement légitime.

Ressentir ses émotions

Être dans le moment présent signifie être reconnecté à la réalité. Et parfois, la réalité du moment présent, c'est que nous ressentons des émotions douloureuses : nous sommes tristes, stressés, ou en colère. Nos vies sociales modernes ne nous incitent pas vraiment à ressentir nos émotions, et personne ne nous a vraiment expliqué ce que cela signifiait, ou comment faire pour cela. Pire encore, on nous a bien souvent enseigné à fuir nos émotions jugées comme désagréables.

En conséquence, pour ne pas nous y confronter:

- nous les réprimons : nous empêchons leur expression, en tentant de les contenir. Cela donne souvent lieu à un effet « cocotte-minute. »
- nous les refoulons : nous nions leur existence. Par exemple, lorsque nous essayons de faire comme si tout allait bien. Dans ce cas-là, les émotions sont tellement refoulées qu'on en est plus conscient. Le risque est alors de somatiser.

La peur de perdre le contrôle, d'être submergé(e) par l'émotion, de se mettre à nu, de décevoir, de déplaire, d'être rejeté(e), de montrer aux autres des parties de soi que l'on considère être des faiblesses, etc... associé parfois à la honte, ou la culpabilité de ressentir ce que l'on ressent : voilà souvent les freins qui nous empêchent d'accepter et d'exprimer certaines émotions comme la colère, le stress, la tristesse etc.

Mais, comme nous l'avons déjà abordé, le problème avec ce fonctionnement de fuite, c'est que les effets, bien que parfois bénéfiques à court-terme (car fuir l'émotion intrusive ressentie comme « négative » soulage sur le moment), deviennent handicapants et paralysants à long terme. Car l'émotion, mise de côté sur le moment, reste cependant toujours présente. Les moyens adoptés pour ne plus la ressentir sont donc illusoires car l'émotion ne disparaît pas. Elle reste alors « bloquée » à l'intérieur de nous et celle-ci a tendance à se remanifester de plus en plus fréquemment, et de plus en plus intensément.

Nombreuses sont les personnes qui souhaiteraient apprendre à gérer leurs émotions. La mauvaise nouvelle, c'est qu'on ne peut pas les gérer (de la même manière que l'on ne contrôle pas la météo). Mais la bonne nouvelle c'est qu'on peut tout de même être heureux sans avoir besoin de les gérer.

Et pour cela, nous devons apprendre à mieux les ressentir. Il ne s'agit donc pas de vouloir les contrôler, les modifier, les éliminer, les apaiser, ou les calmer... mais au contraire d'apprendre à les laisser être là en les vivant intensément, courageusement et honnêtement. Cela demande donc d'être prêt à ressentir toutes les émotions, sans distinction : « les positives » comme « les négatives ». Généralement, nous n'éprouvons pas vraiment de difficultés à ressentir les émotions dites agréables.

Nous allons donc voir ici comment faire pour accueillir et ressentir les émotions qui nous dérangent.

En théorie c'est assez simple :

1) Identifier la ou les émotions qui vous dérangent. Les nommer peut être utile mais il est tout à fait possible d'effectuer cet exercice, même si vous avez du mal à identifier spécifiquement les émotions. D'autant plus qu'il arrive parfois que l'on ressente un mélange de plusieurs émotions.

2) Se laisser complètement traverser par la ou les émotions. Cela signifie de s'autoriser à la vivre pleinement, en ne cherchant pas à la canaliser, mais au contraire en la vivant à fond, en y mettant toute votre attention. Comme si vous pouviez plonger en elle, la laisser vous envahir, et la laisser circuler en vous sans lui opposer aucune résistance. Voilà ce que signifie traverser une émotion.

L'idée est de faire cet exercice jusqu'à que l'émotion se dissipe. Si vous ne résistez pas à l'émotion, généralement, cela peut aller très vite. Si vous souhaitez accélérer un peu le processus, vous pouvez rajouter une troisième étape :

3) Chercher à intensifier l'émotion volontairement. Pour cela, il s'agit de chercher à augmenter l'intensité de l'émotion, comme si vous pouviez tourner le bouton pour augmenter le volume sonore.

Dans le chapitre 11, je vous ai expliqué comment le fait de chercher volontairement à avoir son problème permettait paradoxalement d'en reprendre le contrôle. Eh bien, cela fonctionne exactement de la même manière pour les émotions. En cherchant volontairement à les amplifier, vous pourrez reprendre le dessus sur celles-ci. Vous découvrirez certainement très rapidement qu'en faisant cela, l'émotion a plutôt tendance étrangement à s'apaiser.

Concernant les émotions, j'ai souvent entendu qu'il fallait simplement les observer. D'après mon expérience personnelle et professionnelle, j'en suis arrivée à la conclusion que juste observer les émotions n'est pas toujours suffisant. Je me suis longtemps demandée pourquoi cela ne fonctionnait pas. En faisant différent test, je me suis aperçue que l'observation est efficace seulement si l'émotion dérangeante n'est pas trop intense. En revanche, lorsqu'elle est puissante et récurrente, l'observation de celle-ci a bien souvent un effet éphémère. Cela s'explique, je pense, par le fait que l'observation permet de maintenir l'émotion à distance, et non pas de la vivre pleinement. L'exercice que je vous ai partagé ici ne consiste donc pas à simplement l'observer, mais bien de s'autoriser à la ressentir.

Pour finir, j'aimerai enfin aborder brièvement le cas des personnes qui se sont tellement déconnectées de leurs émotions, qu'elles n'arrivent même plus à ressentir les émotions dites agréables. Ainsi, malgré tous leurs efforts, il semblerait qu'elles ne soient plus capables de s'émouvoir pour quoi que ce soit. La déconnexion de ses émotions est un mécanisme de défense qui survient lorsque la réalité était tellement douloureuse et tellement difficile à gérer, que certaines personnes ont bâtit une carapace autour d'elles si solide que celle-ci ne laisse plus rien passer : ni le bon, ni le moins bon. Aussi cessent-elles de ressentir la douleur mais aussi le plaisir, de ressentir la tristesse mais aussi la joie. Bien souvent, la dépression ne tarde alors pas à pointer le bout de son nez, si elle n'est pas déjà là. Cette anesthésie affective est d'ailleurs un des symptômes de la dépression. Se déconnecter de nos émotions nous permet de fonctionner en société, en avançant en mode pilote automatique avec un certain détachement. Toutefois, sur du long terme, ce n'est pas une solution viable. Car se déconnecter de ses émotions, c'est se déconnecter de la vie elle-même.

Si vous êtes dans ce cas-là, voici quelques pistes de travail :

- consulter un thérapeute : si cela fait plusieurs mois que vous avez la sensation de ne plus ressentir les émotions même agréables, je ne peux que vous conseiller de faire appel à un professionnel de santé (un psychologue, un psychiatre, ou d'autres approches alternatives telles que l'acupuncture, le magnétisme, ou l'hypnose). Parfois il est nécessaire de se faire accompagner pour y voir plus clair et se libérer plus rapidement d'un mal-être.
- chercher les sensations fortes : pour l'instant, c'est comme si vos émotions étaient éteintes, comme anesthésiées. C'est pourquoi, il devient nécessaire de les « réveiller » afin de sortir de cet état de torpeur. Une des méthodes que j'ai testées et qui est une des plus efficaces à mon sens, et que j'ai nommé la méthode électro-choc, consiste à aller chercher des expériences qui pourront vous procurer des émotions fortes. Bien évidemment, il ne s'agit pas de prendre des risques inutiles, ni de se mettre en danger. Ce pourrait par exemple être un saut en parachute, ou à l'élastique. Mais il n'est pas nécessaire d'être aussi extrême. Parfois il suffit

simple de faire une activité qui vous permettrait d'élargir votre zone de confort : aller dans un nouveau restaurant, aborder un inconnu, déménager, changer de travail, voyager seul, faire une nouvelle activité...Après tout, si vos émotions sont réellement anesthésiées, réaliser ces activités ne devraient pas vous poser de problèmes. Et si vous n'osez pas les faire, cela signifie que vous êtes toujours capable de ressentir des émotions, et que très certainement la peur vous paralyse. Je vous renvoie alors à l'exercice décrit juste au dessus, afin de vous autoriser à vivre pleinement l'émotion pour enfin vous libérer et vous reconnecter à la vie.

Vous avez maintenant plusieurs techniques et astuces pour réapprendre à vous reconnecter à la réalité. Réapprendre, car n'oublions pas que cela nous est totalement naturel à notre naissance et durant les premiers années de notre existence. Cela signifie donc que vous avez déjà les capacités en vous. Toutefois, cela va nécessiter certainement de fournir un minimum d'efforts pour réussir à vivre le plus possible dans le moment présent et revenir à la réalité.

13.

SE ROUVRIR À LA VIE

« La valeur de la vie ne peut se mesurer que par le nombre de fois où l'on a éprouvé une passion ou une émotion profonde. »
Soichiro Honda

Dans notre société actuelle, on nous vend l'idée qu'une vie heureuse ne comporte ni épreuves ni souffrances. Toutefois, nous constatons bien assez rapidement que cette idéologie est utopique car la réalité est toute autre : la douleur est inévitable. D'une manière ou d'une autre, nous avons tous été, et nous serons tous confrontés à la douleur. Bien souvent, cette souffrance nous apprend à nous refermer, et ce, de différentes façons : que ce soit en ne laissant pas les autres entrer dans notre vie, en devenant méfiants, en faisant souffrir les autres avant qu'ils ne nous fassent souffrir, ou encore en évitant l'inconnu. Tous les mécanismes de défense sont alors bons pour nous protéger. Malheureusement, en nous fermant aux autres, ou sur nous-mêmes, nous nous fermons à la vie dans toute sa plénitude. Ainsi, nous empêchons la nouveauté de prendre place dans notre vie, nous nous abstenons de vivre certaines expériences, nous passons à côté de certaines opportunités, et nous nous privons d'apprendre et d'évoluer. Piégés dans la routine, la vie nous paraît alors très fade et ne semble pas nous procurer la sensation d'épanouissement et de plénitude auxquels nous aspirions. C'est pourquoi en voulant se protéger de la douleur, nous nous sommes fermés au plaisir de la vie. Or, de la même manière que nous avons appris à nous renfermer, nous pouvons réapprendre à nous rouvrir.

Mais qu'est-ce que cela signifie véritablement de « se rouvrir » ? Être ouvert selon moi signifie accepter davantage la vie sans jugements. Nous portons bien souvent des jugements trop hâtifs sur une situation, un événement, une personne, ou même une émotion, alors que nous ne voyons qu'un petit bout de la réalité. Nous avons pour beaucoup pris l'habitude de penser qu'un événement en apparence positif débouchera forcément sur de bonnes choses tandis qu'un événement en apparence négatif ne pourra donner lieu qu'à de la souffrance. En réalité, l'inverse serait tout aussi vrai. Qui ne s'est pas déjà saisit d'une opportunité pensant qu'elle serait source de joie pour au final découvrir qu'elle aura engendré des difficultés et des embûches à surmonter ? Comme un nouveau travail, une nouvelle relation, ou un voyage qui aurait mal tourné. A contrario, ne vous est-il pas déjà arrivé de penser au premier abord que quelque chose soit négatif, avant de constater, avec probablement un peu de recul, que c'était loin d'être le cas ? Vous réalisez alors que c'était précisément ce dont vous aviez besoin de vivre pour évoluer dans votre vie et peut-être même vous sentez-vous reconnaissant d'avoir eu cette épreuve à surmonter. S'ouvrir à la vie, c'est aller dans le sens de ce qui se présente à nous sans même savoir ce que l'avenir nous réservera ni même ce sur quoi cela pourrait déboucher par la suite. C'est oser prendre des risques, se tromper, recommencer, avancer vers l'inconnu, se montrer vulnérable, et accepter les difficultés. Selon moi s'ouvrir à la vie est, de fait, un des synonymes de lâcher prise, et de vivre dans le moment présent. Et lorsqu'on s'ouvre à la vie, la vie s'ouvre à nous. C'est alors que des opportunités semblent venir à nous sans même que nous ayons parfois besoin de faire quoi que ce soit. Tout paraît soudainement plus simple, plus fluide. Cela peut donner lieu à ces fameux phénomènes qu'on nomme les synchronicités, et que Jung définit comme étant l'occurrence simultanée d'au moins deux événements qui ne présentent pas de lien de causalité, mais dont l'association prend un sens pour la personne qui les perçoit. Ce sont ces coïncidences dont la forte improbabilité laisse penser qu'elles n'ont pas pour origine un hasard, mais elles sont d'avantage perçues comme un signe du destin ou de la vie. Ces dernières sont bien souvent vécues comme des moments magiques, et peuvent radicalement changer la vie de la personne.

Mais s'ouvrir à la vie, c'est également s'ouvrir à la douleur, ou tout du moins à la possibilité de souffrir. C'est pourquoi, pour pouvoir aller mieux, il est bien souvent nécessaire de commencer par accepter de s'ouvrir à la souffrance.

S'ouvrir à la souffrance

De part notre aversion pour la douleur, nous passons une bonne partie de notre vie à rejeter toute expérience désagréable qui pourrait être source d'inconfort, même minime. Et si à l'inverse nous apprenions à nous ouvrir à la souffrance, plutôt qu'à lutter contre elle ? Certains auront peut-être du mal à imaginer que cela puisse être possible. Peut-être même ressentiront-ils une angoisse à l'idée de s'ouvrir à la souffrance. Si vous êtes dans ce cas-là, ce que je vais vous partager ici est fait pour vous.

Commençons déjà par préciser ce que nous entendons par « s'ouvrir à la souffrance ». Selon moi, s'ouvrir à la souffrance signifie d'accepter de ressentir la souffrance, c'est-à-dire d'être prêt à la vivre, plutôt que de s'en détourner. Cela signifie donc qu'il s'agit d'accepter de ressentir toutes les émotions désagréables, peu importe leur intensité. Est-ce que cela veut dire pour autant que vous allez forcément devoir souffrir pour évoluer ? Pas exactement. S'ouvrir à la souffrance, c'est accepter de prendre le risque de potentiellement souffrir. Le mot important dans cette phrase est « potentiellement ». Cela signifie que l'éventualité est plausible mais pas qu'elle est certaine pour autant.

Étrangement, dès lors qu'on est prêt à s'ouvrir à cette possibilité, c'est comme si les probabilités de sa survenue s'amoindrissaient.

Prenons pour exemple une personne qui a confiance en elle. Je me suis aperçue que ce qui distingue une personne confiante d'une personne qui manque de confiance en elle, tient finalement à peu de choses. La première est prête à prendre le risque de souffrir tandis que la deuxième est prête à tout pour ne pas s'exposer à une souffrance qu'elle juge insurmontable. Ainsi la personne confiante accepte la possibilité de se faire rejeter, de ne pas être appréciée par les autres – autrement dit, elle accepte la réalité et donc que la souffrance est inévitable – et c'est pourquoi elle ose passer à l'action. Cela créer un cercle vertueux car plus elle passe à l'action, plus elle gagne en confiance. A contrario, une personne qui manque de confiance ne veut surtout pas expérimenter le rejet, et donc la souffrance, car elle s'imagine être incapable de surmonter la douleur que cela pourrait occasionner, ce qui vient naturellement amplifier sa peur et son malaise, ce qui, de surcroît, l'empêche d'aller vers les autres.

Mais ce que j'ai surtout remarqué, c'est que la personne confiante, du fait qu'elle accepte la possibilité de souffrir, a moins de chance de créer des scénarios de rejets, que la personne qui cherche à éviter la souffrance. Cette dernière a plus de probabilités d'attirer la situation de rejet qu'elle ne voulait surtout pas expérimenter, à cause de sa peur exacerbée qui la rend bien souvent maladroite. Elle se retrouve alors coincée dans un cercle vicieux : moins elle va vers les autres, plus elle a la sensation d'être rejetée, plus elle a peur de souffrir et moins elle va avoir envie d'aller vers les autres, et ainsi de suite. Dit plus simplement : plus nous avons peur de souffrir, plus nous augmentons justement nos probabilités de souffrir ! De la même manière que plus nous souhaitons être discrets, plus nous risquons de faire du bruit.

Comme le risque zéro n'existe pas, il arrive bien évidemment que même des personnes confiantes se fassent également rejeter. La différence, c'est que comme elles ont accepté ce risque en amont, elles sont prêtes à y faire face. Ainsi, elles sont beaucoup moins déstabilisées le cas échéant, ce qui fait qu'elles s'en remettent beaucoup plus rapidement, et que cela ne les empêche pas de continuer d'aller vers les autres, et d'aborder de nouvelles personnes. C'est pourquoi ma définition de la confiance est tout simplement d'accepter les risques en s'ouvrant à la possibilité de souffrir. Que ce soit pour rencontrer de nouvelles personnes, créer son entreprise, aller au bout de ses rêves et de ses projets, etc.... cela demande de prendre des risques : qu'ils soient financiers, ou émotionnels. C'est uniquement lorsque nous sommes prêts à y faire face que nous allons gagner en confiance, et non l'inverse.

Trop souvent, les personnes attendent d'avoir confiance en elles pour passer à l'action alors que c'est en passant à l'action qu'elles vont gagner en confiance. Évidemment, c'est tout là le paradoxe : les solutions se trouvent bien souvent exactement là où nous n'avons vraiment pas envie d'aller, mais surtout, là où nous avons le plus de difficultés à aller. Comme la personne qui souffre d'obésité est celle qui a le plus besoin de faire du sport, mais c'est également celle qui y arrive le moins. Ou encore la personne qui est très tendue est celle qui a le plus besoin de se détendre mais également celle qui y arrive le moins. La personne qui a le plus besoin de s'ouvrir à la souffrance est celle qui aura le plus difficultés et celle qui aura besoin de fournir d'efforts. Si vous souhaitez vous ouvrir à la souffrance pour mieux vous ouvrir à la vie, il est donc important de persévérer.

Avec ces informations, voyons donc maintenant plus concrètement, comment faire pour s'ouvrir à la souffrance. Je vous partage ici la méthode que j'utilise personnellement, qui est également celle que j'utilise en consultation avec les personnes que j'accompagne. En théorie, c'est très simple :

1) Repensez à ce qui vous fait souffrir.
2) Laissez les émotions et les sensations douloureuses se manifester en vous.
3) Autorisez-vous à les ressentir pleinement en les laissant vous envahir complètement.
4) Être prêt à augmenter l'intensité des ressentis jusqu'à ce qu'ils s'apaisent.

En quelques sortes, ce serait un peu comme si vous pouviez vous mettre en face de vos émotions douloureuses, que vous leur ouvriez grand les bras, et que vous les invitiez à venir en vous.

Il est fort probable que vous vous sentiez complètement épuisé(e), comme vidé(e), après un exercice comme celui-là et c'est exactement l'effet recherché. C'est exactement de la même manière que l'on s'y prend pour ressentir n'importe quelle émotion. Pour qu'une émotion se dissipe, il s'agit donc de la traverser. Et pour la traverser, il s'agit de la laisser circuler complètement en nous, sans lui opposer de résistance. C'est pourquoi vous devez être prêts à ce que l'intensité des émotions augmentent, et les laisser monter à leur maximum. Sinon, ce serait comme si vous invitiez une personne chez vous, mais que vous lui entrouvriez seulement la porte. Je ne pense pas que que votre convive se sente réellement bienvenu chez vous...

Précisons également qu'il est parfois nécessaire de reproduire plusieurs fois cet exercice avant de pouvoir en ressentir les bénéfices. Cela signifie que si vous ressentez encore de la souffrance, c'est que vous ne l'avez pas encore totalement accueillie en vous. Si c'est le cas, il n'y a rien de grave, c'est tout à fait normal. Nous avançons tous à un rythme différent, et il n'est pas toujours possible de réussir les choses au premier essai. Et ce d'autant plus que, comme précisé plus haut, les personnes qui auront le plus besoin de faire cet exercice seront celles qui rencontreront le plus de difficultés. Ne baissez pas les bras à la première tentative. Poursuivez vos efforts. Et recommencez cet exercice à l'étape 1, et ce, autant de fois que nécessaires, c'est-à-dire jusqu'à que l'émotion se dissipe.

Vous vous demandez peut-être alors comment savoir si vous vous êtes bien ouvert totalement à la souffrance ? Eh bien la réponse à cette question est simple : lorsque vous serez prêts à la ressentir complètement et que vous n'aurez plus peur d'elle. Cela signifie que vous serez donc capables de ressentir les émotions ou sensations désagréables sans que cela soit une source de souffrance aussi intense. Évidemment il n'est pas toujours possible d'éliminer toutes les sensations désagréables. Cela ne serait pas réaliste, et ne serait même pas souhaitable. C'est pourquoi la souffrance ne pourra jamais disparaître complètement. Il s'agit d'une certaine manière ici d'apprendre à être plus à l'aise avec celle-ci de manière à ce qu'elle ne soit plus autant un problème pour vous. C'est avancer avec la souffrance et non plus contre elle.

Toujours célébrer

Depuis quelques temps maintenant, ma devise est : « toujours célébrer. »

Par définition, célébrer signifie fêter un événement, le marquer de manifestations particulières, d'une cérémonie, etc. Il s'agit également de procéder à quelque chose d'exceptionnel, de marquant, et de l'accomplir avec une certaine solennité. Autrement dit, et de manière un peu plus familière, il s'agit de « fêter quelque chose comme il se doit ». Ainsi, nous célébrons les anniversaires, les mariages, une naissance, une fête nationale, une fête religieuse comme noël, l'aïd, ou Thanksgiving, nous célébrons les mères, les grands-mères, les pères (malheureusement et injustement pas encore les grands-pères), une réussite quelconque (examen, concours..), un déménagement, un emménagement avec la pendaison de crémaillère, un nouveau travail, ou tout autre événement que l'on juge important dans notre vie. À travers ces célébrations, nous cherchons finalement avant tout à célébrer le changement, une évolution, un cap que nous venons de franchir.

Mais pourquoi ne pourrions-nous pas prendre un temps pour célébrer également nos échecs, nos difficultés, nos mauvaises notes, nos erreurs, nos déceptions, notre maladie, la mort, notre mal-être, notre dépression, nos émotions désagréables, notre corps, notre douleur, ou tout autre sensation ou événements que nous jugeons comme désagréables ? Ne sont-ils pas tout aussi importants ? N'ont-ils pas eux aussi marqué notre vie ? Ne nous ont-ils pas eux aussi permis d'évoluer ? N'ont-ils pas provoqué également un changement dans notre vie ?

Par exemple, dans certaines cultures et certaines religions, il est tout à fait banal de célébrer la mort. Bien que dans notre culture, il existe la Toussaint, celle-ci prend surtout la forme du recueillement. D'autres cultures rendent hommage à leurs ancêtres avec plus de joie et d'originalité. C'est le cas par exemple chez les Hindous, chez les Amérindiens et plus particulièrement les Navajos, ou dans certaines régions d'Afrique, où l'on accorde beaucoup d'importance au deuil et aux cérémonies qui l'entourent. Dans leur culture, il existe une vie après la mort. Ainsi, mourir c'est se libérer de l'état où nous sommes actuellement pour passer à un autre état. Les funérailles constituent l'occasion pour la famille de préparer un voyage digne dans l'autre monde à leur proche décédé. C'est pourquoi il convient alors d'organiser une fête, créant des rassemblements parfois impressionnants et hauts en couleurs pouvant durer plusieurs jours, où sont parfois conviés tous les membres du village. Les gens dansent, chantent et jouent de la musique. De ce fait, la mort n'est pas considérée comme un événement dramatique mais plutôt comme un événement heureux, un moment de fête.

Loin de constituer un tabou, la vie et la mort s'entremêlent étroitement tout au long de leur existence. On peut alors se demander si le fait de célébrer la mort ne leur permettrait pas de mieux faire leur deuil. N'ayant pas trouvé d'études allant en ce sens, on ne peut, pour l'instant, qu'émettre cette hypothèse. Mais nous pouvons également nous demander si le fait de célébrer les difficultés que nous rencontrons dans notre vie ne nous permettrait-il pas de mieux vivre ces épreuves auxquelles nous sommes confrontées ? Je me suis dit que le meilleur moyen de répondre à cette question était de le tester par moi-même.

C'est donc précisément ce que j'ai fait lorsque j'ai pris la décision de tout faire pour trouver comment me libérer de mes peurs. J'ai déjà expliqué en détails tout le processus par lequel je suis passée dans mon livre Voyage au centre de la peur, mais je pourrais résumer en une phrase ce que j'ai essayé de transmettre dans mon premier ouvrage, et qui, de surcroît, décrit la manière dont je m'y suis prise pour retrouver ma liberté. Elle serait la suivante : célébrer la peur pour ne plus avoir peur d'elle et la transformer en ressource. Ce que je tente d'enseigner dans mon premier ouvrage, c'est comment lever le tabou de la peur, souvent vécue comme une tare, une faiblesse, ou une honte par la personne qui en souffre. Pour cela, tous les exercices proposés, que j'ai moi-même personnellement testés et mis en pratique, cherchent à célébrer cette émotion, qui en plus d'être totalement normale et inévitable, est également utile et nécessaire à notre bon fonctionnement, et plus particulièrement à notre survie. Aussi pour célébrer la peur, j'ai appris à la percevoir comme une alliée et non plus comme une ennemie. J'ai appris à ne plus la juger et à l'apprécier. Je l'ai remerciée pour tout ce qu'elle avait fait pour moi, et mon cœur s'est soudain empli de gratitude, de reconnaissance, et de compassion. Ainsi, dès que je sentais sa présence en moi, j'étais sincèrement heureuse de la savoir là. Sa présence signifiait tout simplement que j'étais vivante, car la peur fait partie intégrante de la vie, mais j'avais oublié que la vie fait également partie intégrante de la peur. Plus je célébrais la peur, plus je l'aimais, plus je me reconnectais à la vie et moins elle me faisait souffrir.

Lorsque j'ai découvert qu'en changeant mon attitude envers la peur je pouvais changer la manière de vivre cette émotion, j'ai alors réalisé qu'il me suffisait de procéder de la même manière envers n'importe quelle autrc situation douloureuse. J'ai donc commencé à célébrer mes « échecs ». Cela m'a permit de prendre conscience que tout le monde a le droit à l'erreur, et que cela me permettait de me remettre en question afin de ne plus reproduire les mêmes erreurs et de pouvoir m'améliorer. De fait, je ne vivais plus les difficultés auxquelles j'étais confrontées comme des échecs mais comme des opportunités d'apprendre, et d'évoluer. Évidemment ce n'est pas toujours simple. En toute honnêteté, il m'arrive encore quelques fois d'avoir du mal à accepter certains « échecs », mais célébrer les échecs m'a surtout appris à être plus indulgente envers moi-même. Souvenez-vous, c'est okay de ne pas toujours réussir à faire certaines choses. Parfois, c'est avec un peu de recul que nous arrivons à les célébrer.

Venons-en maintenant à la manière de s'y prendre pour célébrer les difficultés. Comme à chaque fois il est toujours difficile de vous proposer une méthode concrète car il n'en existe pas réellement. À chacun de faire appel à sa créativité et surtout de faire comme il le souhaite. Vous pouvez par exemple mettre en place un rituel en instaurant une session de débriefing seul(e) ou avec votre partenaire, vos amis, vos collègues, ou vos salariés, en instaurant une fréquence régulière, afin de faire la liste de vos difficultés et chercher de quelle manière ces difficultés vont pouvoir, ou vous ont été utiles. Qu'est-ce qu'elles vous auront permis d'apprendre ? Comment allez-vous faire pour ne plus refaire la même erreur ? Qu'y a-t-il à améliorer ?

Et si vous êtes plus joueur(se), pourquoi ne pas célébrer les difficultés exactement de la même manière qu'on le ferait pour les beaux moments ? En organisant une petite fête par exemple, que ce soit en étant seule ou en invitant d'autres personnes. Certaines personnes organisent par exemple des divorce-party pour mieux franchir ce cap, parfois difficile, dans la joie et la bonne humeur. Le divorce revêt encore aujourd'hui parfois un caractère honteux. Ces divorce-party sont ainsi un bon moyen de lever un tabou, tout en faisant le deuil de sa relation. Alors pourquoi ne pourrions-nous pas organiser des failure-party (*failure* signifie *échec* en Français)

Personnellement, je me suis toujours dit que le jour où je décède, je souhaiterais du plus profond de mon cœur que mes proches organisent une fête pour célébrer ma vie, en se rappelant tous les bons moments qu'on aura vécu ensemble, comme les moins bons. Et surtout qu'ils s'amusent, chantent, dansent, rient, et pleurent un peu en mon honneur. Parce que c'est cela être vivant. Comme beaucoup je pense, j'espère que ma mort n'attristera pas mes proches et j'espère qu'elle sera au contraire une opportunité pour eux, d'oser enfin vivre et de réaliser tous leurs rêves. Et c'est exactement de cette manière que j'ai envie que l'on se souvienne de moi : comme quelqu'un qui n'a pas eu peur de vivre. Alors célébrons la vie dans toute sa plénitude, avec toutes ses imperfections, ses imprévus, et ses challenges, parce qu'à mes yeux, ils ne font que la rendre d'autant plus belle et merveilleuse.

Accepter la mort

Un disciple soufi demanda à son maître : Quelle est donc la différence entre toi et moi ? Le maître répondit : « Chaque matin je m'éveille en sachant que je peux mourir aujourd'hui. » Le disciple s'écria : « Mais tout le monde le sait ! » Et le maître de conclure : « Tout le monde le sait mais personne ne le réalise. » S'il y a bien quelque chose qui nous empêche de nous ouvrir totalement aux expériences de la vie, c'est bien notre peur de la mort. Tellement focalisés sur cette dernière, nous oublions que toutes ces expériences que nous jugeons comme désagréables font parties intégrantes de la vie, et sont, par conséquent, indissociables. Ainsi, nous développons la peur de vivre. Nous vivons alors pour la plupart d'entre nous dans un déni constant de notre propre mortalité, ou de celle de nos proches, ce qui nous empêche de profiter pleinement de l'instant présent.

Cela n'a pas toujours été le cas. Dans l'Égypte Ancienne, par exemple, la mort était un thème quotidien. Les pharaons et les notables, de même que les esclaves, consacraient une bonne partie de leur vie à préparer leur mort. Aussi concevaient-ils leur tombe bien avant leur décès. Dans la Rome Ancienne, les romains avaient une habitude très parlante. Quand les grands généraux remportaient une victoire militaire, il y avait derrière eux un esclave qui devait répéter la phrase « Memento mori », qui signifie : « N'oublie pas que tu vas mourir ». Le but n'était pas de gâcher le moment, mais de rappeler qu'aucun triomphe n'est assez grand pour être au-delà de la mort.

Rodney Smith, dans son livre *Quand la mort ouvre la vie,* explique que « la vie doit être vécue selon ce qu'elle offre, exactement telle qu'elle est. Adopter une telle attitude nous permet d'être en harmonie avec elle, plutôt que de nous évertuer à continuer cette lutte insensée. » Il précise : « dès que nous nous ouvrons à la vérité, le combat cesse ; cela ne veut pas dire que nous nous soyons abandonnés au désespoir. Bien des gens découvrent que cette « renonciation » suscite un nouvel appétit de vivre, une sérénité accrue et une capacité de répondre à toutes les expériences avec un cœur ouvert ». C'est pourquoi si nous désirons nous reconnecter à la vie, nous devons accepter d'accueillir la mort, plutôt que de tenter de la tenir à distance. Aussi découvrirons-nous que la mort est bonne conseillère, et qu'elle nous permet de discerner ce qui est véritablement important pour nous. Lorsque nous acceptons la mort, nous utilisons mieux notre temps et notre énergie, et nous n'accordons plus autant d'attention aux choses futiles du quotidien. Lorsque nous réalisons que notre temps nous est compté, nous pouvons alors prendre de meilleures décisions, plus en accord avec qui nous sommes vraiment, comme si nous percevions les choses avec davantage de clarté. De ce fait, la mort a sa façon de nous remettre en contact avec notre vie émotionnelle. Nous arrêtons de nous trouver de fausses excuses pour justifier notre inaction et nous assumons plus facilement nos responsabilités.

Peut-être avez-vous déjà ressenti cela lorsque, d'une manière ou d'une autre, vous vous êtes rapprochés de la mort : lors d'un accident, la maladie d'un proche, un enterrement, ou encore lors de l'annonce du décès d'une célébrité. Par chance, je n'ai pour l'instant pas eu l'occasion d'assister à de nombreuses funérailles au cours de ma vie. Toutefois, les quelques enterrements auxquels j'ai pu assister, m'ont paradoxalement fait sentir… plus vivante. N'ayant plus le choix d'être face à la mort, ces moments me font à chaque fois réaliser que je ne veux pas mourir sans avoir vécu. Véritablement vécu. Je souhaite plus que tout aller au bout de mes objectifs et de mes rêves, même les plus fous et les plus ambitieux, car certaines personnes, fauchées par la mort parfois bien trop rapidement, n'en avaient pas eu la possibilité, et ne l'auraient plus jamais. Dans ces moments là, la réponse à la question « qu'est-ce que je souhaite accomplir dans ma vie ? » devient alors ma priorité absolue, occultant ainsi toutes les appréhensions de mon mental, qui tente de me dissuader d'avancer vers ce qui est important pour moi. La mort nous rappelle à nous-mêmes, à qui nous sommes vraiment.

Alors, comment faire pour accepter la mort ? Là encore, il n'y a pas réellement de techniques pour cela. Néanmoins, je vais vous partager un exercice que j'ai moi-même mis en pratique et que je trouve particulièrement efficace, qui est en quelques sortes la continuité de l'exercice sur le lâcher prise que je vous ai décrit dans le chapitre précédent. Il s'agit en quelques sorte de mettre en pratique le Memento Mori de l'antiquité, en imaginant précisément ce que vous n'avez pas envie d'imaginer : votre propre mort. Imaginer sa propre mort n'est pas un exercice facile car notre Ego n'a pas envie de mourir. Au premier abord, on pourrait croire que cet exercice est sombre, avec une connotation très dépressive. Pourtant, vous constaterez que c'est en réalité tout l'inverse.

Pour cela, imaginez que cette journée que vous êtes en train de vivre soit la dernière que vous passiez sur Terre. Comment allez-vous organiser votre journée ? Comment allez-vous vous comporter ? Quelles sont les dernières choses que vous aimeriez expérimenter ? Qu'auriez-vous envie de dire à vos proches ? Allez-vous passer votre journée en étant passif, en mode pilote automatique, ou allez-vous être acteur ? Allez-vous fuir vos problèmes ou plutôt essayer de les résoudre ? Allez-vous continuer de fuir vos émotions, ou au contraire accepter de les ressentir pleinement ? Notez qu'il n'y a vraiment pas de bonnes ou de mauvaises réponses à ces questions. Chacun se doit de vivre sa vie comme il l'entend.

Personnellement, j'ai testé cet exercice durant plusieurs semaines, les matins, tout de suite au réveil. À chaque fois, je ressentais une excitation profonde à l'idée de me lever et une envie forte de profiter de chaque instant. Comme si cette nouvelle journée qui s'annonçait n'était que du bonus. Cela me donnait la sensation de m'émerveiller devant chaque petite chose que je prenais pour acquise, comme le simple fait de pouvoir respirer, voir, entendre, marcher, sentir, et ressentir. Mon cœur se remplissait alors de gratitude d'être en vie. Cela me donnait envie de faire des choses que je n'avais encore jamais osé faire, et cela m'a permit de dépasser de nombreuses peurs, de nombreuses limitations que mon mental m'imposait. Je me suis surprise plus d'une fois à prendre les choses avec d'avantage de recul. Mais le plus curieux, c'est que la vie semblait me faciliter le cheminement vers mes objectifs. Comme si tout se déployait devant moi, avec une gracieuse fluidité. Il me suffisait d'émettre une intention, pour que celle-ci se matérialise et se concrétise facilement, et bien plus rapidement que ce que j'aurai pu imaginer. J'avais cette étrange sensation que la vie me récompensait parce que j'osais enfin vivre. C'est pourquoi il ne s'agit pas simplement d'imaginer notre dernière journée sur Terre, mais bien de vivre comme si on allait mourir demain, comme nous le conseillait Gandhi.

Par la suite, j'ai réalisé ensuite que ce qui était le plus dur pour moi n'était pas tant d'imaginer que cette journée puisse être ma dernière, mais d'imaginer qu'elle puisse l'être pour l'un de mes proches... Il m'a fallut plusieurs semaines avant de réussir à oser imaginer que c'était peut-être la dernière fois que je revoyais l'un de mes proches. Je vous invite également à faire cet exercice, uniquement lorsque vous vous en sentirez prêt. Puis, comme précédemment, imaginez ce que cela change pour vous. Comment allez-vous vous comporter envers eux ? Quelles sont les dernières choses que vous aimeriez leur dire ou expérimenter avec eux ? Allez-vous leur faire des reproches ou au contraire les complimenter ?

Lorsque vous effectuerez pour la première fois ces exercices, il y a de fortes chances que cela crée de l'angoisse, ou provoque des larmes. Auquel cas, ne fuyez pas vos émotions, ressentez-les pleinement. Laissez-les vous envahir totalement, de la même manière que nous l'avons décrit au début de ce chapitre avec l'exercice « s'ouvrir à la souffrance ». Vous constaterez alors progressivement que les émotions commencent ensuite à s'apaiser. Si vous sentez que cet exercice est trop dur à réaliser : pas de panique. Il ne s'agit pas de se faire violence. Souvenez-vous qu'il est important d'avancer chacun à son rythme. Allez-y par étapes.

Ces deux exercices, bien que difficiles à réaliser, ont réellement changé ma vie. Auparavant j'avais peur de mourir, mais j'ai réalisé qu'en n'osant pas vivre totalement, j'étais déjà morte, ou tout du moins c'était tout comme : je vivotais. Alors, puisque j'étais déjà morte, pourquoi continuer d'avoir peur ? J'ai donc décidé d'accueillir la mort en moi. J'ai littéralement eu la sensation de mourir, et c'est seulement à ce moment là que j'ai pu renaître. Comme le dit Eckhart Tollé, « le secret de la vie est de mourir avant de mourir. »

Depuis la nuit des temps, les sociétés préindustrielles entraînaient leurs citoyens à la mort au travers diverses expériences chamaniques, à l'aide de substances psychédéliques ou non. Les rituels de passage en sont un parfait exemple. Dans de nombreuses cultures aborigènes, les personnes ont de multiples occasions de vivre et de transcender la mort, ce qui leur permet de vivre de profondes expériences de renaissance psycho-spirituelle, qui génère un fort sentiment d'unité cosmique capable de transformer radicalement leur attitude envers la mort mais également envers la vie. Nous souvenir de notre mortalité, ou de celle des autres, nous reconnecte à la réalité et nous permet d'apprécier d'avantage l'instant présent. En étudiant la mort, en nous rapprochant d'elle et en la laissant nous traverser, nous nous rouvrons à la vie.

14.

RÉINTÉGRER LES PARTIES DE SOI ET REDEVENIR SOI-MÊME

Une fois que vous avez pu découvrir tous les aspects de vous reniés, l'étape suivante consiste à les réintégrer. Mais que signifie « réintégrer des parties de soi » exactement ? Par définition, cela signifie de redonner à quelqu'un la possession de ce dont il avait été privé, de lui rendre la possession intégrale de ses droits, ou encore de rendre entier de nouveau. Dit plus simplement, il s'agit donc de redevenir entier. Lorsque nous rejetons certains aspects de nous-mêmes, nous ne pouvons pas être nous-même puisque nous agissons comme si nous étions dépourvus de ces aspects. Nous nous sommes déconnectés de nous-mêmes, ainsi que de la réalité.
Réintégrer des parties de soi consiste dans un premier temps à reconnaître qu'un aspect nous appartient, qu'il fait partie de nous. Évidemment, comme nous avons passé, pour la plupart d'entre nous, la majeure partie de notre vie à rejeter certains aspects et à nier leur présence, reconnaître leur existence n'est pas toujours une chose aisée. C'est pourquoi nous préférons bien souvent nous voiler la face, et projeter ces aspects sur les autres, comme une vaine ten-

tative de s'en débarrasser.

Mais pour toute personne désireuse de redevenir elle-même, il est nécessaire de reconnaître que nous sommes exactement ce que nous désirons le moins être. Le voile de l'inconscience est parfois si épais que nous ne nous rappelons plus qui nous sommes réellement. Nous avons oublié que nous avons en nous toutes les qualités, tous les défauts, ainsi que toutes les émotions qui caractérisent l'être humain. Debbie Ford, la conférencière américaine, explique que « chacun de nous abrite toute l'échelle des potentiels humains et c'est la raison pour laquelle notre personnalité présente des facettes multiples. Il n'est rien que nous ne puissions voir, ni rien que nous ne puissions juger qui ne corresponde un peu à ce que nous sommes. Nous sommes tout à la fois lumière et obscurité, saints et pêcheurs, aimables et détestables. Nous sommes tous à la fois des êtres bons et chaleureux tout autant qu'insensibles et vils. En moi, comme en vous, on peut trouver la totalité des qualités propres à l'humanité. »

Nous sommes tout. Je sais que cela représente un concept bien difficile à accepter pour de nombreuses personnes. Il se peut que nous ne soyons pas conscients de cet état de fait, car, naturellement, notre ego instaure un mécanisme de défense qui affirme ne pas être certains aspects : « ce n'est pas vrai, je ne suis pas tel aspect, telle qualité, tel défaut...», pensons-nous parfois avec force et agacement. Il est donc nécessaire de voir au-delà des protections de notre ego, et d'être prêt à voir la vérité et la réalité en face en étant le plus sincère possible envers nous-même pour pouvoir évoluer.

Attention, toutefois. Il ne s'agit pas de se culpabiliser de posséder certains aspects. La tentation peut parfois être grande d'en tirer des conclusions trop hâtives, en pensant par exemple que nous sommes quelqu'un de mauvais parce que nous venons de réaliser que nous avons déjà été égoïste ou prétentieux(se), ou n'importe quel autre aspect. Cela demande énormément de compassion d'accepter d'être imparfait, autrement dit d'être simplement humain, et de porter en nous « le bon » comme « le mauvais ». Il est important de faire preuve de bienveillance envers nous-mêmes, et envers ces aspects de nous qui, rappelons-le, ne sont ni bons ni mauvais. D'autant plus que nous pouvons tout aussi bien rejeter des aspects de nous-mêmes considérés pour beaucoup comme étant positifs.

Par exemple, étant donné que pendant de nombreuses années je pensais être inintéressante, je n'arrivais pas à croire que ma personne puisse être intéressante aux yeux des autres. J'étais persuadée que je n'étais pas importante, que je ne pouvais pas être quelqu'un d'attirant ou de passionnant. Je pensais que je n'avais absolument rien à apporter au monde, aussi m'étais-je convaincue que ma place était dans l'ombre, et que je ne méritais pas d'être vue. Lorsque j'essayais de me dire que j'étais quelqu'un d'intéressant, je sentais que quelque chose résistait à cette idée-là à l'intérieur de moi. « Non c'est complètement faux ! » me disais-je. Même si des personnes de mon entourage tentaient de m'assurer le contraire, je n'arrivais pas à les croire. Je pensais qu'ils disaient cela uniquement parce que je leur faisais pitié, plus comme une formule de politesse, que comme une parole sincère. Le fait que je puisse être intéressante et importante était, entre autres, des aspects de moi-même que j'avais reniés, et qui nécessitait donc d'être réintégrés. Dès lors que j'ai accepté de reconnaître la présence de ces aspects en moi, ma vie a basculé du tout au tout. Pour cela, j'ai réalisé que si je voulais paraître intéressante aux yeux des autres, il fallait déjà que je commence sincèrement à m'intéresser aux autres. J'ai alors pu sortir peu à peu de ma timidité dans laquelle je m'étais enfermée, et j'arrivais enfin à commencer à croire que j'avais finalement ma place sur cette Terre. Je me sentais plus sûre de moi, ce qui, de surcroît, me permit d'être plus à l'aise socialement.

Certains aspects seront plus difficiles à réintégrer que d'autres. Assez logiquement, ce sont les aspects que vous avez fortement renié qui seront le plus difficile à accepter. Vous allez certainement ressentir une forte résistance en vous. Mais lorsque cette dernière se manifeste, cela signifie que vous êtes au cœur de votre mal-être. C'est pourquoi je ne peux que vous conseiller de ne pas fuir cette résistance, mais au contraire de la rechercher. Cette résistance n'est autre que notre ego qui tente de se défendre. De la même manière qu'une personne en surpoids est celle qui arrive le moins a faire du sport, mais celle qui en a le plus besoin, les parties de vous que vous avez le plus de mal à accepter sont précisément celles qui nécessitent le plus d'être réintégrées.

Lorsque nous nous accordons la possibilité de découvrir et de réintégrer tous les aspects de nous-mêmes, nous pouvons accéder à notre véritable potentiel, qui n'attendait qu'à être libéré et exploité. Ainsi, nous pouvons entrer en contact avec notre moi authentique, et redevenir nous-mêmes. Je vais maintenant tenter de répondre à la question suivante : mais comment faire alors pour réintégrer des aspects de soi-même ?

Comment réintégrer des aspects de soi-même

Il existe diverses façons d'aborder la question de l'intégration de ses propres aspects. Je vais ici vous proposer diverses façons de procéder, sachant que certaines approches vous conviendront mieux que d'autres. Aucune approche ne sera forcément meilleure qu'une autre, à vous de trouver celles ou celle qui vous correspondront le mieux.

1) « Je suis tout »

Pour effectuer cet exercice, il est nécessaire d'avoir déjà pu identifier les aspects que vous avez reniés. Pour cela, je vous invite à reprendre la liste de mots à la fin du chapitre 4 sur les zones d'ombre qui vous a permis de mettre en évidence certains aspects que vous aviez dû mal à croire que vous puissiez posséder. Normalement, vous avez dû surligner ou entourer certains mots, « positifs » ou « négatifs », qui faisaient résonance, et qui créaient une émotion assez forte en vous.

Une fois fait, nous allons maintenant voir comment les réintégrer avec un exercice qui se décompose en deux étapes :

Dans un premier temps, il s'agit d'énumérer toutes les situations, tous les comportements que nous avons pu avoir, ou toutes les circonstances dans lesquelles nous avons manifesté dans notre vie un aspect de nous-même que nous ne pensions pas posséder. Voici quelques questions pour vous aider : Est-ce que j'ai déjà manifesté tel aspect dans le passé ? Est-ce que je manifeste cet aspect actuellement ? Est-ce que je pourrais manifester cet aspect dans des circonstances particulières ?

Par exemple, si vous pensez ne pas être quelqu'un de jaloux, imaginez dans quelles circonstances vous pourriez le devenir. Imaginez que votre partenaire se rapproche d'une autre personne, qu'il ou elle passe de plus en plus de temps avec cette dernière, qu'il ou elle vous dise à quel point cette personne est importante à ses yeux... pensez-vous toujours que vous ne ressentiriez aucune jalousie ? Ou encore, imaginez qu'un de vos collègues obtiennent cette promotion que vous aviez tant convoitée et pour laquelle vous avez fourni vous semble-t-il plus d'efforts que votre collègue... Ne seriez-vous pas jaloux qu'il obtienne ce poste et pas vous ? Soyez sincère envers vous-même. Prenez le temps d'énumérer toutes les fois où vous avez pu être précisément ce que vous pensiez ne pas être.

Dans un deuxième temps, et toujours avec les mots que vous avez sélectionnés au chapitre 4, je vous invite maintenant à dire à voix haute la phrase : « Je suis ….*(mot que vous surligné)...* ».
L'idée va être maintenant de répéter plusieurs fois cette phrase. Vous pouvez si vous le souhaitez vous placer face à votre miroir pour rendre l'expérience encore plus efficace. Soyez maintenant à l'écoute de vos ressentis. Il est fort probable que lorsque vous affirmiez « je suis *(tel aspect)* », vous vous sentiez vraiment mal à l'aise, peut-être même allez-vous ressentir de la colère voire de la honte. C'est normal, et c'est même exactement ce que vous devez rechercher, puisque c'est la fameuse résistance que nous avons évoquée plus tôt, celle de votre ego qui tente de se protéger. Peut-être allez-vous constater qu'il s'avère particulièrement difficile de prononcer cette simple phrase, tant vous avez jugé si sévèrement cet aspect de vous. Il est également possible que cela provoque des larmes, auquel cas, continuez bien l'exercice, car cela signifie que vous vous rapprochez de la libération.

Répétez la phrase « je suis *(tel aspect)* », jusqu'à ce que la charge émotionnelle entourant le qualificatif se soit dissipée. Par l'inconfort que cet exercice génère, la tentation sera grande de vouloir y mettre fin au pus vite, mais tenez bon. En restant quelques instants dans cet inconfort vous allez enfin pouvoir montrer à votre corps que vous commencez à être l'aise avec cet aspect de vous-même. Enfin, vous ne le fuyez plus.

Vous saurez que vous avez réussi à réintégrer cet aspect de vous-même dès lors que vous pourrez affirmer « je suis *(tel aspect)* » sans ressentir de gênes, et éprouver une sorte de neutralité face à cet aspect. Idéalement, il s'agirait même de pouvoir ressentir de l'amour, de l'empathie et de la compassion pour cet aspect que vous avez auparavant tant dénigré. N'hésitez pas à faire cet exercice en plusieurs fois car il se peut que vous ayez besoin de temps pour vraiment réussir à l'intégrer. Prenez le temps qu'il faudra pour cela. Si vous avez surligné plusieurs mots dans votre liste, si vous avez découvert qu'il y a plusieurs parties de vous que vous reniez, reproduisez alors cet exercice pour chaque aspect.

2) Demandez l'aide de vos proches

Il n'est pas toujours simple de faire l'exercice précédent seul. Si vous êtes dans ce cas-là, n'hésitez pas à solliciter l'aide de vos proches. Si vous rencontrez des difficultés pour énumérer les fois où vous avez pu manifester l'aspect renié dans votre vie, demandez à quelques personnes de votre entourage ce dont eux se souviennent. Si l'on reprend l'exemple de la jalousie, enquêtez auprès de votre entourage pour qu'ils vous aident à vous souvenir ou à vous faire prendre conscience des moments où vous avez pu faire preuve de jalousie.

Ou encore vous pouvez noter tous les défauts que l'on vous reproche souvent, ou toutes les qualités que l'on vous a déjà attribuées. Tous ces moments où vous vous êtes dit : « tiens, ce n'est pas la première fois que l'on me le dit ». Mais plus simplement encore, demandez-leur directement quels seraient selon eux vos défauts et vos qualités. Demandez-leur d'en citer au moins 4 ou 5 de chaque. L'idéal serait de poser la question à plusieurs personnes de votre entourage, que ce soit aux membres de votre famille, vos amis ou vos collègues. Vous découvrirez certainement que certains défauts ou certains qualités reviennent souvent. Cela vous permettra de vous rendre compte de la manière dont vous êtes perçu(e) auprès des autres. Si parmi les défauts et les qualités qu'ils vous attribuent, vous ressentez une émotion particulière (colère, honte, tristesse,..) c'est que vous venez de mettre le doigt sur un nouvel aspect renié. Dans tous les cas, quel que soient les qualificatifs qu'ils vous attribuent, prenez le temps de méditer sur chacun des mots, en vous demandant de quelles manières ils ont raison,et à quel moment avez-vous pu manifester cet aspect.

L'étape deux de l'exercice précédent, qui consiste à se répéter la phrase « je suis (tel aspect)... » peut également se faire avec l'aide d'un proche. Si par exemple vous pensez ne pas être important(e), ou intéressant(e), demandez à quelqu'un de votre entourage de vous répéter inlassablement la phrase « tu es intéressant(e) / important(e) » jusqu'à ce que la résistance autour de ces adjectifs finissent par céder, jusqu'à ce que vous puissiez réellement croire que vous êtes intéressant(e) / important(e). Là encore, si des larmes coulent, laissez les venir. Prévenez en amont votre partenaire que cela risque d'être le cas, et expliquez lui qu'il devra poursuivre jusqu'à ce que vous sentiez un relâchement à l'intérieur de vous-même. Cet exercice peut être un moment très fort à partager. Je conseille de préférence de le faire avec votre conjoint ou votre conjointe, mais toute personne avec qui vous vous sentez vraiment en lien et en confiance fera l'affaire. Cet exercice étant également éprouvant, si vous commencez à être fatigué(e), ou à être agacé(e), faites une pause. Et recommencez quelques jours plus tard. N'oubliez pas qu'il est parfois nécessaire de faire cet exercice en plusieurs fois pour que l'intégration se fasse correctement.

Si vous ne vous sentez pas forcément à l'aise de faire cette partie là de l'exercice avec l'un de vos proches, une variante est possible. Pour cela, il s'agit d'imaginer que vous vous mettiez à la place d'un de vos proches, comme si vous pouviez devenir lui quelques instants. Comme si vous pouviez voir au travers de ses yeux à lui, et entendre au travers de ses oreilles à lui. Imaginez alors comment est ce qu'il vous perçoit. Que ressent-il pour vous ? Pour rester toujours dans le même exemple, est-ce qu'il pense que vous êtes important(e) / intéressant(e) ? Ressentez ce qu'il pourrait ressentir, pensez ce qu'il pourrait penser, voyez ce qu'il pourrait voir, et entendez ce qu'il pourrait entendre. Prenez la peau de plusieurs personnes de votre entourage pour rendre cet exercice encore plus efficace. Demandez-vous comment vous perçoit votre père, votre mère, vos frères et sœurs, votre conjoint(e), vos amis, vos collègues, voire même un inconnu, etc. Cela vous permettra de sortir de vos perceptions, de manière à en ouvrir le champs.

3) La projection

La projection est un des meilleurs moyens de découvrir quelles sont les parties de nous que nous n'arrivons pas à accepter. À la fin du chapitre sur ce sujet, vous avez normalement dû faire la liste des traits de caractère qui vous agaçaient le plus chez les autres, ainsi que ceux que vous admiriez le plus. Reprenez cette liste. Puis refaites l'exercice 1 de ce présent chapitre.

Toutefois, il arrive parfois que nous n'arrivions vraiment pas à accepter que nous puissions être certains traits de caractère. Comme le dit Debbie Ford, si, par exemple, vous estimez que vous n'avez aucun trait en commun avec des personnes que vous jugez comme mauvaises, des personnes qui ont pu accomplir des choses monstrueuses comme Hitler, des tueurs, des pédophiles ou autres parce que vous vous dites « je ne suis pas un(e) meurtrier(e). », rassurez-vous cela est normal. Pour cela, Debbie Ford nous invite à découvrir ce qu'il y a derrière un terme générique comme le mot « meurtrier ». Demandez-vous alors : « Quel est le profil d'une personne pouvant commettre ce genre d'actes ? ». Concernant un meurtrier, la réponse pourrait être : « un égoïste », « une personne folle », « une personne violente », « une personne insensible à la valeur de la vie », etc. Maintenant répondez sincèrement aux questions suivantes : N'avez-vous pas déjà vous-même fait preuve d'égoïsme ? Ne vous êtes-vous pas déjà dit que vous étiez fou/folle ? N'y a-t-il pas eu des moments où vous vous êtes tellement emporté(e) envers quelqu'un que vous en êtes devenu(e) violent(e) ? N'avez-vous pas déjà été complètement insensible à la valeur de la vie ? Lorsque l'annonce du décès d'une personne vous a laissé totalement de marbre, ou lorsque vous avez écrasé un insecte, ou encore lorsque vous avez eu des idées noires au point d'imaginer mettre fin à votre propre vie ? Et puis sincèrement, ne vous est-il jamais arrivé d'être tellement en colère contre une personne que l'idée de tuer cette personne vous a traversé l'esprit ?
Évidemment vous pourriez me rétorquer que ce n'est pas la même chose, peut-être même que ce n'est pas comparable. Et je partage ce point de vue également. La différence c'est qu'ils sont passés à l'action, contrairement à vous. Toutefois, nous ne pouvons que reconnaître que nous avons tous une partie meurtrière en nous. Elle

sera de toute évidence plus dominante chez certains que chez d'autres, mais sa présence est indéniable. Allez-vous l'accepter ?

Personnellement, je suis totalement à l'aise avec l'idée que je puisse avoir une partie meurtrière en moi. Cela ne signifie pas pour autant que je puisse passer à l'acte, loin de là. Le simple fait de l'accepter me permet justement de ne pas commettre de meurtre.

4) Le retournement de Byron Katie

Vous vous souvenez de la méthode nommée « le Travail » par son auteur Byron Katie que nous avons vu dans le chapitre sur le moment présent qui consistait à se poser 4 questions pour se reconnecter à la réalité et apprendre à se détacher de ses jugements et de ses croyances ? Eh bien, pour que le Travail soit complet, elle décrit une autre étape qu'elle a nommé le Retournement.

Le retournement intervient après avoir passé le cap des 4 questions (et selon Byron Katie, il est important de le faire dans cet ordre pour que le Travail puisse agir en profondeur) et consiste à transformer le jugement que nous portons sur quelque chose afin de se connecter à la véritable origine de notre souffrance, qui n'est rien d'autre qu'une partie de nous que nous rejetons.

L'idée est donc de reprendre le jugement de départ, pour cela nous allons reprendre l'exemple que nous avons donné dans le chapitre précédent à savoir « mon mari ne m'écoute pas », puis nous allons retourner cette pensée de trois manières différentes :

- <u>Le retournement vers soi</u> :

Il s'agit ici de se demander: « Existe-t-il des situations dans lesquelles j'éprouve envers moi-même ce que je reproche aux autres ? Par rapport à notre exemple, est-ce qu'il m'arrive de ne pas m'écouter ? ». Demandez-vous si l'affirmation « je ne m'écoute pas » est également vraie ou encore plus vraie que le jugement de base. Identifiez et trouvez au moins trois vrais exemples de situation où vous ne vous êtes pas écouté(e), de la même manière que vous n'avez pas écouté votre conjoint.
Il en existe sûrement plus, mais commencez déjà par les trois exemples qui vous paraissent les plus représentatifs.

– Le retournement vers les autres :
Demandez-vous maintenant: « Est-ce que j'ai des exemples précis de situations dans lesquelles je me fais à moi-même ce que je reproche aux autres ? ». Autrement dit, vous est-il déjà arrivé de ne pas écouter votre conjoint ? L'affirmation « je ne l'écoute pas » est-elle également vraie ou encore plus vraie que le fait qu'il ne vous écoute pas ? De la même manière que vous l'avez fait pour le retournement vers soi, trouvez trois exemples de situation où vous n'avez pas écouté votre partenaire. Écoutez-vous réellement votre conjoint lorsque vous êtes en train de penser qu'il ne vous écoute pas ?

– Le retournement à l'opposé :
Et enfin, il s'agit maintenant de trouver des exemples spécifiques qui vous prouveront le contraire de ce que vous pensez. C'est à dire, cherchez des exemples de situation où votre conjoint vous a réellement écouté. Trouvez-en également trois. Est ce que l'affirmation « il m'écoute » est vraie ou encore plus vraie que le fait qu'il ne vous écoute pas ?

Comme le précise Byron Katie, le but du retournement n'est pas de vous culpabiliser ni de chercher qui est la victime ou le bourreau. L'intérêt de cet exercice est de découvrir que tout ce que vous pensez voir à l'extérieur de vous n'est en réalité qu'une projection de votre esprit. Lorsque vous réaliserez que la personne que vous jugez est innocente, vous pourrez alors reconnaître votre propre innocence également. Dès lors que vous allez vous rendre compte que votre affirmation de départ n'est qu'une pensée et qu'elle n'est pas la réalité, vous allez pouvoir la lâcher et revenir à votre moi authentique.

Pour terminer, la dernière étape du retournement consiste à le mettre en action. Qu'est-ce que cela signifie ? Eh bien, lorsque vous avez réalisé que vous avez vous-même commis ce que vous reprochiez aux autres, il s'agit de présenter vos excuses à la personne que vous avez incriminée. Ne lui faites aucuns reproches, dites lui simplement que vous réalisez à quel point vous avez tentée de la manipuler de manière à ce qu'elle corresponde à vos attentes. Dans notre exemple, vous pourriez dire à votre conjoint : « je suis désolée, j'ai pris conscience que je n'écoutais pas réellement ce que tu essayais de me dire. »

Présenter ses excuses permet de réparer nos torts, et de repartir sur des bases plus saines, à condition bien évidemment de ne pas reproduire notre comportement, ou tout du moins de faire des efforts pour ne plus les reproduire. Ne promettez rien que vous ne soyez pas sûrs de pouvoir faire. Car quelqu'un qui promettrait un changement dans son comportement, sans réellement le mettre en application tout de suite derrière perdrait en crédibilité et en sincérité. De manière générale, nous préférons tous des actions plutôt que des belles paroles.

Votre ego sera tenté de ne pas faire amende honorable, persuadé que ce devrait être à l'autre de faire le premier pas. Toutefois, toute personne franchissant ce premier pas se verra sans aucun doute récompensé de la paix intérieure. Si vous êtes réellement déterminé(e) à redevenir vous-même, présenter vos excuses aux personnes que vous avez le plus durement jugées s'avère être un merveilleux raccourci. Cela vous permettra de créer ou de recréer du lien avec des personnes avec qui une quelconque relation vous paraissait compliqué voire totalement impossible. À commencer par vous même.

5) Le tétralemme

Voyons maintenant une méthode qui permet d'ouvrir notre champs de perception, afin de considérer la réalité autrement: le tétralemme.

Le tétralemme est un dérivé du dilemme. Par définition, un dilemme est une situation qui nécessite de faire un choix entre deux solutions contradictoires, chacune étant aussi insatisfaisante l'une que l'autre. Le tétralemme quant à lui étend un choix à quatre possibilités. Ainsi pour une proposition il y aurait 4 positions :

- **affirmation :** une chose est (autrement dit, X est vraie)
- **négation :** une chose n'est pas (autrement dit, X est fausse)
- **affirmation et négation :** une chose est et n'est pas (autrement dit, X est à la fois vraie et fausse)

- **ni affirmation, ni négation :** une chose ni n'est ni n'est pas (autrement dit, X n'est ni vraie ni fausse)

Pour mieux comprendre, imaginons que vous pensiez manquer de confiance. Cette affirmation est vraie (affirmation), mais elle est aussi fausse (négation), elle est également à la fois vraie et fausse (affirmation et négation), au même titre qu'elle n'est ni vraie ni fausse (ni affirmation ni négation). Votre cerveau doit probablement être en train de chauffer actuellement mais allons plus loin dans les explications en reprenant individuellement chacune des propositions :

- **Affirmation :** vous manquez de confiance. Cette affirmation est vraie parce que vous êtes persuadé qu'elle est vraie. Vous pouvez sans aucun doute trouver de nombreux exemples de situations dans lesquelles vous avez manqué de confiance. Mais la proposition suivante est tout aussi vraie :
- **Négation :** vous ne manquez pas de confiance. Si vous prenez le temps de méditer quelques instants sur cette phrase, vous découvrirez très certainement qu'il y a effectivement eu des moments dans votre vie où vous vous êtes senti à l'aise et où vous avez pu faire preuve d'assurance. En conséquence, la phrase suivante est également vraie :
- **Affirmation et négation :** vous avez à la fois un manque de confiance en vous et en même temps vous avez confiance en vous. À certains moments de votre vie, vous avez su faire preuve de confiance, tandis qu'à d'autres, cette capacité vous a fait défaut. Donc en conclusion, nous pouvons dire :
- **Ni affirmation, ni négation :** vous n'avez ni confiance en vous, ni vous n'avez pas confiance en vous. Puisqu'à certains moments vous manquez de confiance, vous n'avez pas confiance en vous. Mais puisque vous avez confiance en vous vous ne pouvez pas manquer de confiance, n'est-ce pas ? C'est logique, non ?

Cet exercice, en venant créer un peu de confusion, permet surtout d'effriter nos croyances limitantes.

Plus concrètement, voici comment vous y prendre en pratique :

- Pensez à un problème ou identifiez une ou plusieurs croyances limitantes que vous aimeriez dépasser. Par exemple : je suis stressé(e), je manque de confiance, j'ai peur de la mort, j'ai besoin de contrôler les choses, je ne mérite pas d'être aimé(e), je n'arrive pas à arrêter de fumer, je n'arrive pas à m'arrêter de grignoter etc.
- Méditer sur les 4 possibilités du tétralemme, en considérant chaque proposition comme étant vraie. Par exemple si vous souhaitez travailler sur votre besoin de contrôle. Méditez sur les phrases suivantes en imaginant qu'elles sont vraies :
  ○ **Affirmation** : j'ai besoin de contrôler. Cherchez tous les exemples, toutes les situations dans votre vie dans lesquelles vous avez fait preuve de ce désir de contrôle. Ressentez comme cette affirmation est vraie.
  ○ **Négation** : vous n'avez pas besoin de contrôler. Cherchez à l'inverse des exemples dans lesquelles vous n'avez pas eu besoin de contrôler les choses. Des moments où vous avez réussi à lâcher prise, à vous laisser porter par la vie, ou des choses que vous faites automatiquement. Prenez le temps de bien ressentir que vous avez cette capacité là en vous.
  ○ **Affirmation et négation** : vous avez besoin de contrôler et vous n'avez pas besoin de contrôler. Ressentez comment vous avez déjà pu expérimenter cette ambivalence dans votre quotidien, peut-être même dans la même journée. Car il est tout à fait possible que dans certains domaines de votre vie, vous soyez complètement capables de lâcher prise, tandis que pour d'autres, cela s'avère plus compliqué.
  ○ **Ni affirmation ni négation** : vous n'avez ni besoin de contrôler, ni pas besoin de contrôler. Vous n'êtes pas une personne qui a besoin de contrôler puisque vous êtes tout autant capable de lâcher prise. Vous êtes donc ni l'un, ni l'autre, mais les deux à la fois.
- Scannez votre corps et observez comment vous vous sentez lorsque vous repensez à votre problème, à votre croyance. Est-ce différent ? Peut-être que vous sentez plus serein(e), libéré(e) d'un poids. Ou peut-être que vous sentez que vous

n'arrivez plus réellement à croire que vous puissiez avoir ce problème ou cette croyance. Comme si cela n'avait plus vraiment d'accroche et d'emprise sur vous. Comme si vous ne pouviez plus réellement vous y identifier. Si c'est le cas, c'est que vous avez réussi à ébranler votre croyance.

Si à l'inverse, lorsque vous repensez à votre problème ou à votre croyance, vous ressentez un mal être en vous, comme si rien n'avait changé alors c'est qu'il est nécessaire de recommencer l'étape 2, jusqu'à que vous vous sentiez plus détendu(e). Cela signifie simplement que quelque chose en vous reste encore bien accroché à votre problème, et continue de s'y identifier. Il n'y a rien de mal à cela. Il est parfois nécessaire de répéter cet exercice plusieurs fois pour pouvoir en ressentir les bienfaits.

6) À la rencontre de vos aspects reniés

Pour redevenir soi-même, il s'agit d'aller aller à la rencontre des aspects que nous avons reniés, en les approchant avec neutralité, c'est-à-dire sans les juger. Pour cela, une des façons de procéder que j'affectionne particulièrement consiste à imaginer à quoi pourrait ressembler ces parties reniées.

Si on pouvait les dessiner, à quoi ressembleraient-elles ? Auraient-elles une apparence humaine ou non ? Si oui, seraient-elles de sexe masculin ou féminin ? Quelle âge auraient-elles ? Quelle taille ? Quelle couleur de cheveux ? Quelle tenue porteraient-elles ? Comment les décririez-vous ? Quel prénom ou surnom leur donneriez-vous ? Quel(s) détail(s) particulier(s) percevez-vous d'elles ?

Peut-être serez-vous surpris de l'apparence que certaines parties pourront avoir. Il arrive parfois qu'elles prennent l'apparence de personnes que vous connaissez : un(e) ancien(ne) amoureux(se), un membre de votre famille, un professeur d'école, un(e) vieil(le) ami(e), un collègue, un patron... généralement des personnes des personnes que vous n'appréciez pas, et avec qui vous n'aviez pas vraiment d'atomes crochus... Mais il se peut également qu'elles ressemblent à des monstres, des animaux, des créatures étranges ou à des extraterrestres. Étant donné qu'il s'agit des aspects de vous-mêmes que vous n'arrivez pas à accepter, il est fort probable que leur apparence soit repoussante. Toutefois, quelle que puisse être leur apparence, résistez à la tentation de fuir.

Car, une fois que vous avez le pris le temps de vous les représenter correctement, il s'agit ensuite de rentrer en communication en amorçant un dialogue avec elles. Avancez vers elles avec l'intention sincère d'écouter ce qu'elles ont à vous dire. D'ailleurs, comment est leur voix ? Est-elle forte, ou douce ? Grave ou aiguë ? Lente ou rapide ? Ont-elles un accent particulier, ou un tic de langage ? Mais surtout quel message ont-elles à vous transmettre ? Quel est leur rôle ? Qu'est-ce qu'elles cherchent à faire ? Quelles pourraicnt être leur(s) intention(s) positive(s) ? Quel cadeau ont-elles à vous offrir ? Les aspects les plus repoussants sont ceux qui ont le plus de choses à vous enseigner, ceux qui détiennent pour vous les plus grandes leçons de sagesse. Vous pouvez ensuite demander à ces parties de vous ce qu'elles aimeraient : Qu'attendent-elles de vous ? Quelles seraient leur requête ? Bien souvent, la réponse à ces questions est toujours la même : qu'on les accepte, qu'on les respecte, qu'on les considère, et qu'on les aime comme elles sont.

Lorsque j'ai décidé d'aller à la rencontre de ma peur, c'est une sorte de monstre noir imposant, à l'apparence repoussante qui s'est présenté à moi. Bien que terrifiée face à lui, je l'ai invité à se rapprocher en lui expliquant que je venais en paix, et que je ne voulais pas lui faire de mal. J'avais passé de nombreuses années à être en colère contre lui, lui reprochant de me gâcher la vie. Mais je comprenais maintenant qu'il avait ses raisons d'être là, et j'étais enfin prête à écouter ce qu'il avait à me dire. Je lui ai alors demandé quelles étaient ses intentions en se manifestant dans ma vie comme il le faisait, avec une envie sincère d'entendre sa réponse. Le monstre m'expliqua que son rôle est avant tout de me protéger. C'est sa fonction première. Mais pas seulement ! Il était là pour me montrer que je pouvais devenir la personne que j'avais toujours eu envie d'être. Car si je ressentais de la peur dans une situation, c'était parce que je sentais que j'avais la possibilité de devenir quelqu'un d'autre et qu'il y avait là une opportunité d'évoluer. Par exemple, si je ressentais de la peur lorsque je n'arrivais pas à aborder des personnes, c'était tout simplement parce que j'avais une forte envie de m'ouvrir aux autres. Mais si j'en ressentais l'envie, c'est bien parce que j'en avais la capacité ! Si une chose ne génère pas de peur en moi, c'est qu'elle n'est pas si intéressante que cela, c'est qu'il n'y a aucun enjeu, aucun challenge, aucun réel apprentissage à en tirer. En créant de la peur, il espérait que cela m'incite à m'affirmer d'avantage, en reconnaissant que si j'avais peur de quelque chose c'était tout simplement parce que j'avais les ressources et les capacités d'aller vers cette chose en question.

Il me fallut quelques instants pour réussir à digérer ces informations. Je n'avais jamais vu la fonction de la peur sous cet angle, et après réflexion, je me suis aperçue qu'il y avait du vrai dans ces affirmations. La peur était comme une sorte de boussole qui me permettait de savoir dans quelle direction m'orienter, et qui, je devais le reconnaître, m'avait jusqu'à présent plutôt bien aiguillé. Elle me signifiait que je pouvais être une meilleure version de moi-même, et qu'il y avait des choses bien mieux qui m'attendaient à condition que je sois prête à laisser la peur me guider. Je demandai ensuite au monstre ce dont il avait besoin, ou ce qu'il attendait de moi. Sa requête était simple : que je ne l'empêche plus de se manifester et que j'accepte sa présence. Il ajouta que si je laissais la peur circuler librement en moi, je découvrirais qu'il pourrait devenir une ressource utile pour atteindre mes objectifs. Étant un peu perplexe, il me suggéra de repenser à des moments dans ma vie où j'avais su me dépasser, et me fit prendre conscience qu'à chaque fois, il avait été là, non pas pour m'empêcher de passer à l'action mais au contraire pour m'y inciter, tout en m'accompagnant et en m'aidant à exploiter correctement mes ressources. Je compris alors que la peur avait été un précieuse amie tout au long de ma vie, et fus soudainement submergée par une forte sensation de reconnaissance, mêlée également à un sentiment de honte. J'étais reconnaissante de tout ce que la peur avait fait pour moi, mais honteuse de ne pas l'avoir vu plus tôt. Je m'en voulais d'avoir été aussi ingrate, violente, et injuste envers elle. Après lui avoir présenté mes sincères excuses, je lui fis la promesse de ne plus la juger aussi durement, de mieux la respecter, et de l'honorer. À ce moment-là, le monstre ne me paraissait plus aussi impressionnant. Son apparence sembla alors se modifier, pour se transformer en une créature mignonne.

Voici donc, comment en étant simplement à l'écoute et en changeant ma perception, je pus faire la paix avec la peur, et ainsi la réintégrer. Elle continue toujours de m'accompagner dans chaque étape de ma vie, mais elle n'est plus un problème pour moi. Si auparavant, je cherchais à la fuir à tout prix, aujourd'hui je la recherche. J'ai appris à l'aimer véritablement, et je ne me suis jamais sentie aussi vivante depuis sa réintégration.

7) Expérimenter vos aspects reniés

Pour qu'une partie puisse être correctement réintégrée, il suffit simplement de lui redonner sa juste place. Pour cela, il s'agit de lui laisser la possibilité de s'exprimer librement, sans la juger. Mais en pratique, comment peut-on faire ? Eh bien, il s'agit de s'autoriser à expérimenter pleinement cet aspect de nous-même, de nous autoriser à l'incarner dans notre quotidien, et de devenir exactement ce que nous avons cherché à tout prix à éviter.
Voyons quelques exemples :

- Si vous avez appris à rejeter la peur : vous devez vous autoriser à la ressentir.
- Si vous avez appris à rejeter la partie de vous gourmande qui aime bien grignoter : vous devez vous autoriser à grignoter sans culpabilité.
- Si vous avez appris à rejeter votre féminité : vous devez vous autoriser à être féminine.
- Si vous avez appris à ne jamais dire de gros mots : vous devez vous autoriser à jurer.
- Si vous avez appris à rejeter votre sexualité : vous devez vous autoriser à avoir une sexualité

Cette façon de procéder peut paraître contre-intuitive au premier abord. Peut-être qu'en lisant ces quelques exemples, quelque chose en vous s'est dit « mais si je fais cela, mon problème va s'empirer ». À juste titre, l'on pourrait penser que s'autoriser à grignoter alors que l'on cherche à mieux se contrôler et à perdre du poids serait contre-productif. En réalité, comme nous avons déjà pu l'évoquer, c'est le fait de vouloir rejeter les grignotages, de vouloir vous maîtriser qui est précisément à l'origine de votre perte de contrôle et de votre prise de poids.

Il y a quelques années en arrière j'ai réussi à perdre assez rapidement une quinzaine de kilos. Mais je n'étais pas encore totalement libérée de mes problèmes de poids. L'alimentation était devenue une obsession. Je pensais constamment à ce que je devais manger, et je devais faire preuve de beaucoup d'efforts pour ne pas céder à la tentation de grignoter entre les repas, ou à une part de gâteau au restaurant. Si je faisais le moindre écart, je culpabilisais, et me faisais la promesse d'intensifier ma séance de sport le lendemain en gage de punition. Certes, mon poids semblait s'être stabilisé, et je me sentais bien mieux dans mon corps, mais je n'étais pas libre dans ma tête. Cette lutte intérieure aura bien durer une année. C'est alors que j'ai commencé à faire confiance à mon corps en m'autorisant à grignoter. Même le plus important consistait à ne pas me juger lorsque je grignotais. Ainsi, si l'envie de grignoter entre deux repas me prenait, je ne m'empêchais plus de le faire. J'ai réappris à écouter et à faire confiance à mon corps. Cela m'a permis de retrouver un rapport sain avec la nourriture, de ce fait, les grignotages ont naturellement commencé à diminuer.

La même chose s'est produite concernant la peur. Plus je l'autorisais à être là, plus elle diminuait. C'est l'interdiction qui, au contraire, augmente l'envie et entraîne donc la difficulté à résister. C'est pourquoi l'on se retrouve à avoir des comportements que l'on cherchait à tout prix à éviter. Car lorsqu'on s'interdit quelque chose, cela signifie que l'on rejette une partie de nous. En l'autorisant à être là, cela signifie que nous l'avons réintégré en nous.

Comment savoir que vous avez bien réintégré une partie

En consultation, une dame m'affirma qu'elle acceptait sans problèmes le fait qu'elle puisse avoir quelques kilos en plus. Pourtant son langage corporel, et ses micro expressions semblaient dire le contraire. En effet, je vis passer furtivement mais de manière très visible une expression de dégoût sur son visage, que je n'aie pas manqué de lui notifier. Elle s'effondra en larmes aussitôt. À travers ses sanglots, elle m'expliqua qu'effectivement, elle avait encore parfois énormément de mal à se regarder dans le miroir, tant elle ne se reconnaissait pas avec ce corps. Mais l'aversion qu'elle éprouvait envers son corps n'était plus aussi forte qu'auparavant c'est pourquoi elle pensait sincèrement avoir réussi à accepter ses quelques kilos en plus. D'une certaine manière, c'était bien le cas. Mais il restait encore quelques résidus qu'elle n'était pas parvenue encore à réintégrer totalement.

Cela arrive fréquemment. Pour que la réintégration soit complète, nous ne pouvons pas accepter une partie de nous uniquement à 75%, ni même à 99%. Nous devons l'accepter à 100%, en toutes circonstances et à tout moment. Une personne n'est pas dans l'acceptation tant qu'elle continue de vouloir supprimer, contrôler ou transformer son problème. Réintégrer une partie de nous signifie ne plus la rejeter. Cela veut dire qu'il s'agit de l'accepter totalement, sans la juger, et en lui laissant la place d'être là. Lorsque vous pourrez sincèrement apprécier cet aspect de vous-mêmes dont vous vouliez vous débarrasser, vous saurez que vous l'avez réintégré. C'est pourquoi une des questions les plus simples à vous poser pour savoir si vous avez vraiment réussi à réintégrer une partie de vous : Seriez-vous prêt(e)s à vivre toute votre vie avec votre problème ? Avec cet aspect de vous-mêmes que vous rejetiez auparavant ? Si vous pouvez sincèrement répondre oui à cette question alors c'est que vous avez réussi.

Pour ma part, si j'ai pu perdre des kilos c'est paradoxalement parce que j'ai d'abord appris à les accepter. J'ai réalisé que mes kilos superflus m'avaient permis de me protéger. Comment pouvais-je alors en vouloir à la partie de moi qui s'était réfugiée dans la nourriture, alors qu'elle faisait de son mieux pour m'aider ? Je ne pouvais pas être en colère contre elle. Bien au contraire, je ne pouvais qu'être reconnaissante de tout ce qu'elle avait fait pour moi. Je n'éprouvais plus du tout le besoin de l'éliminer. J'étais prête à la laisser faire son travail aussi longtemps qu'elle pouvait en avoir besoin, et c'est à ce moment-là que j'ai pu perdre ces quelques kilos.

Lorsque l'on accepte réellement une partie de soi, et que l'on est prêt à la réintégrer complètement, les bienfaits ne tarderont pas à se faire sentir. Souvent, l'on se sent plus vivant, plus libre, mais surtout plus nous-mêmes. Vous n'aurez plus besoin de prétendre être quelqu'un que vous n'êtes pas. Vous remarquerez alors certainement que des changements s'opéreront dans votre vie sans même que vous ayez réellement besoin de fournir d'efforts. Ce qui vous faisait tant souffrir auparavant n'aura plus autant d'impact sur vous. Un peu comme si vous aviez débranché la prise émotionnelle qui était reliée à cet aspect de vous. En conséquence, vous pourrez vous défaire du mécanisme de projection et comprendre que tout ce qui se passe dans votre vie n'est qu'un reflet de ce que vous êtes. Aussi constaterez-vous très probablement que vous n'attirez plus les mêmes personnes, ou les mêmes événements. Vos blessures pourront alors progressivement commencer à guérir, au fur et à mesure que vous réintégrerez chaque partie reniée.

15.

RECRÉER DU LIEN AVEC SOI ET AVEC LES AUTRES

« Reste toi-même, car c'est dans l'authenticité que l'on puise ses forces. »
Daniel Herrero

L'être humain a besoin d'être en lien avec les autres. Nous sommes câblés pour cela : nous sommes faits pour vivre en tribus et en familles, pour travailler en groupe, aimer en couple et prospérer dans les amitiés. La volonté de se connecter est en chacun de nous, que nous le reconnaissions ou non. Pourtant, nous sommes à une époque où il n'y a probablement jamais eu autant de solitude, de dépression, de relations brisées, de déconnexion que maintenant. La pandémie du Coronavirus qui paralyse le monde entier à l'heure où j'écris ces lignes a sans aucun doute exacerbée cette difficulté à créer des liens avec les autres. Mais le problème est à mon avis bien plus ancien, bien plus profond. Car voilà déjà bien longtemps que nous éprouvons énormément de difficultés à être authentique dans nos relations avec les autres, mais également avec nous-mêmes. Par peur du rejet, nous avons appris à jouer un rôle, à mettre des masques (la persona) pour ne pas nous montrer tel que nous sommes réellement. C'est pourquoi ce chapitre a pour objectif de vous aider à être plus authentique pour recréer du lien avec les autres et avec vous-mêmes. Pour cela, nous allons déjà commencer par aborder le concept de la vulnérabilité. Car c'est lorsque nous osons être vulnérables que nous sommes véritablement en relation avec nous-mêmes et avec les autres.

La vulnérabilité

Une bonne partie de ma vie, j'étais terrifiée à l'idée de déplaire. En conséquence, je cherchais constamment à plaire aux autres, à être la fille modèle qui ne crée pas de vagues. Pour cela, je pensais qu'il fallait à tout prix cacher mes défauts, mes imperfections et mes blessures. Mes objectifs dans la vie consistaient à suivre à la lettre ces quelques phrases : « Fuis le conflit. Ne montre pas tes défauts ni même tes qualités. Fais comme tout le monde. Ne dis jamais ce que tu penses. Fais-toi la plus discrète possible. » Ainsi, dans le but de respecter le plus possible ces phrases qui me servaient de devises :

- Je n'osais pas affirmer mon point de vue sur un sujet par peur d'offenser mon interlocuteur d'une manière ou d'une autre.
- Je n'arrivais pas à arrêter mes études parce que j'avais peur de décevoir mon entourage.
- Je n'osais pas me maquiller parce que j'avais peur qu'on me remarque.
- J'avais peur d'aborder une personne car j'avais peur du rejet.
- Je n'osais jamais lever la main en cours lorsque je ne comprenais pas quelque chose par peur de déranger ou de passer pour une idiote.
- Je n'osais pas demander de l'aide lorsque j'en avais réellement besoin.
- Je n'osais pas me confier véritablement après de mes amis

par peur de les décevoir.

– Je faisais semblant d'aller bien alors que j'étais au plus mal.

Si vous vous reconnaissez dans ces quelques lignes, c'est que tout comme moi, vous avez appris à rejeter et à craindre la vulnérabilité. Pourquoi ? Parce que, de par notre propension à vouloir être parfaits, nous pensons que la vulnérabilité est un signe de faiblesse. Communément, la vulnérabilité traduit une situation de faiblesse à partir de laquelle l'intégrité d'un être est ou risque d'être affectée, diminuée, altérée. D'un point de vue étymologique, le mot vulnérable dérive du latin vulnus, vulneris (la blessure) et vulnerare (blesser).Ainsi, le vulnérable est, par définition et selon le dictionnaire Larousse, celui « qui est exposé à recevoir des blessures, des coups », « qui, par ses insuffisances, ses imperfections, peut donner prise à des attaques ». Le terme a pour synonymes « fragile » et « sensible ». Sorte de « talon d'Achille » plus ou moins généralisé, la vulnérabilité désigne ainsi « une potentialité à être blessé ». Voilà pourquoi nous craignons tant la vulnérabilité. Nous ne voulons pas que les autres sachent qu'ils peuvent nous blesser, que ce soit physiquement ou émotionnellement. De fait, notre ego, persuadé que nous ne pourrons pas supporter la douleur d'éventuelles attaques, nous incite à endosser une sorte d'armure pour nous protéger.

Brené Brown, chercheuse américaine en sciences humaines et sociales à l'université de Houston, est une des personnes ayant sans aucun doute énormément contribué à mieux comprendre la vulnérabilité. Elle explique que la vulnérabilité est une insécurité présente en chacun de nous.

Le rejet de la vulnérabilité découle le plus souvent de son association avec des émotions négatives comme la honte, la peur, le chagrin, la tristesse et la déception. Ce sont des émotions dont nous ne voulons pas parler, même quand elles affectent profondément la manière dont on vit. Nous nous armons émotionnellement tous les matins lorsque nous affrontons la journée pour éviter de ressentir ces émotions. L'armure change d'une personne à l'autre, mais elle s'articule généralement autour de l'une des trois méthodes de protection suivantes :

– Le perfectionnisme : nous pensons qu'en étant « parfaits », nous évitons le risque d'être rejeté.

- L'anesthésie émotionnelle : nous engourdissons nos émotions pour ne pas ressentir celles désagréables.
- La joie appréhensive : c'est le principe du pire scénario. On s'attend toujours au pire, même lorsque tout va bien. « Ça va forcément finir par mal se passer », nous disons-nous.

Si ces mécanismes de défense nous font sentir en sécurité en nous assurant le contrôle sur le moment, ils nous font en réalité plus de mal que de bien. Car en étant perfectionnistes, nous nous créons beaucoup de souffrance ; en anesthésiant nos émotions, nous nous empêchons de ressentir la joie ; et en étant dans de l'anticipation, nous ne profitons pas du moment présent.

Brown explique que le sentiment de honte est à l'origine de la difficulté à être vulnérable mais également de l'incapacité de nombreuses personnes de se sentir connectées. Pourquoi la honte ? Parce que dans cette société qui valorise le perfectionnisme et le « toujours plus », beaucoup pensent qu'ils ne sont pas assez – minces, riches, intelligents ou compétents – pour mériter d'être aimés. Donc, être vu pour ce que nous sommes vraiment, devenir vulnérable, peut être synonyme de rejet. Les effets d'une telle croyance sont dévastateurs. Cela génère stress, anxiété ou dépression.

Bien au contraire, oser être vulnérable demande beaucoup de courage. Cela implique d'oser tomber le masque, de déposer l'armure, de baisser la garde, et de tomber les défenses. La vulnérabilité, c'est prendre des risques. Prenons l'exemple de l'amour. Aimer est incertain et incroyablement risqué. Aimer, c'est se mettre à nu sur le plan affectif. Aimer, c'est ne pas savoir si l'autre va rester toute notre vie ou nous quitter sans préavis, s'il va se montrer loyal jusqu'à la mort ou nous trahir à la première occasion. Aimer, c'est donner son cœur à l'autre, en ne sachant pas s'il va en prendre soin ou le piétiner. Aimer, c'est prendre le risque de souffrir. Aborder une personne qui nous plaît, avouer nos sentiments, l'embrasser pour la première fois, être le/la premier(e) à dire « je t'aime »... c'est être vulnérable ! Et c'est extrêmement courageux.

Lorsque nous pensons à des moments où nous nous sommes

sentis vulnérables ou exposés émotionnellement, la notion de courage y est généralement associée. Peut-être était-ce lorsque vous avez reconnu vos torts, et demandé pardon ; lorsque vous avez pris vos responsabilités, et assumé une erreur ; lorsque vous avez défendu un personne ; lorsque vous avez tendu la main a une personne en souffrance ; lorsque vous avez demandé de l'aide à un proche ou à professionnel ; lorsque vous avez eu une discussion douloureuse avec l'un de vos proches ; lorsque vous avez osé montré une de vos créations artistiques (un écrit, un dessin, une musique...) ; ou encore lorsque vous avez changé de travail, etc... Tous ces exemples ressemblent-ils à de la faiblesse ? Bien sûr que non. La vulnérabilité n'a rien à voir avec la faiblesse, mais tout à voir avec le courage.

Notre relation à la vulnérabilité est bien souvent très paradoxale : la vulnérabilité des autres nous attire, la notre nous fait peur. Nous aimons être témoin de l'ouverture des autres mais nous avons peur de leur faire ce même cadeau. Nous aimons éprouver la vulnérabilité des autres mais nous ne voulons pas être vulnérable. Lorsque nous refusons la vulnérabilité, nous nous protégeons de la douleur, mais nous nous protégeons également de l'amour, de l'intimité et de la connexion. C'est la vulnérabilité qui nous permet de nous connecter aux autres de façon authentique. Sans elle, les relations seraient difficiles.

En effet, c'est lorsque nous avons le courage d'être vulnérables, de dire notre vérité, de nous montrer tel que nous sommes, que nous créons de la confiance dans la relation. Quand nous osons nous montrer vulnérables, nous disons au monde : « voilà qui je suis, avec mes blessures, mes peurs, mes souffrances et je refuse d'être quelqu'un d'autre ». Et en retour, nous invitons l'autre à faire de même en se montrant tel qu'il est, avec toutes ses imperfections. Cela renforce la confiance, la proximité et le sentiment d'appartenance. La vulnérabilité est le berceau des émotions et des expériences que nous recherchons. Elle est le cœur d'expériences humaines significatives. Se connecter avec les autres de manière authentique en étant vulnérable – au lieu de surcompenser et d'essayer de faire en sorte que tout le monde nous aime – donne naissance à de meilleures interactions et à des relations sincères.

Être vulnérable consiste à laisser tomber qui nous pensons devoir être pour embrasser qui nous sommes. C'est faire le choix de l'imperfection. Cela exige de vivre et d'aimer de tout notre cœur, même lorsque c'est difficile, même lorsque nous luttons contre la honte et la peur de ne pas être assez bon, et particulièrement lorsque la joie est si intense que nous avons peur de la ressentir. C'est accepter que nous sommes dignes d'être aimés, et ressentir que peu importe ce que nous avons fait ou ce que nous ferons, nous sommes assez. Oui, même vous qui lisez ces lignes. Vous êtes assez. Éviter les moments de vulnérabilité ne ferait que renforcer le sentiment que nous ne sommes pas dignes d'être aimés. Lorsque les gens se croient dignes d'être aimés, ils sont plus susceptibles de se diriger vers les autres.

Pour Brené Brown, la vulnérabilité nous apprend à être présent aux gens autour de nous, sans sacrifier pour autant qui nous sommes. Elle réhumaniserait donc le monde et les relations humaines. Ce n'est que par elle que nous serions plus intimement connectés ensemble. Et c'est en se montrant tel qu'on est qu'on pourra arriver à injecter plus d'humanisme dans notre environnement. En adoptant un devant doux, ouvert à la discussion et aux besoins de l'autre, on s'éloigne de confrontations et on glisse davantage vers une meilleure compréhension mutuelle. On apprend plus sur l'autre et sur soi.

Prenons l'exemple d'un couple qui se dispute. Être vulnérable, ce n'est pas dire à son/sa partenaire : « tu es trop égoïste pour t'intéresser à quelqu'un d'autre que toi », mais ce serait plutôt dire « je me suis senti(e) invisible, j'avais l'impression de ne pas être important(e), et c'était terrifiant ». En s'exprimant ainsi, nous ne nous cachons plus derrière notre colère ou notre agacement, mais nous exposons nos blessures à notre partenaire, qui sera alors plus à même de comprendre notre réaction. Par là même, la vulnérabilité favorise la compassion et facilite le pardon.

La vulnérabilité est donc une incertitude, un risque et une exposition émotionnelle, qui est basée sur la réciprocité, mais elle requiert des limites et de la confiance. En effet, ce n'est ni un partage excessif, ni une purge. Certaines personnes sont parfois trop rapide à partager des détails parfois très intimes de leur vie à des personnes qu'elles ne connaissent même pas. Ce phénomène s'observe très bien sur les réseaux sociaux. Je suis sûre que vous avez au moins un contact sur Facebook qui fait le compte rendu de sa journée dans les moindres détails « aujourd'hui j'ai mangé ça », « j'ai mal dormi cette nuit », ou parfois qui poste juste un message cryptique de ce style : « tellement triste...(avec généralement plusieurs émoticônes tristes) », mais qui, lorsqu'on lui demande ce qui se passe, répond « je te réponds en message privé ». Ces personnes se servent en réalité de la vulnérabilité comme un outil de manipulation. Elles attendent quelque chose en retour : de l'attention, un soutien, un désir d'être validé dans leur ressenti, ou de se positionner en victime. Comme le dit Brené Brown, « utiliser la vulnérabilité n'est pas la même chose qu'être vulnérable ; c'est le contraire – c'est une armure. » Elle précise également que « la vulnérabilité consiste à partager nos sentiments et nos expériences avec des personnes qui ont gagné le droit de les entendre. »

Imaginons que vous êtes célibataire et que votre rencart partage trop rapidement des informations très personnelles, cela risque certainement de vous faire peur. Mais si à l'inverse il (ou elle) ne se confie pas suffisamment sur lui, sur son passé, nous allons certainement nous dire qu'il est renfermé, et qu'il ne nous fait pas confiance. Cela risque de mettre un froid, et créer une gêne dans la relation. Il faut donc trouver un juste milieu entre le fait de partager des informations sur soi, sans trop en dire pour autant. Car si la vulnérabilité rapproche les gens et nous permet de nous sentir plus connectés, le surpartage d'informations personnelles fait le contraire.

Voyons maintenant comment faire en pratique pour être vulnérable. Dans l'idée, il s'agit de dévoiler les aspects de nous-mêmes que nous avons toujours essayé de cacher aux yeux des autres, en disant ce que nous n'avons jamais osé dire, ou en faisant ce que nous avons jamais osé faire. Pour cela, une des première étape pourrait être de rechercher les aspects de vous-mêmes dont vous avez honte. Posez-vous simplement la question : de quoi ai-je honte ? Qu'est-ce que je ne voudrais surtout pas que les autres sachent sur moi ? Cela peut être un événement passé, une mauvaise habitude que vous auriez, une difficulté particulière avec laquelle vous vous débattez (une phobie, un problème de poids, une addiction etc), une passion qui sort de l'ordinaire, une particularité physique (handicap ou autre), ou cela peut même être une information qui concerne une personne de votre entourage (un proche malade, ou violent par exemple) que vous ne voudriez pas que les autres découvrent sur vous. Toutes ces choses que vous tentez de cacher sur vous sont précisément les aspects vulnérables sur lesquels vous devez être authentiques. En les dévoilant, en apprenant à ne plus avoir honte d'eux, ils se transformeront en une force.

Si la honte est trop présente, il est fort probable que vous n'arriviez pas à dévoiler ces aspects-là aux autres. Si vous êtes dans ce cas-là, il y a certainement un travail sur les croyances à faire. Il est fort probable que vous ayez une croyance du genre « je ne suis pas digne d'être aimé », ou « je ne mérite pas d'être aimé » qui vous bloque et vous empêche de vous livrer aux autres. C'est le problème de la honte : elle vous fait croire qu'il y a quelque chose de mauvais en vous, quelque chose d'indigne. Mais la honte est une création de notre ego qui se base sur la notion de bien et mal. Pour travailler sur cette croyance que vous n'êtes pas dignes d'être aimé, je vous renvoie au chapitre précédent sur la réintégration des parties. Mais souvenez-vous, quoi que vous ayez fait, quoi que vous pensiez de vous, vous êtes digne d'être aimé.

Assumer qui l'on est

Durant toute mon enfance, et mon adolescence, j'avais l'impression d'être un alien. Je me sentais complètement différente des autres, et je n'arrivais pas à trouver ma place. Par exemple, plus jeune, j'étais un vrai garçon manqué. Aussi préférais-je jouer au foot avec les garçons à la récréation plutôt que de jouer à la corde à sauter ou aux barbies avec les filles. Arrivée au collège, mon impression d'être « étrange » s'est exacerbée. J'avais des goûts musicaux qui différaient énormément de la norme (j'étais plutôt du genre à écouter du Hard Rock/Métal plutôt que de la Pop ou du Rap), et, mis à part avec deux ou trois amis, les sujets de conversations trop superficiels de manière générale m'ennuyaient. Mais j'ai atteint le pic de mon mal-être au lycée et à la fac, lorsque quasiment tous les autres élèves, à part moi semblait-il, commençaient à expérimenter avec l'alcool (et autres drogues) là où moi je n'y voyais aucun intérêt. J'avais alors l'impression que pour pouvoir « être cool » il fallait faire ces choses-là. Et j'avais honte de ne pas être attirée par cela, d'être différente. Je commençais vraiment à croire qu'il y avait quelque chose qui clochait chez moi. Alors voyant que le décalage avec les autres se creusait davantage, j'ai commencé à boire un peu d'alcool, pour faire comme tout le monde, et pour ne pas passer pour la fille coincée qui ne sait pas s'amuser.

Mais comme je n'appréciais vraiment pas le goût de l'alcool, je devais me forcer à en boire. Je faisais en sorte de ne boire que des cocktails dans lesquels il y avait plus de sirop ou de jus de fruit que d'alcool. Je ne réalisais pas encore à ce moment-là que le plus grave n'était pas tant le décalage avec les autres mais plutôt celui qui était en train de se créer avec moi-même... Car en commençant à boire de l'alcool, alors que cela ne m'avait jamais attiré, je reniais qui j'étais et cela a généré une dissonance cognitive : mes actes n'étaient plus en accord avec mes valeurs. Pour réduire la dissonance, je savais qu'il allait falloir que je change soit mon comportement, soit mes valeurs.

J'ai évidemment choisi la première option, car étant donné que je n'aimais pas le goût de l'alcool, c'était la solution la plus facile à mettre en place. Mais pour véritablement me libérer de cette dissonance, il restait une étape importante à franchir : j'allais devoir assumer pleinement le fait que je n'aime pas l'alcool, et que je ne souhaitais plus en boire.

Concrètement qu'est-ce que cela signifie ? Eh bien que je devais arrêter d'avoir honte de ne pas aimer l'alcool, et que je devais être prête à accepter les conséquences de ne plus vouloir boire de l'alcool. Selon le Larousse, le verbe assumer signifie « prendre sur soi, prendre la responsabilité », mais également « accepter les conséquences. » Dans mon cas, cela voulait dire que je devais prendre le risque d'éventuellement décevoir, et/ou de perdre mes amis, et être prête à accepter tous les changements et toutes les conséquences que cela pourrait générer dans ma vie, si je devais être amenée à les décevoir ou à les perdre. C'est pourquoi il n'est pas toujours simple de changer un comportement. Car même derrière « un petit changement », ou « une petite décision », il peut y avoir de nombreux enjeux, et de nombreuses conséquences qu'il faut être prêt à assumer. Mais lorsqu'on est prêt à y faire face, on se reconnecte à qui l'on est vraiment.

À titre personnel, dès lors que j'ai commencé à assumer ma décision d'arrêter de boire de l'alcool, je me suis soudainement sentie extrêmement soulagée. Je n'avais plus besoin de jouer un rôle, plus besoin de me forcer. Je pouvais enfin être un peu plus moi-même, alignée avec mes valeurs et avec celle que je suis vraiment. Cela m'a permis de réduire instantanément la dissonance cognitive. Voilà maintenant plusieurs années que je n'ai pas bu une goutte d'alcool, et je me sens bien mieux d'avoir arrêté que lorsque j'essayais d'être quelqu'un que je n'étais pas.

Ce qui est intéressant lorsqu'on assume ce que l'on est et qu'on arrête d'en avoir honte, c'est que les autres perdent leur pouvoir sur nous. Pour mieux comprendre ce que j'entends par là, laissez moi raconter une autre anecdote.

Lorsque j'ai ouvert mon cabinet, je venais tout juste d'avoir 23 ans, je sortais à peine des études et de ma formation en hypnose, je n'avais jamais vraiment travaillé auparavant, alors autant vous dire que je ne me sentais pas du tout légitime à exercer. Je me disais souvent : « de quel droit une gamine comme moi pourrait prétendre accompagner des personnes plus âgées qu'elle à aller mieux ? Non mais pour qui je me prends ? ». Je pense que les premières personnes que j'ai reçues ressentaient mon malaise car j'avais souvent le droit à une remarque du style « vous êtes bien jeune », « depuis combien de temps vous exercez ? », ou même parfois l'on me demandait mon age, etc. Elles avaient trouvé une faille, et elles n'hésitaient pas à venir la titiller. Ce qui est tout à fait normal lorsqu'on est thérapeute : les personnes que l'on reçoit vont nous tester (bien souvent inconsciemment) pour voir si l'on a les épaules suffisamment solides pour pouvoir les accompagner. Je savais alors qu'il était nécessaire de faire un travail sur moi car si je n'assumais pas mon âge, mes consultants allaient sans cesse chercher à me déstabiliser, et je risquais non seulement de perdre en crédibilité mais également en efficacité.

Alors, au lieu d'avoir honte de mon âge, je me suis demandée de quelle manière cela pourrait être une force. Autrement dit quels pouvaient être les avantages d'être une jeune praticienne ? J'ai alors pris conscience que cela me permettait de toucher un public justement plus jeune. J'étais en plus à l'époque l'une des seules femmes à pratiquer dans ma région ce qui me permettait d'une certaine manière de me démarquer car certaines personnes ne se sentaient pas à l'aise avec mes collègues masculins. Mais surtout, l'avantage était que mon jeune âge permettait de faire baisser les attentes que les personnes mettaient sur mes épaules, ce qui était ensuite beaucoup plus simple pour moi de les aider à changer. Dans le milieu de la thérapie, c'est ce qu'on appelle « la position basse ». Cette posture relationnelle permet de responsabiliser la personne face à son problème. Et cela m'a été plus d'une fois très utile !

Alors, à ce moment-là, j'ai commencé à assumer mon jeune âge, à ne plus en avoir honte mais au contraire à en être fière. Et devinez quoi ? On ne me faisait presque plus de réflexions à ce sujet-là. J'avais refermé la faille en moi et mes consultants ne cherchaient alors plus à s'y engouffrer. De fait, ils ne pouvaient plus avoir d'emprise sur moi, et ils n'avaient plus d'armes pour essayer de me déstabiliser. Après avoir fait ce travail sur moi, il m'est arrivé quelques rares fois que l'on me questionne encore sur mon âge, mais cela ne me met dorénavant plus du tout mal à l'aise, bien au contraire. C'est pourquoi j'ai tendance à penser que dès lors que nous assumons pleinement un défaut ou un problème, nous ne ressentirons plus la moindre gêne ou irritabilité lorsqu'on nous parlera de celui-ci. Si une remarque génère une réaction désagréable en nous, c'est que nous n'assumons pas quelque chose. Et si « nos imperfections », « nos faiblesses », « nos blessures », étaient en réalité une force ?

Le kintsugi est un art japonais datant du 15ème siècle qui signifie littéralement « Jointure d'Or », qui consiste à réparer des porcelaines ou céramiques brisées au moyen de laque saupoudrée de poudre d'or, pour donner ainsi une nouvelle vie à l'objet. La casse d'une céramique ne signifie plus sa fin mais un renouveau, le début d'un autre cycle et une continuité dans son utilisation. Il ne s'agit donc pas de cacher les réparations, mais de mettre celles-ci en avant. Et si on faisait de même avec nos propres défauts, et qu'on les assumait plutôt que de vouloir les dissimuler ? Voilà, à mon sens, comment nous pouvons transformer nos faiblesses en une force. Comme le dit le psychologue italien Giorgio Nardone, « la fragilité expressément déclarée cesse d'être telle et devient un point fort ».

Assumez pleinement ce que vous êtes, à 100%. Si vous ne le faites qu'à moitié, vous continuerez de souffrir. Cela vaut également pour les décisions que vous prenez. Assumez-les jusqu'au bout. Cela signifie que vous devez être prêt à accepter les risques et les conséquences de vos choix. Personnellement, je ne pense pas qu'il y ait de bons ou de mauvais choix. Évidemment, il arrive que l'on ne fasse pas toujours ce qui faudrait, ou que l'on se rende compte avec le recul qu'on aurait peut-être dû prendre une autre décision. Mais si nous assumons réellement nos choix, nous serons alors beaucoup plus à même d'en tirer les leçons utiles pour mieux avancer vers nos objectifs. Il est parfois nécessaire de se perdre pour mieux se retrouver. En revanche, il est fort probable que nous souffrions si nous n'assumons pas nos décisions. C'est à ce moment-là que nous commençons à culpabiliser, à ruminer le passé en nous disant « si seulement j'avais fait cela », ou à l'inverse « je n'aurai jamais dû faire cela », et, de fait, nous n'arrivons pas à passer à autre chose.

Assumer ce que l'on est, c'est être honnête envers soi et envers les autres. C'est être ancré dans la réalité, et ne plus se voiler la face. Il m'arrive parfois de recevoir des personnes qui tentent de se convaincre qu'elles veulent réellement se libérer de leurs problèmes. Mais en les questionnant, elles se rendent parfois compte que ce n'est pas vraiment le cas, et qu'elles ne sont finalement pas encore totalement prêtes à assumer les conséquences de leur changement. Dans ces cas-là, il est alors bien plus pertinent de le reconnaître et de l'assumer plutôt que de se faire violence à vouloir atteindre un objectif alors que nous ne sommes pas prêts. Paradoxalement, assumer le fait que nous ne sommes pas prêts pour quelque chose peut nous permettre de nous libérer de notre problème et d'évoluer parfois beaucoup plus rapidement.

Plus concrètement, voici quelques exemples de ce que signifie assumer son problème :

– vous avez quelques kilos en trop ? Assumez vos rondeurs en osant vous mettre en maillot de bain ou en vous habillant comme vous aimeriez.

- Vous avez une peur de parler en public ? Assumez-la en le disant à votre auditoire.
- Vous êtes timide ? Assumez-le en le disant à votre interlocuteur.
- Vous avez une passion « étrange » ? Assumez-la en en parlant, ou en l'affichant sans honte.
- Vous êtes déprimé(e) ? Assumez-le et arrêtez de faire comme si tout allait bien.
- Vous avez fait une erreur ? Assumez-la en prenant votre responsabilité, en présentant par exemple vos excuses à la personne que vous avez blessé.

16.

RETOUR À L'AMOUR

« les gens voyagent et s'émerveillent de la hauteur
des montagnes, des gigantesques vagues de la mer,
du long cours des rivières, de l'étendue de l'océan,
du mouvement circulaire des étoiles :
et ils passent devant eux-mêmes sans s'étonner. »
Saint Augustin

Qu'est-ce qui peut nous permettre de nous libérer de nos zones d'ombre ? De guérir nos blessures intérieures ? De ne plus rejouer les mêmes scénarios ? De nous libérer de la peur du rejet ? De la projection ? De notre ego ? De nos mécanismes de défense ? De la souffrance ? De nos conflits intérieurs ? Et nous permettre de redevenir nous-mêmes ? Et si la réponse à toutes ces questions était simplement ...l'Amour ?

Si vous avez lu attentivement ce livre, vous aurez certainement remarqué que le message sous-jacent de tous les chapitres est d'apprendre à vous aimer tel que vous êtes. D'une certaine manière, ce

chapitre peut servir de raccourci. Ainsi, si vous n'avez pas totalement réalisé les exercices présentés dans la partie trois de ce livre, ce n'est pas très grave. Mais je vous invite toutefois à prendre le temps de mettre ceux que nous verrons ici en pratique.
Ce que nous allons aborder dans ce chapitre c'est avant tout l'amour de soi. Car c'est l'amour pour soi-même qui s'avère salvateur.

L'auto-compassion

Notre société insiste très souvent sur l'importance d'être bienveillant envers les autres, que ce soit à l'égard de nos amis, nos frères et sœurs, nos parents, ou toute autre personne. Mais il est beaucoup plus rare que l'on nous enseigne à être bienveillant envers nous-même, à tel point que cela ne nous traverse même pas l'esprit, comme si cela était inutile, ou pire, que nous ne le méritions pas. Bien au contraire, nous avons beaucoup plus tendance à être extrêmement exigeant envers nous-mêmes, à nous juger, à nous humilier, ou à nous insulter intérieurement.

De par notre éducation, on nous a enseigné à être très dur envers nous-mêmes : nous en voulons toujours plus, pensant que nous devons toujours faire mieux, et être meilleur. On nous a souvent répété qu'il faut travailler dur pour réussir. Par peur de décevoir nos parents, et dans le but de nous assurer de leur amour, nous avons alors appris à nous autocritiquer, et ce faisant, nous développons un discours interne très dégradant. Cette petite voix dépréciatrice et humiliante devient la norme pour nous. À la moindre difficulté ou à la moindre erreur, celle-ci ne tarde jamais à se manifester pour nous rabaisser. S'il est vrai qu'elle peut parfois nous motiver, il est également vrai que ces reproches que nous nous adressons nous font particulièrement souffrir, surtout lorsqu'ils sont répétés inlassablement. L'autocritique permanente et paralysante n'est pourtant pas la seule solution. Nous pouvons choisir d'être plus bienveillant et de faire preuve de plus de compassion envers nous-même, appelée auto-compassion par la psychologue Kristin Neff.

Plus concrètement, qu'est-ce que l'autocompassion ? L'autocompassion est tout d'abord une attitude à adopter envers soi-même. Il s'agit de faire preuve de compréhension, d'ouverture et de gentillesse face à ses échecs, ses erreurs et ses difficultés personnelles. Elle implique également de se donner droit à l'erreur, d'avoir un discours intérieur doux et bienveillant et d'apprendre à cultiver la compassion face aux situations qui génèrent chez soi une insatisfaction.

Faire preuve de compassion envers soi ne consiste pas uniquement à arrêter de se blâmer, mais il s'agit également de se comporter face à nos échecs en nous réconfortant de manière active comme nous serions tentés de le faire à l'égard de nos amis et de nos proches. Par exemple, pensez à un très bon ami qui traverse une période délicate. Un ami que vous souhaiteriez vraiment aider. Comment le traiteriez-vous ? Quel serait votre attitude à ses côtés ? Quel serait votre ton de voix ? Les mots que vous allez employer ? Etc ? Personnellement, mon ton de voix serait plutôt doux, et calme, mon énergie très présente pour lui amener de la sécurité et de l'amour. Je ne chercherai pas forcément à dire que ce soit, simplement à montrer que je suis là, lui faire sentir qu'il n'est pas seul dans sa souffrance, et que malgré la difficulté qu'il est en train de traverser, il ne perdra pas mon amitié et mon amour.

Maintenant, prêtez attention à la façon dont vous vous parlez lorsque vous êtes face à une difficulté, lorsque vous n'êtes pas content de vous et que vous n'arrivez pas à ce que vous voulez. Lorsque je souffrais d'angoisse, j'avais un ton de voix très dur, très sec et méprisant, avec des paroles très humiliantes, et violentes de rejet. En fait, si une personne extérieure à nous-même disait à haute voix et en publique, avec le ton, les paroles que nous nous infligeons à nous-même, nous en serions certainement choqué.

L'autocompassion nous invite à passer d'une voix autocritique à une voix compatissante, surtout dans les moments difficiles. C'est apprendre à être un bon ami pour nous-mêmes, surtout lorsque nous en avons le plus besoin. Il s'agit de ne plus être notre propre ennemi, mais plutôt d'avoir et d'être notre allié intérieur. Cela consiste donc à s'offrir à soi-même de la douceur, de la sympathie, de la chaleur, et de l'amour, exactement comme nous le ferions pour notre ami.

Pourquoi sommes-nous aussi durs envers nous-même ? Il semblerait que la réponse à cette question soit en partie imputable à notre peur du rejet, et à notre peur de ne plus être aimé. Comme les études de Bowlby et Harlow nous l'ont montré dans le chapitre 2, l'être humain a besoin de former des liens d'attachement solides avec les autres afin de se sentir digne d'amour. Nous avons besoin de chaleur humaine bien plus que de nourriture. Beaucoup d'entre nous avons malheureusement reçu le message que nous sommes dénué de valeur, indignes d'être aimé. Cela peut être de la part d'un enseignant, d'un camarade de classe, d'un ami, d'un membre de notre famille et parfois de nos propres parents. Le modèle d'attachement sur lequel nous nous sommes construits durant notre enfance, les diverses expériences douloureuses, et plus particulièrement celles de rejets que nous avons éprouvé, jouent sans aucun doute un rôle fondamental dans la manière dont nous nous traitons : avec mépris ou avec compassion. Mais ce n'est pas parce que nous n'avons pas reçu l'affection et la bienveillance dont nous aurions eu besoin plus jeune, que nous sommes condamnés pour autant à nous maltraiter plus tard. En effet, il est tout à fait possible de nous donner à nous-mêmes ce qui nous a manqué. Nous pouvons très bien nous offrir l'attention et la douceur que l'on aurait aimé recevoir. Dès lors que nous arrivons à faire preuve de compassion et de sympathie envers nous-même, en nous apportant à nous-même le soutien que l'on recherchait à l'extérieur, on regagne en confiance, et on peut se sentir en sécurité où que l'on soit.

Pour cela, il s'agit de reconnaître et se laisser toucher par notre propre douleur. Étymologiquement, la compassion signifie « souffrir avec ». Si nous avons fait une erreur, il est d'autant plus important de compatir à notre sujet. La tendance que beaucoup d'entre nous avons dans ce genre de scénario serait de nous punir en nous insultant « mais quel(le) idiot(e) je suis ! », « je suis vraiment nul(le) ». Mais ce n'est pas la seule solution ! Nous pouvons choisir d'être plus doux envers nous-mêmes. Cela consisterait déjà à reconnaître que nous sommes humain et qu'il est tout à fait normal de faire des erreurs. Il s'agit d'accepter qu'on ne peut pas toujours tout maîtriser, et nous laisser le temps qu'il nous faudra pour nous améliorer, en évitant de nous comparer aux autres. Parfois, il y a des choses que nous arrivons à faire du premier coup, d'autres qui nécessiteront des années de pratiques et d'entraînements. Ce sur quoi nous devrions nous concentrer, c'est le fait que nous avons au moins eu le courage d'essayer. Mais le plus important est de se laisser la possibilité de recommencer et d'apprendre de nos erreurs. Malheureusement, beaucoup d'entre nous pensons que nous n'avons pas le droit d'être gentils envers nous-mêmes. Nous avons appris à nous critiquer depuis tellement longtemps que nous pensons que nous sommes incapables de changer et de modifier notre attitude à notre égard.

La compassion naît de la reconnaissance de l'imperfection humaine. C'est accepter que tous les humains sont faillibles. Cela nous inclut également ! Le problème c'est que personne n'aime constater qu'il est imparfait. C'est pourquoi lorsque nous commettons une erreur, nous avons plutôt tendance à nous comparer aux autres, et à nous focaliser sur nos propres défauts. Nous oublions que l'erreur est une expérience humaine commune, ce qui signifie que nous y avons et nous y serons tous confrontés, qui que nous soyons. Nous pensons souvent : « je suis le seul à qui cela arrive » et ce faisant, nous nous coupons et nous isolons des autres. Cette pensée irrationnelle nous enferme dans notre douleur. En revanche, se souvenir que « les échecs », les difficultés, la douleur sont des expériences partagées par chacun d'entre nous peut apaiser nos blessures. D'ailleurs, ne dit-on « je me sens moins seul(e) » pour se rassurer ? Certes, cela n'éliminera pas totalement la douleur, mais celle-ci ne sera cependant pas renforcée par notre sentiment d'être séparé et différent des autres.

Reconnaître notre souffrance est un acte de conscience. En remettant de la conscience sur ce qui se passe en nous, nous avons plus de facilité à prendre du recul et à envisager nos ressentis différemment plutôt que de nous morfondre et nous perdre dans nos pensées négatives. C'est pourquoi, l'autocompassion nous permet également de retrouver une stabilité émotionnelle et nous offre ainsi la possibilité de mieux vivre nos émotions douloureuses car l'autocompassion ne rejette jamais les émotions dites négatives. Il semblerait que les personnes qui développent de la compassion pour elles-mêmes sont également moins sous l'emprise de l'anxiété, du stress, des ruminations et du perfectionnisme. Parce qu'elles savent justement s'adapter plus facilement aux échecs : elles ont moins peur des « mauvais » résultats et osent plus facilement se lancer dans l'action en sachant que quoi qu'il arrive, elles resteront bienveillantes envers elles-mêmes. Ces personnes se remettent donc plus facilement d'une situation difficile et deviennent plus résilientes.

Un des autres bienfaits de l'autocompassion, c'est qu'elle nous permet d'avoir également plus de compassion envers les autres, ce qui fait que nous n'avons alors plus les mêmes réactions envers les autres. Par exemple, lorsque j'ai commencé à m'accepter un peu mieux, j'avais l'impression de percevoir plus clairement la souffrance des autres. Si une personne déversait sa colère sur moi pour une raison ou une autre, j'avais la sensation de voir en elle la partie blessée qui tentait de montrer sa douleur. Là où auparavant, j'aurai pu m'emporter également, je sentais dorénavant que ce n'était pas la bonne manière de réagir. Je n'avais alors qu'une envie : prendre cette personne dans mes bras, et lui dire que je voyais sa souffrance et que j'étais désolée que cette blessure lui ait été infligée.
Ne dit-on pas que pour pouvoir aimer, il faut déjà commencer par s'aimer soi-même ? Eh bien, je pense qu'en étant plus compatissant envers nous-mêmes, nous le serons bien plus envers les autres. Cela nous évitera alors de projeter notre souffrance sur les autres, ce qui permettra de développer des relations plus saines et plus sereines.

Selon Kristin Neff, l'auto-compassion réunit donc trois attitude fondamentales :

- se considérer avec bienveillance : faire preuve de douceur et de compréhension envers soi au lieu de se critiquer et de se blâmer.
- reconnaître son humanité en partage avec tous les hommes : se sentir en lien avec les autres dans l'aventure de la vie, plutôt qu'isolé et emprisonné dans sa propre douleur.
- pratiquer la pleine conscience : envisager chaque expérience avec une attention mesurée, sans exagérer sa souffrance ni l'ignorer.

Selon Neff, seules la mise en œuvre et la réunion de ces trois attitudes permettent d'être vraiment compatissant envers soi-même.

Passons maintenant à la mise en pratique de l'autocompassion. Concrètement, comment faire pour être plus doux envers soi-même ? Vous l'aurez certainement deviné, le plus important, c'est déjà de modifier notre discours interne. Pour cela :

1) Commencez déjà par identifier les moments où vous vous êtes critiqué.Comme nous l'avons souligné, cette habitude est parfois tellement bien ancrée, qu'il est difficile de s'apercevoir les moments où c'est le cas. Une des meilleures façons de redevenir conscient de cette fâcheuse habitude consiste à repenser à une situation où vous vous êtes senti mal. Demandez-vous alors : quel commentaire intérieur vous êtes-vous fait à ce moment-là ? Quels mots, termes, expressions avez-vous utilisé pour vous réprimander ? Certaines phrases reviennent-elles systématiquement lorsque vous vous sentez mal ? Quel était le ton de votre voix ? Essayez de vous souvenir du plus de détails possibles.
2) Reformulez les phrases que vous vous êtes adressé, en adoucissant les autocritiques, afin de les rendre plus bienveillantes.Par exemple, au lieu de vous dire « je suis nul(le) », dites vous plutôt « une partie de moi se sent blessée/déçue/triste (ou n'importe quel autre adjectif) ». Attention à ne pas dénigrer vos émotions. Vous avez le droit de penser et de ressentir que vous êtes nul(le), mais vous êtes bien plus que cela, et surtout, vous n'êtes pas obligé de vous le répéter constamment.
   Si vous avez du mal à trouver comment les reformuler, imaginez qu'une personne de votre entourage ait ce même genre de propos négatifs envers elle-même, et imaginez ce que vous pourriez lui dire à ce moment-là pour la réconforter. Par exemple, si une personne s'exprimait de cette façon face à moi, je lui dirai certainement quelque chose du style : « tu as le droit de penser que tu es nul(le). Mais je pense que tu es simplement humaine. C'est normal de se sentir mal. Cela ne veut pas dire pour autant que tu es nul(le) ».

Petite précision : lorsque je parle de modifier son discours intérieur, cela ne signifie pas qu'il faille obligatoirement reformuler les propos de manière positive. Je constate régulièrement que les personnes que je reçois en cabinet confondent pensées bienveillantes avec pensée positive. Par exemple, certaines personnes qui se disent « je suis nul(le) », essayent alors de se dire « je vais bien », « j'ai confiance en moi », ou « je m'aime comme je suis ». Malheureusement, dans ces cas-là, la pensée positive devient néfaste car il s'agit d'un déni de la réalité. C'est pourquoi il est d'abord important de reconnaître les émotions que l'on ressent à notre égard comme étant valides. Cela signifie donc de s'autoriser à avoir ce genre de pensées, ou de ressenti « c'est okay de penser/ressentir cela ». Puis, dans un deuxième temps, c'est reconnaître la part de souffrance en nous : « si je pense cela de moi, c'est qu'il y a une partie en moi qui doit vraiment souffrir ». Et enfin, et seulement à ce moment-là, il s'agit de rassurer cette partie là : elle n'est d'ailleurs pas si négative que cela. Souvenez-vous, nos comportements ont bien souvent une intention positive. Dans notre exemple, on pourrait imaginer que cette partie cherchait à vous aider, à vous améliorer.

Précisons également qu'il ne s'agit pas uniquement de modifier nos pensées, mais d'agir en conséquence. Prenons un exemple pour illustrer. Admettons que vous souhaitiez entamer un régime afin de perdre quelques kilos. Être bienveillant envers soi-même, ce serait pouvoir s'autoriser à manger de temps en temps un plat qu'on apprécie, ou à prendre une part de gâteau, sans se restreindre et sans compter le nombre de calories. En revanche, s'il est important de se faire plaisir, il ne s'agirait pas de s'empiffrer pour autant. Parmi les nombreuses personnes que j'ai reçues qui souhaitaient perdre du poids, je constate qu'elles abordent pour une grande majorité d'entre elles leur régime en étant dans la privation. Ce faisant, elles se créent des frustrations qui les incitent à grignoter et à remanger en excès. « J'ai fait des efforts, j'ai bien le droit de me faire plaisir. Et craqué pour craqué, autant y aller à fond » se disent-elles. Aussi se retrouvent-elles à manger le gâteau en entier. Cela n'est pas de la bienveillance ! Bien au contraire, elles se servent de la nourriture comme une punition. L'auto compassion, ce n'est pas du laxisme. Mais c'est nous apprécier, et nous estimer suffisamment pour faire des choix favorables à notre bien-être.

Se pardonner

Notre culture, et notamment notre modèle éducatif, nous incite à être terriblement exigeants et durs envers nous-mêmes. Ainsi, lorsque nous souffrons d'un problème quelconque (anxiété, manque de confiance, une addiction, problème de poids..), il est fréquent que nous soyons particulièrement en colère envers nous-mêmes. Nous nous en voulons de ne pas réussir à nous libérer de notre problème, et de ne pas réussir à aller mieux. Cette colère de ne pas être déjà là où nous aimerions, se transforme très rapidement en culpabilité, et crée alors un cercle vicieux : plus nous sommes en colère à notre égard, plus nous devenons exigeant, plus nous risquons « d'échouer », plus nous culpabilisons, et plus nous sommes en colère, et ainsi de suite.

L'auto compassion est un des remèdes à la colère, à la culpabilité et plus largement encore à notre souffrance. Mais il en existe un autre qui est tout aussi puissant, voire peut-être même plus. Il s'agit du pardon de soi. Il peut paraître un peu étrange d'imaginer une situation où l'on aurait à s'excuser auprès de nous-mêmes, pourtant cette idée n'est pas si absurde. Nous sommes tous amenés à faire une erreur à un moment donné de notre existence. Il nous est déjà arrivé à tous de commettre un acte regrettable, intentionnellement ou non, envers d'autres personnes ou envers nous-mêmes. Parfois, nous nous en voulons d'avoir fait certaines choses, ou à l'inverse, de ne pas les avoir faites. Quel que soit l'erreur que nous pensons avoir commise, lorsque nous restons accrochés aux faits du passé, cette rancœur que nous éprouvons à notre égard nous ronge de l'intérieur. Au lieu d'en tirer les enseignements appropriés, nous n'avons de cesse de nous reprocher ce faux pas. Au premier abord, nous pouvons avoir tendance à croire qu'il faudra porter sur notre dos ce poids sans doute le reste de notre vie. Lorsque nous estimons avoir commis des erreurs par le passé et que celles-ci ont eu de lourdes conséquences pour nous, ruminer toute notre vie sur ce que nous aurions dû faire ne changera rien aux faits. Ils sont ce qu'ils sont, et même avec la meilleure volonté du monde, nous ne pouvons pas modifier le passé. Cependant, le pardon de soi pourra sans aucun doute améliorer notre avenir.

Pour mieux comprendre ce qu'est le pardon de soi, commençons déjà par donner une définition du mot « pardonner ». Selon le Larousse, pardonner c'est « ne pas sanctionner une faute, une erreur ou ce qui pourrait être considéré comme un manquement à un règlement, une règle morale ». Il est précisé également qu'il s'agit de ne pas en tenir rigueur. Cela implique donc qu'aucune rancune, réprimande, ou regret ne soit fait ultérieurement. Plus simplement, ma définition de « pardonner » serait la suivante : il s'agit de lâcher la colère, la rancœur que l'on a envers une personne en renonçant à vouloir se venger de cette même personne qui nous a blessé. Eh bien, c'est exactement la même définition que je donnerai concernant le fait de se pardonner soi-même : il s'agit de lâcher la colère que l'on a envers nous-mêmes et de renoncer à l'idée de vouloir nous punir et nous faire du mal.

Ressentir de la colère et/ou de la culpabilité lorsque nous avons commis un faux pas est tout à fait normal. Il s'agit même d'un bon indicateur car cela signifie que nous sommes conscients que nous avons fait quelque chose de « mal », ou tout du moins quelque chose de contraire à nos valeurs et à nos principes moraux. La culpabilité nous permet en quelques sortes de nous indiquer le droit chemin, celui qui nous correspond, et peut nous amener à faire amende honorable, soit en présentant des excuses, soit en prenant des mesures afin de résoudre le problème. Malheureusement, au lieu de nous servir de la colère et de la culpabilité pour améliorer notre vie, nous avons plutôt tendance à nous servir d'elles comme un moyen de punition et d'auto-flagellation.

En effet, certaines personnes, persuadées qu'elles sont mauvaises, pensent qu'elles méritent de souffrir. C'est ce que leur ego essaye de leur faire croire. Elles imaginent qu'en restant accrochées à leur culpabilité, elles n'oublieront jamais ce qu'elles ont fait et de surcroît, qu'elles ne referont plus la même « erreur ». Dans la religion chrétienne, cela s'appelle la pénitence. La pénitence c'est lorsqu'on a le regret d'avoir offensé Dieu, et qu'on a la volonté de ne plus recommencer. Que l'on soit chrétien ou non, je pense qu'il est effectivement important de se promettre de ne plus reproduire les mêmes erreurs afin d'évoluer. Mais pour cela, il faut également accepter de ne plus se faire de mal en se servant de la culpabilité comme un fouet.

Plus la personne est convaincue qu'elle est mauvaise, plus elle risque d'avoir des réactions extrêmes : soit elle va tout faire pour se prouver à elle-même et aux autres qu'elle est mauvaise, soit à l'inverse, elle va tout faire pour essayer d'être perçue comme étant « quelqu'un de bien ».

Dans le premier cas, pour se convaincre qu'elle est mauvaise, elle a tendance à prendre des décisions ou à avoir des comportements qui viendront renforcer sa croyance. La colère envers elle-même est parfois telle qu'elle la projette à l'extérieur, comme mécanisme de défense. Ce faisant, elle peut même être amenée à commettre des crimes plus ou moins graves, pour coller à la représentation qu'elle a d'elle-même. Tellement elle se rejette, elle fait tout pour rejeter les autres et pour être rejetée. Pour ce faire, quoi de mieux que de faire des erreurs, ou dans les cas plus extrêmes, de commettre des crimes ? La société toute entière risque même de l'étiqueter comme étant « une mauvaise personne ». Il arrive parfois qu'elle se rende compte que ses agissements sont inadaptés, mais il est fréquent que ceux-ci soient totalement inconscients. La personne a alors refoulé sa souffrance.

Dans le deuxième cas, la personne va plutôt chercher à sublimer sa blessure. Pour cela, elle cherchera à se repentir en étant par exemple très dévouée, très généreuse envers les autres. Peut-être n'hésitera-t-elle pas à donner de son temps pour soutenir des associations. Ces actes bienveillants, même s'ils peuvent être totalement sincères, cachent bien souvent de la honte. Une de sa plus grande angoisse serait justement que l'on découvre ses méfaits, ses erreurs du passé. Malheureusement, elle s'engage bien souvent dans une quête sans fin car elle est convaincue qu'aucune action, aussi généreuse soit-elle, ne pourra réparer ses erreurs. Aussi s'acharne-t-elle à vouloir toujours faire mieux, faire plus.

Dans les deux cas, les personnes ont tendance à nourrir des comportements autodestructeurs, pouvant aller du simple auto-sabotage, aux comportements addictifs.

Se pardonner n'est pas une tâche aisée pour bon nombre d'entre nous. Nous arrivons bien plus facilement à pardonner quelqu'un qui nous aurait fait du mal, qu'à nous pardonner nous-mêmes.

D'ailleurs, personne ne nous l'a vraiment enseigné ! Se pardonner demande beaucoup d'humilité, de patience, de compassion et

un amour inconditionnel de soi. Il s'agit d'être honnêtes envers nous-mêmes, et d'oser être vulnérables. Cela nécessite d'accepter nos imperfections, et nos faiblesses, en prenant conscience qu'à chaque étape de la vie, nous procédons selon notre degré de conscience. Si nous n'avons pas agi correctement dans le passé, c'est probablement parce que nous n'avions pas les connaissances et les ressources nécessaires pour agir autrement à ce moment-là.
Se pardonner consiste également à prendre nos responsabilités, à reconnaître nos torts, et à ne pas les projeter à l'extérieur. Cela demande également d'être prêt à faire un travail introspectif en nous demandant ce qui nous a conduit à agir de la sorte, et plus particulièrement le besoin que nous cherchions à assouvir, afin de ne plus répéter la même erreur à l'avenir. Et pour ce faire, nous devons renoncer à vouloir nous faire du mal. Seulement à ce moment-là pourrons-nous retrouver la paix intérieure.

N'avez-vous pas déjà ressenti cette sensation de sérénité, lorsque après une dispute, vous avez décidé de pardonner la personne avec qui vous vous êtes querellé ? C'est comme si toutes les tensions s'étaient évaporées instantanément ! Imaginez maintenant si ce pardon qu'il vous arrive d'accorder aux autres, vous vous l'accordiez à vous-même. Se pardonner est l'un des plus bel acte d'amour, et plus le temps passe, et plus je suis convaincue qu'il est une étape cruciale dans tout changement – peut-être même qu'il en est le point de départ.

Le pardon est un processus progressif. Certaines personnes mettront des années à guérir complètement leurs blessures alors que pour d'autres, cela sera plus facile et rapide. Cela dépend avant tout de la gravité de l'erreur que nous avons commise. Notez toutefois que plus elle sera grave, plus il sera essentiel de se pardonner. Il s'agit de se frayer un chemin jusqu'à cette force intérieure qui nous permet de regarder d'un œil bienveillant la vulnérabilité qui nous compose, de nous accepter et de nous aimer même – et surtout – dans nos faiblesses. Si nous voulons être en paix avec nous-même et avec les autres, il est important que nous apprenions à mettre en pratique le pardon.

Comme souvent, il n'y a pas réellement de méthode concrète pour se pardonner, mais je vais vous partager la manière dont je m'y prends personnellement pour me pardonner, et que j'utilise en cabinet pour aider d'autres personnes à faire de même :

1) Imaginer que je suis face à moi-même, comme si je m'étais dédoublée ou que j'étais face à un miroir.
2) Exprimer toute la colère que j'éprouve envers moi-même, sans me censurer.
3) Chercher l'intention positive, ou le besoin derrière mon comportement.
4) Envoyer de l'amour à mon double (en imaginant par exemple que je me prends dans mes bras, ou en imaginant une lumière chaleureuse qui viendrait l'envelopper et circuler en lui)
5) Fusionner avec mon double. Imaginer la lumière à l'intérieur de moi cette fois-ci.

Il est parfois nécessaire de répéter cet exercice plusieurs fois afin que l'on puisse réellement en ressentir les bienfaits, car rappelons que le pardon est un processus progressif. Ainsi, si vous n'y arrivez pas du premier coup, cela est tout à fait normal. S vous êtes dans ce cas, il s'agira alors justement de vous pardonner de ne pas y être arrivé du premier coup ! Cet exercice est à pratiquer dès lors que vous vous sentez mal, et plus particulièrement lorsque vous éprouvez de la colère ou de la culpabilité et doit être répété autant de fois nécessaires. Tant qu'il y a un mal-être en vous, c'est qu'il y a quelque chose à pardonner.

Le pardon ne doit toutefois jamais être forcé, cela risquerait d'être contre productif car il ne s'agit pas d'un acte mental, mais d'un acte du cœur. Si vous ne vous sentez pas encore prêt à vous pardonner, commencez déjà par prendre le temps de bien ressentir la colère. Puis, lorsque vous en aurez véritablement marre de souffrir, prenez la décision de ne plus vous faire de mal. Il n'y a que vous qui puissiez la prendre. Choisissez de lâcher la colère, et de ne plus vous faire souffrir.

Le pardon est sans aucun doute l'une des seules, pour ne pas dire la seule, solution pour sortir de la souffrance. Il est fort probable qu'en plus de vous pardonner vous-même, vous soyez amenés à pardonner quelqu'un d'autre : un parent, un(e) ami(e), ou toute autre personne qui vous aurait blessé. L'un ne va pas sans l'autre. Si vous éprouvez de la rancœur envers une personne, et si vous voulez retrouver la sérénité, pardonner la personne en question me semble être une étape inévitable, tout comme le fait de vous pardonnez vous-même! Et peut-être découvrirez-vous que plus vous vous pardonnez, plus il vous sera facile de pardonner les autres. Si vous êtes en colère envers une autre personne que vous, le procédé reste le même que celui décrit plus haut. Au lieu d'imaginer votre double, il suffira d'imaginer la personne concernée.

La pratique du pardon est à mon sens la plus belle contribution à la guérison du monde. Je pense qu'intuitivement, nous savons tous que seul l'Amour pourra nous permettre de retrouver la paix dans nos vies, et dans notre monde.

Cessons de résister à l'amour

L'amour fait partie de nous, de notre fondement et nous sommes tout simplement un amour sans bornes, au cœur de notre être et de notre soi authentique. Il suffit d'observer un bébé pour constater qu'il n'est qu'Amour. Il s'accepte et ne se culpabilise pas d'être ce qu'il est. Ainsi, si il est triste, en colère, ou joyeux, il s'autorisera à ressentir ces émotions, sans se juger. Il n'a aucun doute sur la légitimité de ses besoins et autres désirs. Ce n'est qu'en grandissant et lorsque nous réalisons que certaines parties de nous ne sont pas acceptables par nos parents, ou toute autre personne dont nous dépendons, que nous commençons à nous rejeter afin de survivre. Mais aucun bébé naît en se haïssant. Cela lui a été enseigné, de la même manière que cela a été enseigné à ses parents. Aussi reproduisent-ils inconsciemment ce qu'ils ont eux-mêmes vécus étant enfant.

Dans une telle atmosphère, il n'est clairement pas évident de se forger une estime de soi solide, ainsi, la plupart des gens ne s'aiment pas, voire même se détestent carrément. Que se passe-t-il quand au lieu de s'aimer soi-même, on se déteste ? Le rejet de soi et les représentations que nous avons de nous-même ont nécessairement des effets dans notre vie. Et une chose est sûre, la haine de soi nous empêche d'être nous-même, et de ce fait de nous épanouir totalement.

J'ai reçu plusieurs centaines de personnes dans mon cabinet, pour des troubles divers et variés pouvant aller du simple stress, aux problèmes de poids, aux addictions ou encore des dépressions sévères. Si leurs problématiques pouvaient être totalement différentes, un point commun unissait pourtant toutes ses personnes : elles ne s'aimaient pas ! Toutes, sans exceptions. Elles font tout pour rejeter leur problèmes, et par extension, pour se rejeter elles-mêmes. C'est pourquoi, de par mes observations, j'en suis arrivée à la conclusion que ce que nous percevons comme un problème n'est que la conséquence d'un rejet de soi. Et le rejet de soi, correspond quant à lui à l'absence d'amour, cet amour inconditionnel dont nous avons tous un besoin vital, et qui nous manque alors. Séparés de l'amour, nous développons des problèmes. Ainsi, si nous sommes stressé, c'est parce que nous rejetons la partie en nous qui génère le stress ; si nous manquons de confiance, c'est parce que nous rejetons nos qualités, nos connaissances et nos talents ; si nous déprimons, c'est parce que nous rejetons nos émotions douloureuses, et ainsi de suite.

J'ai relevé également quelque chose d'assez étrange : si les personnes que je reçois en consultation recherchent toutes, sans exceptions, cet amour inconditionnel, paradoxalement, elles sont les premières à y résister. Elles ne veulent en aucun cas accepter les parties d'elles qu'elles ont rejeté. Imaginer leur donner de l'amour est pour elles bien souvent quelque chose d'inconcevable. Elles préfèrent chercher désespérément d'autres solutions : n'importe quoi, mais surtout pas se donner de l'amour. Naturellement, leur quête est vaine. Elles ne réalisent pas toujours que c'est parce qu'elles résistent à l'expérience de l'Amour qu'elles souffrent, et qu'un « problème » se manifeste à elles. Dès lors qu'elles seront capables de se donner à elles-mêmes l'affection, la tendresse et la douceur qui fait défaut à leurs parties blessées, elles pourront redevenir elles-mêmes.

Pour cela, cela va peut-être paraître étrange, mais je suis de plus en plus convaincue qu'il n'y a besoin de rien faire, si ce n'est se souvenir que notre être authentique, ce que nous sommes réellement, n'est qu'Amour. Il n'y a rien à faire car cet Amour circule naturellement en nous. Paradoxalement, le but n'est donc pas de chercher à nous aimer à tout prix, mais simplement de le laisser se mouvoir dans chaque fibre, chaque cellule, et chaque recoin de notre être. Pour se libérer de nos problèmes, il s'agit d'arrêter de combattre l'amour, mais d'ouvrir notre cœur, en cessant tous jugements à notre égard, exactement comme nous le faisions lorsque nous étions enfant.

CONCLUSION

« Il ne s'agit pas d'atteindre
la perfection, mais la totalité »
Carl Gustav Jung

Nous avons parcouru ensemble un long périple dans les profondeurs de notre inconscient. Nous avons exploré nos différents fonctionnements archaïques ainsi que nos mécanismes psychologiques, avant de proposer quelques pistes de travail et solutions pour redevenir plus conscient, et lever le voile de l'inconscience qui nous empêche de voir la réalité telle qu'elle est. Évidemment, nous aurions pu aborder de nombreux autres sujets, mais vous avez là, à mon avis, les connaissances de base pour faire un véritable travail d'introspection.

Mais tout ce que nous avons évoqué dans ce livre peut amener une première question : peut-on réellement redevenir pleinement conscient ? Honnêtement, je ne pense pas. Nous aurons toujours des zones d'ombre en nous. Il y aura toujours des choses qui nous échapperont, des réactions ou des comportements que nous aurons à un moment donné et que nous ne comprendrons pas toujours. Par ailleurs, lorsque nous commençons à accepter certains aspects de nous-mêmes, il est assez fréquent que nous nous mettions à en rejeter d'autres, sans même que nous nous en rendions compte. On passe alors d'un extrême à un autre.

Le but de ce livre était avant tout de vous aider à reconnaître vos parts inconscientes. Car le simple fait de reconnaître ce qui est inconscient en vous, c'est déjà (re)devenir plus conscient ! Dit autrement, c'est être conscient du fait que nous ne sommes pas conscients. Une idée que l'on retrouve dans la maxime de Socrate : « tout ce que je sais, c'est que je ne sais rien », pour signifier que la seule chose dont il ait une connaissance complète et certaine est sa propre ignorance. Ainsi, si l'on devient conscient du fait que nous ne sommes pas conscients de tout, nous découvrons alors la/les zone(s) d'ombre qu'il nous reste à explorer. En redevenant plus conscient de nos mécanismes inconscients, nous pourrons alors plus facilement distinguer les comportements qui nous aident de ceux qui nous nuisent, et de fait, nous retrouvons notre pouvoir de choisir et d'adopter ceux qui nous conviennent.

Mais une autre question se pose alors : est-ce réellement souhaitable de (re)devenir plus conscient ? Car après tout, notre inconscient présente de nombreux avantages. Il nous permet d'automatiser nos comportements sans effort de notre part, et sans que la réflexion soit nécessaire. Prenons l'exemple de la conduite. Les premières heures d'apprentissages nécessitent notre attention, et notre concentration pour coordonner nos mouvements (embrayer, passer une vitesse, freiner etc) et nous adapter aux situations pour faire de bons choix. Mais, à force d'expérience, nous n'avons plus besoin de fournir autant d'efforts conscients pour conduire car les mouvements se font d'eux-mêmes, ce qui nous permet par la suite de pouvoir discuter avec un passager, ou écouter de la musique. Ainsi, notre inconscient permet de libérer en quelques sortes notre conscient, qui peut alors mettre son énergie ailleurs.

De même, notre inconscient nous évite de devoir traiter les milliards d'informations auxquelles nous sommes soumis quotidiennement, en leur appliquant des traitements automatiques et très rapides. C'est l'exemple de la respiration. Fort heureusement, nous n'avons pas besoin de penser consciemment à respirer tout au long de la journée. Imaginez si cela devait être le cas ? Probablement que nous ne pourrions pas vraiment profiter de chaque instant, et vivre deviendrait certainement impossible.

De plus, l'inconscience peut être confortable. Car savoir ce que l'on fait, c'est s'identifier à ses actes et donc en porter l'entière responsabilité, sans excuse. Et parfois la responsabilité est lourde à porter... Tandis que si l'on se réfugie dans notre aveuglement, nous pouvons plus facilement rejeter la faute sur les autres, sur la société, sur notre inconscient...Cela permet de se déresponsabiliser, de ne pas avoir à fournir d'efforts pour modifier une situation, et de ne pas avoir à se confronter à l'inconfort. Il est donc logique que l'on puisse parfois préférer l'aveuglement, l'ignorance, la mauvaise foi à la lucidité, la connaissance et la conscience.

Toutefois, que cela nous plaise ou non, et même si nous agissons parfois sans conscience, nous sommes responsables de notre irresponsabilité. Si cela peut se comprendre qu'il arrive des fois où n'avons pas conscience de ce que nous faisons, du point de vue de la morale, il est essentiel de remettre de la conscience sur nos actes inconscients. Car c'est notre inconscience qui nous pousse à avoir certains propos déplacés, et blessants. C'est notre inconscience qui génère des comportements indésirables voire même parfois dangereux, pour les autres mais aussi pour nous-mêmes. C'est notre inconscience qui crée notre souffrance, comme nous avons pu le montrer tout au long de ce livre.

Mais, plus largement encore, c'est également notre inconscience qui nous fait fermer les yeux sur les différentes inégalités et injustices sociétales, ou qui nous incite à continuer d'adopter des comportements qui ont pour conséquence la destruction de notre propre planète, qui ne pourra se solder que par notre propre destruction.
Certes, ce n'est pas agréable de réaliser que nous avons des parties en nous très sombres, voire violentes, que nous avons blessé des personnes que nous aimons ou des inconnus, que des millions de personnes subissent des violences psychologiques, physiques et/ou sexuelles chaque jour, que des millions d'animaux sont torturés et tués pour notre propre plaisir, ou que nous contribuons (directement et/ou indirectement) à détruire notre planète par nos modes de consommation et par notre inaction... Oui, cela fait mal de réaliser que nous sommes à la fois les victimes et les bourreaux de notre propre souffrance.

Mais, d'un point de vue moral, pouvons-nous encore nous permettre de nous voiler la face ? Pour notre bien être mais surtout pour notre propre survie, n'avons-nous pas d'autres choix que de faire un travail d'introspection et de lever le voile de l'inconscience ?

REMERCIEMENTS

Écrire un livre n'était pas quelque chose que je pensais pouvoir réaliser un jour. Alors en écrire deux, me paraissait totalement inconcevable ! Ce livre n'aura certainement jamais pu voir le jour sans l'aide de plusieurs personnes. Je voudrais ici les remercier.

À tous les lecteurs de mon premier livre qui m'ont encouragé à poursuivre sur cette voie et qui, par leur retour parfois extrêmement touchant, m'ont donné l'envie de me dépasser d'avantage pour ce nouvel ouvrage. Merci.

À toutes les personnes qui m'ont fait confiance en venant me voir en consultation, et qui ont osé se montrer vulnérables en me parlant de leur souffrance. Les rencontres et les échanges que j'ai pu avoir au sein de mon cabinet ont sans conteste participer à l'élaboration de ce livre, mais ils m'ont également permis de mieux comprendre le fonctionnement de l'être humain, et par extension, d'apprendre à mieux me connaître. Merci.

À William *(http://w2i-concept.fr)* qui a bien voulu retravailler avec moi pour concevoir l'illustration de couverture. Merci de ton implication et ta patience.

À Richard, merci pour la photographie que nous avons réalisé ensemble et pour l'autorisation de l'utiliser à nouveau en quatrième de couverture *(www.eremphotographie.book.fr)*, ainsi que pour ton amitié.

À Anna, qui n'imagine certainement pas à quel point son amitié m'est précieuse. Merci d'avoir été là quand j'en avais le plus besoin.

À tous mes amis, qui se reconnaîtront. Merci pour tous ces bons moments partagés avec vous.

À toute ma famille, mes parents, mes deux frères Jordan et Kenny, merci de votre soutien et de vos encouragements. J'ai conscience de la chance que j'ai de vous avoir dans ma vie.

À Sélène, la plus merveilleuse des nièces, qui m'impressionne chaque jour par sa douceur, sa bonne humeur, son empathie, son intelligence, sa sagesse, et qui me rend si heureuse, et si fière d'être sa tatie.

Et enfin à Aurélien. Ton amour aura été la lumière dont j'avais besoin pour me retrouver, et sans ton soutien, ce livre n'aurait probablement jamais existé. Merci d'être entré dans ma vie et de bien vouloir partager la tienne avec moi.

UN MOT DE L'AUTEUR

Ayant déjà auto-édité mon premier livre, et ayant fortement apprécié la liberté que cela me procure, j'ai décidé de renouveler l'opération pour cet ouvrage.

Ce livre est imprimé à la demande, c'est à dire qu' il sera directement imprimé à chaque fois qu'un lecteur passera commande, avant de lui être expédié par voie postale. Ce modèle se distingue de l'impression traditionnelle qui consiste à imprimer un stock à l'avance. Aussi cela permet d'éviter de se retrouver avec de trop nombreux invendus.

Bien que l'auto-édition présente de nombreux avantages, elle possède également quelques inconvénients. Par exemple, ce livre ne bénéficie pas des mêmes moyens de promotions et de distributions qu'un livre publié par une maison d'édition traditionnelle. C'est pour cette raison que j'ai besoin de votre aide.

Si le cœur vous en dit, n'hésitez pas à laisser un commentaire sur le site où vous l'avez commandé sous l'article de mon livre. Des études ont montré que près de 9 consommateurs sur 10 consultent les avis clients sur Internet avant un achat. L'idée est donc d'ajouter un avis sincère dans le but d'aider d'éventuels clients à faire leur choix. Pour information, Amazon n'accepte pas les faux commentaires (des entreprises qui paient des personnes pour écrire un avis élogieux sur leur produit, ou des commentaires trop enthousiastes et trop vagues par exemple), il est donc important que vous écriviez en toute franchise ce que vous en avez pensé. Vos retours seront tout aussi intéressants pour moi et pourraient m'inciter à envisager de faire une nouvelle version revue et/ou augmentée de mon livre afin de le perfectionner en effectuant les corrections et les modifications nécessaires.

Je remercie d'avance toutes les personnes qui contribueront d'une manière ou d'une autre à faire connaître ce livre en laissant un avis sur les différents site de librairies en ligne ou qui le recommanderont autour d'elles.

BIBLIOGRAPHIE

• BAUDOUIN, Bernard. *Pour ne plus avoir peur de la mort : une nouvelle naissance.* De Vecchi, 2018

• BOURBEAU, Lise. *Les 5 blessures qui empêchent d'être soi-même.* Éditions E.T.C, pocket, 2013

• BOURBEAU, Lise. *La puissance de l'acceptation, Se réconcilier avec l'autre, se pardonner soi-même.* Éditions E.T.C, pocket, 2018

• BROWN, Brené. *Cessez d'être parfait, soyez vous-même !* Leduc S., 2016

• BROWN, Brené. *Daring greatly : how the courage to be vulnerable transforms the way we live, love, parent and lead.* Penguin life, 2012.

• D'ANGELI, Patricia. *Psychothérapie, guérir vos blessures intérieures.* IFHE Éditions, 2010.

• D'ANSEMBOURG, Thomas. *Cessez d'être gentil, soyez vrai !* Les éditions de l'homme.

• CHOPRA, Deepak. *Demandez à Deepak : la mort.* « J'ai Lu », 2019

• COTTRAUX, Jean. *La répétition des scénarios de vie : demain est une autre histoire.* Odile jacob, 2019.

• COVEY, Stephen. *Les 7 habitudes de ceux qui réalisent tout ce qu'ils entreprennent.* J'ai lu, 2012

• DORIDOT, Jean ; GOSLING, Patrick. *Déjouer les pièges de l'auto-manipulation.* InterÉditions, 2012

• FINLEY, Guy. *Vivre et lâcher prise.* Les éditions de l'homme,

2015.
• FORD, Debbie. *La part d'ombre du chercheur de lumière, se libérer du poids de son passé, pour trouver le bonheur et la paix intérieure.* Éditions « J'ai lu », 1998.
• FORD, Debbie. *Pourquoi j'ai fait ça : même les gens biens font parfois des choses moches*. Guy Trédaniel Éditeur, 2011.
• FRANKL, Viktor. *Découvrir un sens à sa vie avec la logothérapie. Le témoignage et les leçons de vie d'un grand homme.* « J'ai Lu », 2013
• GAUDUCHEAU, Isabelle ; TEYSSEDRE, Marie-Laure. *Les 5 blessures de l'âme ; identifier ses blessures dominantes pour les panser.* Jouvence éditions, 2014.
• GROF, Stanislas. *L'ultime voyage : la conscience et le mystère de la mort.* Guy Trédaniel Éditeur, 2009.
• HAHN, Tchich Nhat. *Le miracle de la pleine conscience.* « J'ai lu », 2008.
• HARARI, Yuval Noah. *Sapiens : une brève histoire de l'humanité.* Albin Michel, 2012.
• HARI, Johann. *Lost connections : why you're depressed and how to find hope.* Blommsbury publishing, 2019.
• HOLIDAY, Ryan. *L'ego est l'ennemi : maîtrisez votre plus grand adversaire.* Alisio, 2019.
• IONESCU, Serban, JACQUET, Marie-Madeleine, LHOTE Claude. *Les mécanismes de défense, théorie et clinique.* Armand Colin, 2016
• JUNG, Carl Gustav. *L'âme et la vie.* Buchet/Chastel, 1995.
• JUNG, Carl Gustav. *Sur l'interprétation des rêves.* Albin Michel, 2012
• KATIE, Byron. *Aimer ce qui est : quatre question qui peuvent tout changer dans votre vie.* Synchronique, 2019.
• KATIE, Byron. *J'ai besoin que tu m'aimes, est-ce vrai ? Ne plus chercher l'amour mais le trouver.* Guy Trédaniel Éditeur, 2005.
• KISHIMI, Ichiro ; KOGA, Fumitake. *Avoir le courage de ne pas être aimé.* Guy Trédaniel Éditeur, 2018.
• KOTSOU, Ilios. *Éloge de la lucidité, Se libérer des illusions qui empêchent d'être heureux.* Éditions Marabout, 2019
• KÜBLER-ROSS, Elisabeth. *La mort est un nouveau soleil : quand la mort est une porte ouverte sur une autre vie*. Éditions du

rocher, 2013.
• LEWIS, Roy. *Pourquoi j'ai mangé mon père.* Actes sud, 1960.
• MARQUIS, Serge. *On est foutu, on pense trop ! Comment se libérer de pensouillard le hamster.* Éditions de la martinière. 2016
• MASSIN, Christophe. *Moins d'ego...plus de joie ! Un chemin de liberté.* Points. 2019
• MEGGLÉ, Virginie. *À chacun son film : la projection.* Eyrolles, 2009
• MILLER, Alice. *La connaissance interdite : affronter les blessures de l'enfance dans la thérapie.* Champs essais, 2018.
• MONBOURQUETTE, Jean. *Apprivoiser son ombre, le côté mal aimé de soi.* Novalis/Bayard, 2015
• NARDONE, Giorgio. *L'art de se mentir à soi-même et à autrui.* Éditions Satas, 2016
• NEFF, Kristin. *S'aimer : comment se réconcilier avec soi-même.* Belfond, 2013.
• ROBBINS, Anthony. *Pouvoir illimité, changez de vie avec la PNL : le livre référence.* Éditions « J'ai lu », 1999.
• RICARD, Matthieu. *L'art de la méditation.* Pocket, 2010
• ROSSELET-CAPT, Mireille. *Découvrir et accueillir sa part d'ombres.* Jouvence Éditions, 2017
• ROUX, Mathias. *La dictature de l'ego : en finir avec le narcissisme de masse.* Larousse, 2018.
• RUIZ, Don Miguel. *Les quatre accords toltèques : la voie de la liberté personnelle.* Jouvence Éditions, 2016.
• SCHMITT, Laurent. *Le bal des ego.* Odile Jacob, 2016.
• SMITH, Rodney. *Quand la mort nous ouvre à la vie : lâcher prise et plénitude, réflexions et exercices pour la vie quotidienne.* Le courrier du livre, 1999.
• SWAN, Teal. *The anatomy loneliness : how to find your way back to connection.* Watkins, 2018.
• SWAN, Teal. *The completion process : the practice of putting yourself back together again.* Hay House, 2016.
• SWAN, Teal. *Shadows before dawn : finding the light of self-love through your darkest times.* Hay House, 2015.
• TOLLE, Eckhart. *Nouvelle Terre, prendre conscience de sa mission de vie.* Ariane Éditions, 2005.
• TOLLÉ, Eckhart. *Le pouvoir du moment présent.* « J'ai lu »,

2010.
• VON FRANZ, Marie-Louise. *Reflets de l'âme : projection et recueillement selon la psychologie de C. G. Jung.* Entrelacs, 2011.
• WILLIAMSON, Marianne. *Un retour à l'amour, Manuel de psychothérapie spirituelle : lâcher prise, pardonner, aimer.* Éditions « J'ai Lu », 2004
• ZWEIG, Connie ; ABRAMS, Jeremiah. *Meeting the shadow : the hidden power of the dark side of human nature.* 1991

www.melindaorset.fr

Imprimé par Amazon KDP
Dépôt Légal : Mai 2021

ISBN : 978-2-9564492-2-5

www.ingramcontent.com/pod-product-compliance
Ingram Content Group UK Ltd.
Pitfield, Milton Keynes, MK11 3LW, UK
UKHW021711190726
13853UKWH00001B/495

9 782956 449225